Mit dem Motorrad
durch die Alpen

Rudolf Geser

Mit dem
Motorrad
durch die Alpen

40 Traumrouten
im gesamten
Alpenraum

BRUCKMANN

Inhalt

Links: Die Gemmiwände bilden den Talschluss von Leukerbad im Wallis (Tour 23).
Mitte: Zelten am Cormet du Roselend in der Nähe des Mont Blanc (Tour 25).
Rechts: Blick auf das Stilfserjoch und die Ortleralpen (Tour 35).

Die Alpen – das schönste Motorradrevier der Welt

Warth, auf der Ostseite des Hochtannbergpasses, ist vor allem als Skiort recht bekannt.

Immer wenn wir uns mit anderen Motorradfahrern darüber unterhalten, wo sie ihre schönsten Erlebnisse und Fahreindrücke gesammelt haben oder wo sie am liebsten eine Tour unternehmen möchten, bekommen wir in den allermeisten Fällen zur Antwort: in den Alpen. Und dies ist nicht verwunderlich. Auch wenn wir hier aufgrund unserer Leidenschaft für den Alpenraum gewiss etwas subjektiv sind, so glauben wir doch behaupten zu können, dass die Alpen das schönste Motorradrevier der Welt sind.

Aber was ist es, was gerade die Alpen von anderen, zweifellos ebenfalls reizvollen Gebieten abhebt? Nun, nirgendwo sonst kann man Fahrspaß auf kurvigen Bergstraßen mit intensiven landschaftlichen Eindrücken und einem Hauch von Abenteuer so verbinden wie hier. Nirgendwo sonst liegen unterschiedlichste Landschaftsformen auf so engem Raum zusammen und nirgendwo sonst bieten sich eine solche Vielzahl an Sehenswürdigkeiten, sei es nun in landschaftlicher oder kultureller Hinsicht. Wir behaupten einfach, Motorradfahren in den Alpen ist eine Steigerungsform all dessen, was man sich als Motorradfahrer nur wünschen kann.

Aber, und diese Einschränkung ist zu machen, es gibt auch in den Alpen schöne und weniger schöne, lohnende und weniger lohnende Gegenden. Mit diesem »Motorradführer Alpen« haben wir nunmehr die Gelegenheit bekommen, die schönsten und lohnendsten Ziele zusammenzustellen.

Diese beginnen unweit von Wien mit einer Fahrt auf der Österreichischen Eisenstraße durch das

»Eiserne Herz« Österreichs und enden am Westende der Alpen mit einer Tour in den französischen Seealpen – mit Pässen wie Col de Turini, Lombardepass und Col de Tenda. Dazwischen liegen Rieseneishöhlen und Panoramastraßen im Ausseer Land, Mozartkugeln und alte Ritterburgen im Berchtesgadener und Salzburger Land, die Traumstraße der Ostalpen schlechthin, die Großglockner-Hochalpenstraße, Wasserfälle in Krimml oder auch scheinbar nicht enden wollende Kurven-strecken, wie sie eine Rundfahrt um die Stubaier Alpen mit Kühtaisattel, Timmelsjoch, Jaufenpass und Brennerpass bietet.

Wer die Dolomiten bereits kennt, plant vielleicht zur Abwechslung eine Tour über die Karnische Dolomitenstraße oder rund um das Felsenreich der Brenta.

Die Schweizer Berge kommen mit der Berninagruppe, dem Graubündner Pässekarussell, mit Flüelapass, Albulapass und Julierpass, dem Klausenpass, wo man die Heimat Wilhelm Tells vermutet, der Region um den Vierwaldstätter See, dem Herz der Schweiz, oder der Zentralschweizer Pässefahrt mit Furka, Grimsel, Susten, St. Gotthard und Nufenenpass nicht zu kurz. Und in den Westalpen geht es dann hoch hinauf. Vielleicht zuerst mit einer Seilbahnfahrt von Chamonix auf den Mont Blanc, dann aber mit dem Motorrad zu den höchsten Pässen der Alpen wie Galibier, Iseran oder Restefond/Bonette. Und wer sich nicht entscheiden kann oder möglichst viel auf einmal erleben möchte, für den ist eine Durchquerung des Alpenraumes gerade richtig. Und da mehr als 2000 Kilometer Alpenstraßen am Stück auch einen erfahrenen und konditionsstarken Motorradfahrer an seine Grenzen bringen, kann er zwischen einer Ostalpen- und einer Westalpen-Durchquerung oder ganz einfach einzelnen Tagesabschnitten wählen. Wie man sieht, bietet dieser neue Band Ziele für mehr als eine Motorradsaison. Die Tourenbeschreibungen sollen dabei vor allem Anregung bieten, das Lesen soll aber auch kurzweilig und unterhaltsam sein. Die organisatorischen Hinweise entnehmen Sie aus den zu jeder Tour beigefügten Randspalten. Mit Angaben, die von den Straßenverhältnissen über Passöffnungszeiten und Mautgebühren bis zu Sehenswürdigkeiten, Servicestellen und Übernachtungsmöglichkeiten reichen, dürften sie keine Fragen offen lassen.

Hier noch eine große Bitte: Planen Sie Ihre Alpentour sorgfältig, achten Sie auf Maschine und Ausrüstung, bringen Sie sich körperlich in Form und unternehmen Sie Touren in höhere Regionen nur bei sicheren Wetterverhältnissen und – ganz wichtig – fahren Sie defensiv und vorsichtig. Nehmen Sie sich genügend Zeit, um nicht des schnelleren Fortkommens wegen unnötige Risiken eingehen zu müssen.

Gute Reise wünscht Ihnen

Rudolf Geser

Auf der Nordseite des Sustenpasses, im Streckenabschnitt Himmelrank (Tour 21).

Tipps für unterwegs

Einreise-, Verkehrsbestimmungen, Pannenhilfsdienste, Autobahnvignette, wichtige Adressen in den Alpenländern.

Grundsätzlich gilt für die Einreise in alle nachstehend aufgeführten Länder die Mitnahme von Personalausweis oder Reisepass, Führerschein, Fahrzeugschein und Grüne Versicherungskarte. Auch nach Inkrafttreten des Schengener Abkommens sind die genannten Dokumente mitzuführen.

Österreich

Verkehrsbestimmungen

Die Höchstgeschwindigkeit für Pkws und Motorräder beträgt außerhalb von Ortschaften 100 km/h, auf Autobahnen 130 km/h. Von 22.00 Uhr bis 5.00 Uhr auf allen Autobahnen, außer der A1 Salzburg–Wien und der A2 Wien–Villach, 110 km/h. Im Bereich von 80 Metern vor und nach Bahnübergängen darf nicht überholt werden. Vorfahrtsberechtigte verlieren durch Anhalten die Vorfahrt. Motorrad- und Mopedfahrer müssen einen Verbandskasten mitführen.

Pannenhilfsdienst

Auch der gesellige Teil darf beim Motorradfahren nicht zu kurz kommen.

Der Straßenhilfsdienst des ÖAMTC kann rund um die Uhr unter der Rufnummer 120 erreicht werden. Polizeinotruf: 133; Unfallrettung 144 oder 112 (über Mobilfunk 112).

Autobahnvignette

Autobahnen und einige Schnellstraßen sind vignettenpflichtig. Die Vignette ist im Vorverkauf an allen ADAC-Geschäftsstellen, an der Grenze sowie an grenznahen Tankstellen erhältlich. Die Vignette muss gut sichtbar am Motorrad angebracht werden. Für Motorräder gibt es eine Jahresvignette zu Euro 29,–, eine Zweimonatsvignette zu Euro 10,90 und eine Zehntagesvignette zu Euro 4,30.

Die Jahresvignette gilt von Dezember bis einschließlich Januar nach dem aufgedruckten Jahr. Die Zweimonatsvignette ist an zwei aufeinander folgenden Kalendermonaten gültig.

Wichtige Adressen

- Deutsche Vertretung in Österreich
  Botschaft, A-1037 Wien, Metternichgasse 3,
  Tel. 00 43/1/7 11 54-0
- Generalkonsulat
  A-6010 Innsbruck, Adamgasse 5, Tel. 05 12/5 96 65
- Österreichisches Fremdenverkehrsbüro
  D-82019 Taufkirchen, Postfach 1231
  Tel. 089/66 67 01 00
- Österreichischer Automobil-, Motorrad- und Touring-Club (ÖAMTC), A-1010 Wien, Schubertring 1–3, Tel. 00 43/1/71 19 90.

Italien

Verkehrsbestimmungen

Die Höchstgeschwindigkeit für Pkws und Motorräder beträgt außerhalb von Ortschaften 90 km/h, auf Schnellstraßen mit getrennten Fahrbahnen und zwei Fahrstreifen in jeder Richtung 110 km/h, auf Autobahnen 130 km/h. Motorräder bis 149 ccm sind auf Autobahnen verboten. In Tunnels, in Galerien und auf der Autobahn ist das Abblendlicht einzuschalten. Fahrmanöver mit Fahrspurwechsel oder Anhalten muss durch Blinken angezeigt werden.

Pannenhilfsdienst

Der Straßenhilfsdienst des ACI kann rund um die Uhr unter der Rufnummer 116 (über Handy 800 116 800) erreicht werden. Polizeinotruf und Unfallrettung: 112 (Mobilfunk 112).

Wichtige Adressen
- Deutsche Vertretung in Italien
  Botschaft: I-00195 Rom, Via S. Martina della Battaglia 4, Tel. 00 39/06/49 21 31
- Generalkonsulat
  I-20121 Mailand, Via Solferino 40,
  Tel. 00 39/02/6 23 11 01
- Italienisches Fremdenverkehrsamt
  D-60329 Frankfurt, Kaiserstr. 65, Tel. 069/23 74 34
  D-80336 München, Goethestr. 20,
  Tel. 089/53 13 17
- Automobil Club d'Italia (ACI),
  I-00185 Rom, Via Marsala 8, Tel.00 39/ 06/4 99 81.

Schweiz

Verkehrsbestimmungen

Die Höchstgeschwindigkeit für Pkws und Motorräder beträgt außerhalb von Ortschaften 80 km/h, auf Schnellstraßen und in Tunnels mit zwei Fahrspuren in beiden Richtungen 100 km/h, mit einer Fahrspur 80 km/h, auf Autobahnen 120 km/h.
In Tunnels muss Abblendlicht eingeschaltet werden. Auf Bergstraßen hält das aufwärts fahrende Fahrzeug zuerst. Bei schweren Verkehrsverstößen sehr hohe Bußgelder.

Pannenhilfsdienst

Der Straßenhilfsdienst des TCS kann rund um die Uhr unter der Rufnummer 140 erreicht werden. Polizeinotruf: 17 oder 117 (Mobilfunk 117 oder 112); Unfallrettung: 144.

Autobahnvignette

Autobahnen und autobahnähnliche Straßen mit weißgrüner Beschilderung sind gebührenpflichtig. Die Vignetten sind an der Grenze erhältlich und kosten derzeit Euro 27,–.

Wichtige Adressen

- Deutsche Vertretung in der Schweiz
  Botschaft: CH-3000 Bern 16, Willadingweg 78-83, Tel. 00 41/31/35 94 111

- Generalkonsulate
  CH-8024 Zürich, Kirchgasse 48, Tel. 00 41/1/2 13 22 01
  CH-3000 Genf, 28 ,
  Ch. du Petit-Saconnex,
  Tel. 00 41/22/7 30 11 11
- Schweiz Tourismus
  D-60311 Frankfurt,
  Tel. 00 800 10 02 00 30
- Touring-Club der Schweiz (TCS),4, Ch. de Blandonnet, CH-1214 Vernier,
  Tel. 00 41/22/4 17 27 27

Frankreich

Verkehrsbestimmungen

Die Höchstgeschwindigkeit für Pkws und Motorräder beträgt außerhalb von Ortschaften 90 km/h, bei Nässe 80 km/h, auf Straßen mit zwei Fahrstreifen in jeder Richtung 110 km/h, bei Nässe 100 km/h, auf Autobahnen 130 km/h, bei Nässe 110 km/h. Wer seinen Führerschein noch keine 2 Jahre besitzt, darf außerhalb von Ortschaften höchstens 80 km/h, auf Autobahnen 110 km/h fahren. Bei Verkehrsverstößen, v. a. Geschwindigkeitsübertretungen werden hohe Bußgelder verhängt.

Pannenhilfsdienst

Der Straßenhilfsdienst »AIT-Assistance« ist (auch deutschsprachig) 24 h unter der Rufnummer 050/ 8 92 22 zu erreichen. Polizeinotruf: 17.

Wichtige Adressen

- Deutsche Vertretung in Frankreich
  Botschaft: F-85008 Paris, 13/15, avenue Franklin D. Roosevelt, Tel. 00 33/1/53 83 45 00
- Generalkonsulat
  F-69458 Lyon, 33, boulevard des Belges,
  Tel. 00 33/4/72 69 98 98
- Französisches Fremdenverkehrsamt
  60325 Frankfurt, Westendstr. 47,
  Tel. 0190/ 57 00 25 (gebührenpflichtig).

Stopp auf der legendären Großglockner-Hochalpenstraße (Tour 5).

Hinweise zu Planung, Bekleidung, Gepäck und Fahrverhalten

Planung

Die zu jeder Tour gemachten organisatorischen Angaben sollen Ihnen bei der Planung behilflich sein. Die genannten Übernachtungsmöglichkeiten sind »motorradfreundlich«, d. h. Motorradfahrer werden hier gerne aufgenommen. Die Mitnahme einer Straßenkarte ist grundsätzlich empfehlenswert. Bewährt haben sich die Generalkarte im Maßstab 1:200 000 bzw. die Michelin-Karte für den französischen Teil. Das entsprechende Kartenblatt wurde zu jeder Tour angegeben. Es genügt allerdings auch

Die engen Haarnadelkehren auf der Ostseite des Timmelsjochs erfordern exaktes Steuern und konzentriertes Fahrverhalten.

eine Karte in kleinerem Maßstab, etwa die Euro-Länderkarte Alpen, 1:800 000, RV Verlag, die alle beschriebenen Touren abdeckt.

Ganz wichtig ist, sich vor jeder Tour über die Befahrbarkeit der gewählten Passstraßen beim ADAC zu erkundigen.

Aus witterungsbedingten Gründen oder wegen straßenbaulich notwendiger Maßnahmen ist auch während des offiziellen Öffnungszeitraums mit kurzfristigen Streckensperrungen zu rechnen. Auch kann sich der Öffnungszeitraum von Passstraßen aus den genannten Gründen verschieben. Eine aktuelle Auskunft erhalten Sie unter der Rufnummer 01 80/ 5 10 11 12.

Im Gebirge und gerade auf kurvenreichen Straßen sollte die Anzahl der Tageskilometer nicht über 300 hinausgehen. Legen Sie öfters eine kurze Rast ein, um Kondition und Konzentration zu schonen. Tanken Sie rechtzeitig und lieber einmal etwas früher als nötig (siehe dazu die Hinweise in den Routenkarten). Auf Passstraßen liegen Tankstellen manchmal recht weit auseinander, zudem ist immer damit zu rechnen, dass diese geschlossen sind. Nicht zuletzt ist der Benzinverbrauch auf Passstraßen höher als auf geraden Strecken.

Bekleidung

Im Gebirge nimmt die Temperatur je 100 Höhenmeter um durchschnittlich ein Grad Celsius ab. Auf der Passhöhe ist es deshalb meist erheblich kühler als im Tal. Auch können sich die Wetterverhältnisse sehr schnell ändern. Kälte, Nebel, Regen oder sogar Schneefall im Hochsommer sind jederzeit möglich. Lederkombi oder Fahreranzug mit funktioneller Unterkleidung sollten genauso selbstverständlich sein wie Nierengurt, Halstuch und Sturmhaube. Fahren Sie nie mit Turnschuhen und ohne Handschuhe. Kalte, durchnässte Füße oder klamme, durchfrorene Finger sind das Letzte, was man auf Passstraßen braucht. Vergessen Sie auch nie die Regenkombi und ziehen Sie diese rechtzeitig über. Gerade bei Passstraßen mit schlecht oder unbeleuchteten Tunnels oder Galerien und häufig wechselnden Lichtverhältnissen ist gute Sicht wichtig.

Getönte Visierscheiben können hier von Nachteil sein. Achten Sie immer auf ein sauberes Visier mit möglichst wenig Kratzern. Wechseln Sie das Visier spätestens nach 5000 Kilometern.

Gepäck

Für Passfahrten gilt so viel Gepäck wie nötig und so wenig wie möglich. Je mehr Gepäck, desto schlechter das Fahrverhalten und gerade der Fahrspaß auf Passstraßen hängt sehr viel vom leichten Handling der Maschine ab. Die Kippgefahr wird bei schwer beladener Maschine größer, sie reagiert langsamer auf Lenkimpulse und der Bremsweg verlängert sich. Laden Sie schwere Gegenstände in den unteren Teil des Tankrucksacks oder der Seitenkoffer, um den Schwerpunkt der Maschine möglichst wenig zu verändern. Leichtere, öfters benötigte Gegenstände sollten griffbereit nach oben gelegt werden. Beladen Sie die Seitenkoffer gleichmäßig und überschreiten Sie nie das vom Hersteller angegebene Gesamtgewicht der Koffer. Auch in das Topcase bzw. auf den Gepäckträger gehören nur leichtere Gegenstände, um den Schwerpunkt nicht zu weit nach hinten zu legen. An Ersatzteilen sollte zusätzlich zum Bordwerkzeug ein Ersatzschlauch oder ein Reifenflickset mitgeführt werden.

Auch Ersatzbirnen für Vorder- und Rückscheinwerfer sowie Bremsleuchte sollte man dabei haben. Vergessen Sie auch nicht ein Erste-Hilfe-Set zur Versorgung kleinerer Blessuren. In Österreich ist die Mitnahme für Motorradfahrer ohnehin Pflicht.

Fahrverhalten

Fahren Sie auf Passstraßen noch defensiver und vorsichtiger als sonst. Fahren Sie an unübersichtlichen Stellen immer so, dass Sie auf Sichtweite anhalten können. Auf Pässen ist hinter jeder Kurve mit Hindernissen auf der Fahrbahn wie Schlaglöchern, kleinen Steinen, Felsbrocken oder Weidevieh zu rechnen. Höchste Vorsicht auch bei Weiderosten, die oft tückisch glatt sind. Hier nicht bremsen, beschleunigen oder in großer Schräglage fahren.

Äußerste Vorsicht auch bei Tunnels und Galerien, die oft unbeleuchtet sind. In den Tunnels können Schlaglöcher oder Nässe und besonders im Frühjahr auch Schnee- und Eisreste für eine erhöhte Gefährdung sorgen. Bitte vergessen Sie auch nicht, dass sich das Auge bei Ein- und Ausfahrten in bzw. aus Tunnels erst an die veränderten Lichtverhältnisse gewöhnen muss und fahren Sie hier deshalb entsprechend langsam.

Fahren in der Gruppe erfordert viel Disziplin und ständige Konzentration.

Ausländische Verkehrszeichen

Italien

Deviazione = Umleitung
Tenere la destra = rechts fahren
Rallentare = langsam fahren
Sbarrato = gesperrt
Curva pericolosa = gefährliche Kurve
Strada stretta = unbefestigte Straße
Caduta massi = Steinschlag

Frankreich

Ralentir = langsam fahren
Déviation = Umleitung
Passage interdit = gesperrt
Route barrée = Straße gesperrt

1 Über die Österreichische Eisenstraße

Durch das »Eiserne Herz« Österreichs

Österreichische Eisenstraße, Eisenwurzen, Hochschwabmassiv? Alles noch nie gehört, oder? Und Mariazell? Ja, das kommt uns schon ein wenig bekannter vor, aber so ganz genau einordnen können wir es im Augenblick auch nicht. Wir haben uns mit Freunden aus Wiener Neustadt zu einer Motorradtour verabredet, die uns nun die Naturschönheiten und Sehenswürdigkeiten ihrer näheren Heimat zeigen wollen und sich daher immer wieder obiger Begriffe bedienen.

Nun, allzu groß sind unsere Erwartungen ehrlich gesagt noch nicht, als wir uns mit ihnen auf den Weg nach Kapfenberg machen. Reichlich Verkehr im Mürztal auf der Staatsstraße 309, immer wieder größere Ortschaften, am Semmering einige Kurven. Über Mürzzuschlag erreichen wir unseren Ausgangspunkt Kapfenberg.

Bei Bruck an der Mur wechseln wir in das Tal der Mur über, das wir aber gleich wieder verlassen, um in Leoben Richtung Präbichlpass abzubiegen. Wir sind nun auf der Österreichischen Eisenstraße. Das hier geförderte Erz hat überall seine geschichtlichen und landschaftlichen Spuren hinterlassen und dem Gebiet den Beinamen »Eisernes Herz« Österreichs eingebracht.

Im Hochofenmuseum

In Vordernberg machen wir Rast und lassen uns die Geschichte der Eisengewinnung anschaulich im Hochofenmuseum im ehemaligen Vordernberger Radwerk IV erklären. Durch die Verbrennung von Holzkohle und mittels Blasebälgen wurde das Erz in bis zu zwei Meter hohen so genannten Wind- und Rennöfen erhitzt, bis sich am Boden ein Klumpen geschmolzenes Eisen bildete. Die nötige Hitze erzielte man mit Blasebälgen, die von Wasserrädern angetrieben wurden, wovon sich der Begriff Radwerk ableitete. Weder eine besonders schöne Arbeit noch ein besonders schöner Ort denken wir und befinden uns damit in Einklang mit Kajetan Ritter von Leitner, der den Eisenort bereits anno 1798 als wenig einladend empfand, wie wir in einer aufliegenden Broschüre nachlesen konnten.

»Brotlaib der Steiermark«

Steil zieht die Straße weiter zum 1232 Meter hohen Präbichlpass hoch und schlagartig wird uns klar, dass der Name Vordernberg einen tieferen Sinn hatte. Es ist die Ortschaft vor dem Berg, nämlich dem Erzberg oberhalb von Eisenerz. Ein 1465 Meter hohes, terrassenförmig geschichtetes, in vielen Farben leuchtendes landschaftliches Kuriosum, das in dieser Art wohl einmalig auf der Welt sein dürfte. Der Volksmund spricht von einem Weltwunder oder vom »Brotlaib der Steiermark«, aber auch vom Schinderberg. Der letzte Begriff stammt wohl noch aus der Zeit des 16. Jahrhunderts, als Sackzieher das Erz 700 Meter den Berg hinunterschleppten und mit der Kraxe wieder bergauf stiegen.

Heute geht es mit Sprengladungen, Baggern und Schwerlastkraftwagen einfacher, welche das noch vorhandene Erz bis etwa ins Jahr 2050 abgebaut haben dürften. 70 Kilometer Straßen gibt hier es am

Berg und wir ertappen uns bei dem Gedanken, dass dies doch ein erstklassiges Enduroparadies sein müsste.

Wilde Wasserstraße

Genug des Erzes, nun ist erst einmal Landschaft und Fahrspaß angesagt, als wir uns bei Hieflau nordwärts halten, um bei Erzhalden ins Salzatal abzubiegen. Der Kontrast könnte nicht größer sein. Von der dunklen, düster anmutenden Eisenlandschaft gelangen wir in die helle, klare, völlig unverbaute Naturlandschaft zwischen den Gebirgszügen des Hochschwab im Süden und der Kräuterin im Norden.

Nur der historische Name für dieses Gebiet, das langläufig noch als »Eisenwurzen« bezeichnet wird, erinnert auch hier an das allgegenwärtige Erz. Die

Mariazell gilt als bedeutendste Wallfahrtsstätte Österreichs. Auch die Cafés dort haben einen guten Ruf.

Linke Seite: Das Salzatal ist eine noch weitgehend unverbaute Naturlandschaft. Die Salza selbst bekommt man allerdings nur an wenigen Stellen zu sehen.

Salza selbst, die wir leider nur an wenigen Stellen zu sehen bekommen, ist vor allem bei Kanufahrern und Wildwasserraftern sehr beliebt. Der Fluss ist anspruchsvoll, aber das glasig grüne Wasser ist an keiner Stelle schwierig zu beherrschen. Bei der Presceny-Klause, wo wir am tiefschwarzen Stausee rasten, verlassen die Wassersportfreunde aber bereits ihr Element.

Bedeutendste Wallfahrtsstätte Österreichs

Wir verlassen das Tal bei Gußwerk, wo früher Kanonen für die kaiserliche Monarchie hergestellt wurden, und lassen uns den kurzen Abstecher nach Mariazell nicht entgehen. Die Wallfahrtskirche mit der Gnadenkapelle gilt als bedeutendste Wallfahrtsstätte Österreichs. 1157 soll der Mönch Magnus vom steirischen Kloster St. Lambrecht hier in der Wildnis unterwegs gewesen sein. In der Dämmerung versperrte ein Felsblock den Weiterweg. Er betete zur Gottesmutter und welch Wunder, der Stein spaltete sich und gab den Weg in ein grünes Tal frei. Ludwig I. von Ungarn ließ nach seinem Sieg über die Türken im Jahr 1377 eine Gnadenkapelle errichten. Bald wurde die kleine Marienfigur zur Magna Mater der Österreicher, Ungarn und Slawen.

Deutlich sind aus der Vogelperspektive die Schotterstraßen des Erzberges zu erkennen, auf denen sich einmal im Jahr Endurofahrer nach Herzenslust austoben können.

 ## STRECKENBESCHREIBUNG

STRECKENVERLAUF	Kapfenberg – Bruck an der Mur – Leoben – Eisenerz – Hieflau – Erzhalden – Wildalpen – Halspass – Gußwerk – Abstecher: Mariazell – Seebergsattel – Kapfenberg
GESAMTLÄNGE	152 km
ABSTECHER	Gußwerk – Mariazell, hin und zurück 10 km
AUSGANGS- UND ENDPUNKT	Kapfenberg, 502 m
ANFAHRT ZUM AUSGANGSPUNKT	Wien – Wiener Neustadt – Semmering – Mürzzuschlag – Kapfenberg
STRASSENVERHÄLTNISSE	Gut ausgebaute Straßen
HÖCHSTE PUNKTE	Halspass, 830 m, Seebergsattel, 1254 m
PASSÖFFNUNGSZEITEN	Ganzjährig befahrbar
MAUTGEBÜHREN	Keine
SEHENSWÜRDIGKEITEN	**Vordernberg:** Hochofenmuseum im aufgelassenen Radwerk IV
	Eisenerz: Erzbergmuseum im Kammerhof, Schaubergwerk im Erzberg
	Mariazell: Wallfahrtskirche mit Gnadenkapelle und Schatzkammer
SERVICESTELLEN	Wien: Honda, BMW, Suzuki, Kawasaki, Yamaha
ÜBERNACHTUNG	Hotel Grazerhof, Grazer Str. 19, A-8630 Mariazell, Tel. 00 43/38 82/22 63;
	Pension Schwarzer Ochs, Hauptplatz 1, A-8630 Mariazell, Tel. 00 43/38 82/28 63
KARTE	Generalkarte 1:200 000, Österreich, Blatt 2.

Angesteckt vom regen Treiben auf dem Markt, der sich rund um die Kirche mit seinen Ständen und Läden mit Devotionalien und jeder Menge Kitsch ausgebreitet hat, erstehen wir noch ein Souvenir, bevor wir über den Seebergsattel wieder ins Mürztal überwechseln und einen langen, erlebnisreichen Tag in einem »Beisl« in Kapfenberg ausklingen lassen.

Spezialtipp: Fun für Endurofans

Einmal im Jahr können sich Endurofahrer am Erzberg nach Herzenslust austoben. Die Erzbergfahrt, von der österreichischen Motorradzeitschrift »Reitwagen« zusammen mit der Erzabbaugesellschaft seit 1995 organisiert, bietet nicht nur ein Rennen über 30 Schotterkilometer oder ein Hillclimbing vom Feinsten, sondern auch jede Menge Fun und Action rund um den Endurosport. Wenn Sie interessiert sind: Nähere Auskünfte erteilt der Reitwagen-Club, Neustiftgasse 38, A-1070 Wien, Fax 00 43/1/5 22 08 34; Internet: www.reitwagen.at.

In der ehemaligen herzoglichen Burg mit ihren Arkaden ist heute das Rathaus von Bruck an der Mur untergebracht.

2

Im Ausseer Land

Hoher Dachstein, Rieseneishöhle und Loser-Panoramastraße

Ob wir das an einem Tag überhaupt schaffen? Wir haben uns Einiges vorgenommen. Wir möchten von Bad Ischl nach Bad Aussee fahren und dabei Abstecher zu den Gosauseen und auf die Loser-Panoramastraße unternehmen. Nicht zu vergessen natürlich eine Besichtigung von Hallstatt, eine Bootsfahrt auf dem Hallstätter See und ein Besuch der Rieseneishöhle bei Obertraun. Kilometermäßig keine große Strecke, aber vom Zeitaufwand und Erlebniswert doch ganz erheblich.

Wir verlassen Bad Ischl, die einstige Sommerresidenz des Kaisers Franz Joseph, mit seinen klassizistischen Häuserfassaden, die immer noch ein Hauch der einstigen Monarchie umweht, nicht ohne uns in der bekannten Konditorei Zauner ausgiebig gestärkt zu haben. Auf einen Besuch der Kaiservilla, der Lehárvilla mit angeschlossenem Museum, auf das Heimatmuseum und das knapp fünf Kilometer außerhalb des Ortes gelegene Salzbergwerk jedoch verzichten wir, nehmen uns aber vor, dies nach unserer Rückkehr nachzuholen.

Durchs Gosautal

Auf der gut ausgebauten Staatsstraße 145 sind wir rasch in Bad Goisern, wo wir nach Hubert von Goisern Ausschau halten, diesem österreichischen Volkssänger, der mit seinem Ohrwurm »Hüatamadl« Weltberühmtheit erlangt hat. Wir sehen ihn nirgends, dafür taucht bald der Hallstätter See auf und wir beschließen die Route entlang des westlichen Ufers zu nehmen. Bei Gosauzwang verlassen wir den See, vorerst um die Auffahrt durch das anfangs enge, schattige Gosautal zum Vorderen Gosausee in Angriff zu nehmen. Bei der Gosaumühle weitet sich das Tal und vor uns taucht der Gosaukamm auf, ein Felsriegel aus grauem, verwittertem Kalk, dessen Zinnen, Türme und Zacken von Schuttrinnen durchzogen sind. In Bergsteigerkrei-

sen wird er als »dem Herrgott sein Klettergarten« bezeichnet. Noch schöner anzuschauen ist dann aber der Talschluss mit dem Vorderen Gosausee, in dessen grünem Gletscherwasser sich das prächtige Dachsteinmassiv spiegelt. 2995 Meter misst dieser gigantische Kalkstock mit seinen Gletschern, Karstflächen, Almen und Wäldern, der nicht von ungefähr als die »alpine Majestät« des Salzkammerguts bezeichnet wird.

Besuch in Hallstatt

Zurück am Hallstätter See folgt der nächste Pflichtstopp im Städtchen Hallstatt, das nicht nur dem See, sondern einer ganzen Kulturepoche seinen Namen gegeben hat. Als auf dem oberhalb des Ortes aufragenden Salzberg im Jahre 1846 der Bergmeister Johann Georg Ramsauer ein bronzezeitliches Gräberfeld mit geschmiedeten Eisenteilen entdeckte, war klar, dass sich hier etwa in den Jahren 800 bis 400 v. Chr. der Übergang von der Bronze- zur Eisenzeit vollzogen hatte. Diese Epoche ging dann als die »Hallstattkultur« in die Geschichtsbücher ein. Am schönsten ist die Ortssilhouette vom See aus, den man mit Ruder- oder Elektrobooten befah-

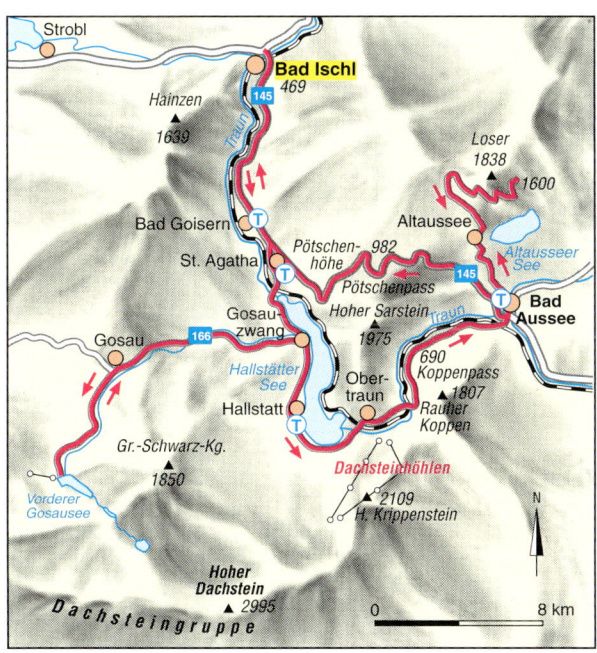

ren kann. Ein Pflichtbesuch ist allerdings noch das Prähistorische Museum und das Heimatmuseum mit einer Nachbildung des im 18. Jahrhundert gefundenen »Mannes im Salz«, der in den Salzstöcken mehrere tausend Jahre »konserviert« geblieben ist. Das Salzbergwerk mit seinen kilometerlangen Stollen, den Rutschen und dem beleuchteten Salzsee im Innern reizen uns heute aber nicht, denn wir haben noch einen ganz anderen Ausflug in die Unterwelt vor.

Der mächtige Felsriegel des Gosaukamms im Hintergrund bietet kein Durchkommen.

Gewaltige Höhlensysteme

In Obertraun parken wir unsere Maschinen, packen unsere schwarzen Motorradstiefel in die Gepäckkoffer und holen dafür leichte Bergwanderstiefel heraus. Dann geht es mit der Dachsteinseilbahn hoch zum Schönberghaus und in einem gut 20-minütigen leichten Fußmarsch, der uns in der Kombi trotzdem ins Schwitzen bringt, zu den Eingängen der Rieseneis- und Mammuthöhlen. Gewaltige Höhlensysteme leiten ins Innere des Hohen Dachsteins, die mit Holzsteigen und Treppen erschlossen wurden und im Rahmen von Führungen zugäng-

Linke Seite: Hallstatt, einmal nicht vom See her, sondern aus der Vogelperspektive gesehen.

lich sind. Die Rieseneishöhle zählt mit gut 13 000 Kubikmeter Eismasse zu den größten Eis führenden Höhlen der Welt, während in der fast 40 Kilometer tiefen Mammuthöhle eindrucksvolle Felsformationen zu bewundern sind. Wer es nicht ganz so riesig haben muss, kann die dritte der Dachsteinhöhlen, die Koppenbrüller Höhle, besuchen, die etwa drei Kilometer von Obertraun Richtung Bad Aussee vom Parkplatz beim Gasthaus Koppenrast ebenfalls in einem knapp 20-minütigen Fußmarsch zu erreichen ist.

Jetzt ist aber wieder Fahren angesagt, zuerst noch verhalten über den engen, teils bis 20% steilen und mit Kopfsteinpflasterabschnitten versehenen Koppensattel hinüber nach Bad Aussee, dann aber freier, beschwingter über die 15 schön angelegten Kehren der neun Kilometer langen Mautstraße der Loser-Panoramastraße. Oben dann ein herrlicher Ausblick über das Ausseer Land hinunter zum Altausseer See und hoch in den Luftraum, der an schönen Tagen von den Segeln der Gleitschirm- und Drachenflieger fast zugedeckt scheint.

Die Rückfahrt von Bad Aussee treten wir über die Pötschenhöhe an, die sich breit und gut ausgebaut präsentiert. So gut, dass sie von einigen einheimischen Motorradfahrern offensichtlich als Rennstrecke ange-

Blick in das stille Wasser des Vorderen Gosausees zu Füßen der Dachsteingruppe.

 **STRECKENBESCHREIBUNG**

STRECKENVERLAUF	Bad Ischl – Bad Goisern – Gosauzwang – Abstecher: Vorderer Gosausee – Hallstatt – Obertraun – Koppenpass – Bad Aussee – Abstecher: Loser-Panoramastraße – Pötschenpass – Bad Goisern – Bad Ischl
GESAMTLÄNGE	135 km
ABSTECHER	Gosauzwang – Vorderer Gosausee, hin und zurück 34 km
	Bad Aussee – Loser-Panoramastraße, hin und zurück 35 km
AUSGANGS- UND ENDPUNKT	Bad Ischl, 469 m
ANFAHRT ZUM AUSGANGSPUNKT	Salzburg – St. Gilgen – Bad Ischl
STRASSENVERHÄLTNISSE	Die Auffahrt zum Koppenpass ist mit 23% Steigung sehr steil. Am Steigungsstück auf 500 Meter Länge zudem Kopfsteinpflaster. Bei Nässe hier besondere Vorsicht. Bei der Abfahrt leichte Belagschäden und Gefälle bis 16%. Vorsicht bei der Überquerung der Eisenbahnschienen in einer Linkskurve vor Bad Aussee. Die Einfahrt nach Hallstatt wird durch eine Zeitschaltung geregelt. Die Einfahrt in die schmale Uferstraße ist alle sieben Minuten möglich.
HÖCHSTE PUNKTE	Koppenpass, 690 m, Loser-Panoramastraße, 1600 m, Pötschenpass, 982 m
PASSÖFFNUNGSZEITEN	Ganzjährig befahrbar
MAUTGEBÜHREN	Die Loser-Panoramastraße ist mautpflichtig; die Mautgebühr beträgt Euro 3,70 pro Person
SEHENSWÜRDIGKEITEN	**Bad Ischl:** Kaiservilla, Lehárvilla mit Museum, Salzbergwerk Ischl (ca. 5 km außerhalb)
	Hallstatt: Prähistorisches und Historisches Museum, Salzbergwerk
	Obertraun: Rieseneis- und Mammuthöhle, Auffahrt zum Koppenpass, Koppenbrüller Höhle
SERVICESTELLEN	**Bad Ischl:** Honda, Yamaha, Kawasaki, Suzuki
ÜBERNACHTUNG	Obertrauner Hof, Obertraun Nr. 90, A-4831 Obertraun, Tel. 00 43/61 31/ 45 60;
	Gasthof Staud'nwirt, Grundlseerstr. 21, A-8990 Bad Aussee, Tel. 00 43/36 22/ 5 45 65
KARTE	Generalkarte 1:200 000, Österreich, Blatt 4.

sehen wird. Trotz recht zügiger Fahrweise mussten wir uns daher von einigen Sportsfreunden mit schleifenden Kniepads in den Kurven überholen lassen.

Spezialtipp: Rieseneis- und Mammuthöhlen

Einen Ausflug in die Unterwelt bieten die Rieseneis- und Mammuthöhlen bei Obertraun, die zu den größten Eishöhlen der Welt zählen. Zu erreichen sind sie von Obertraun aus entweder mit dem Motorrad oder per Bus bis zum Parkplatz an der Talstation der Dachsteinbahn. Von dort mit der Seilbahn zur Mittelstation und in ca. 20 Minuten zu Fuß zu den Höhleneingängen. Die Höhlen sind abhängig von der Schneelage von etwa Ende Mai bis Mitte Oktober täglich von 9.30 Uhr bis 16 Uhr, in der Hochsaison eventuell länger geöffnet.

In den Nockbergen

Kärntner Kontraste: Seen, Nocken und Gletscherberge

Eigentlich ist ja Badeurlaub angesagt. Wir verbringen ein paar Urlaubstage am Millstätter See in Kärnten. Das Wetter könnte nicht schöner sein, das Wasser nicht wärmer und das Eis in den vielen Cafés nicht besser und dennoch fehlt uns irgendetwas. Es ist das Asphaltband der Straße, der Fahrtwind und der Reiz, auf zwei Rädern Neues zu entdecken. Wir haben von den Nockbergen gehört, einer äußerst reizvollen Mittelgebirgslandschaft mit charakteristisch geformten, sanft gerundeten Bergkuppen, die von einer Panoramastraße erschlossen wird.

Da wir den genauen Wegverlauf nicht kennen, wollen wir uns zuerst im Tourismusbüro in Spittal a. d. Drau informieren. Es ist recht früh am Morgen, das Büro hat noch nicht geöffnet und so beschließen wir die Wartezeit mit einem kleinen Stadtbummel zu verbringen. Schönstes und auffälligstes Gebäude ist das Schloss Spittal, nach einem ehemaligen Besitzer auch Schloss Porcia genannt, ein prächtiger Renaissancebau, mit italienischen und auch spanischen Elementen. Durch das reich verzierte Nordportal finden wir Einlass und gelangen in einen dreigeschossigen Arkadenhof, dessen gelbe Wände einen schönen Kontrast zu dem stahlblauen Himmel bilden. Ein durchaus würdiger Rahmen für die Komödien und Chorwettbewerbe, die hier jeden Sommer im Juli und August abgehalten werden. Im zweiten Stock befindet sich ein Heimatmuseum mit einer recht interessanten volkskundlichen Sammlung, aber leider drängt nun die Zeit. So verzichten wir auch auf einen Besuch des Bauern- und Bergbaumuseums im Schlosspark mit seiner Mineralienschau und begnügen uns mit einem Blick auf die schönen Fresken des Rathauses, die Szenen aus dem Leben im 16. Jahrhundert darstellen.

Die Nockalm-Höhenstraße

Zurück im Tourismusbüro bekommen wir einen Prospekt zur Nockalm-Höhenstraße und erfahren,

dass sich die Bevölkerung des Landes Kärnten in
einer 1980 durchgeführten Volksbefragung mit über-
wältigender Mehrheit dafür ausgesprochen hat, das
Gebiet der Nockberge vor einer Totalerschließung
für den Wintertourismus zu bewahren und in einen
Nationalpark umzuwandeln, der 1987 eröffnet wurde. Näheres könnten wir bei einer Fahrt über die
Nockalm-Höhenstraße selbst erfahren, da man bei
der Schiestelscharte eine naturkundliche Informa-
tionsstelle, bei der Zechneralm ein Almwirtschafts-
museum und bei der Grundalm ein Bergwaldmuse-
um eingerichtet hat. Fast zu viel der Information
auf einmal und so sind wir froh, erst einmal losfah-
ren zu können. Dabei wandern unsere Blicke von
der Uferstraße des Millstätter Sees zu den schönen
Buchen- und Tannenwäldern der Umgebung. Nach
kurzer Fahrzeit verlassen wir in Döbriach den See,

*Die Kirche St. Marga-
rethen bei Patergassen.*

*Linke Seite:
Um zum Bergsee
auf der Turracher
Höhe zu gelangen,
sind bei der Auffahrt
über die Südseite
23% Steigung zu
bewältigen.*

21

dafür nimmt uns ein breites, bewaldetes Tal auf, das nach Radenthein führt. Der Beschilderung Bad Kleinkirchheim/Turrach folgend gelangen wir auf einer weiten Hochfläche, die den Südrand des Nockgebietes bildet, nach »Winkl«, einer Straßenkreuzung, die den Eingang zum Nationalpark Nockberge bildet.

Abstecher zur Turracher Höhe

Vorher möchten wir aber noch einen kurzen Abstecher zur Turracher Höhe machen, einem 1783 Meter hohen Übergang, der nicht nur die Grenze zwischen Kärnten und der Steiermark bildet, sondern noch eine Besonderheit bereithält. Die Südrampe weist nämlich eine Steigung von 23% auf und zählt damit zu den steilsten Passstraßen der Alpen. Fahrerisch anspruchsvoll ist sie allerdings nicht, sie verläuft allerdings fast geradlinig. Nach einem kurzen Aufenthalt am Bergsee mit seinen Hotelbauten bremsen wir uns die steile Rampe wieder herab.

Was uns fahrerisch auf der Nockalm-Höhenstraße erwartet, ist da schon von anderem Kaliber. Die Kurven und Kehren bieten so viel Fahrspaß, dass wir uns wünschten, die Straße würde überhaupt kein Ende nehmen. Aber nach 34 Kilometern ist sie in Innerkrems zu Ende, und obwohl wir versucht sind zu wenden und zurückzufahren, fahren wir doch weiter über Kremsbrücke und durch das Liesertal nach Gmünd. Die mittelalterlich anmutende Stadt unterhalb der Tauernautobahn ist nicht nur Sitz eines Porschemuseums, sie ist auch Ausgangspunkt der Malta-Hochalmstraße, die mitten hinein in die vergletscherte Bergwelt der Ankogelgruppe führt. Leider müssen wir auch hier wieder Maut bezahlen, bevor wir die 14 Kilometer hinauf zum 1920 Meter hoch gelegenen Sporthotel Malta, dem höchsten Punkt der Straße, in Angriff nehmen können.

Der fahrerisch schönste Teil der Strecke, eine Kehrengruppe hinter dem Restaurant Gmunder Brücke,

Die Nockalm-Höhenstraße bietet unberührte Natur, schön geschwungene Straßen und wenig Verkehr.

 **STRECKENBESCHREIBUNG**

STRECKENVERLAUF	Spittal a. d. Drau – Seeboden – Millstatt – Radenthein – Patergassen – Ebene Reichenau – Abzweigung Nockalm-Höhenstraße – Abstecher: Turracher Höhe – Innerkrems – Krems – Gmünd – Abstecher: Malta-Hochalmstraße – Seeboden – Spittal a. d. Drau
GESAMTLÄNGE	184 km
ABSTECHER	Abzweigung Nockalm-Höhenstraße – Turracher Höhe, hin und zurück 14 km Gmund – Malta-Hochalmstraße, hin und zurück 61 km
AUSGANGS- UND ENDPUNKT	Spittal a. d. Drau, 560 m
ANFAHRT ZUM AUSGANGSPUNKT	Autobahn Salzburg – Villach A10 (Tauernautobahn), Ausfahrt Spittal/Millstätter See
STRASSENVERHÄLTNISSE	Bei der Auffahrt zur Malta-Hochalmstraße viele, teils unbeleuchtete Tunnels und Galerien. An zwei Abschnitten durch Zeitschaltung geregelter Einbahnverkehr.
HÖCHSTE PUNKTE	Nockalm-Höhenstraße, Eisentalhöhe, 2040 m, Malta-Hochalmstraße, 1920 m
PASSÖFFNUNGSZEITEN	Nockalm-Höhenstraße, offen Pfingsten bis 31. Oktober; Malta-Hochalmstraße, offen 1. Juni bis 31. Oktober
MAUTGEBÜHREN	Sowohl die Nockalm-Höhenstraße als auch die Malta-Hochalmstraße sind mautpflichtig; die Mautgebühr für die Nockalm-Höhenstraße beträgt Euro 7,–; für die Malta-Hochalmstraße Euro 6,–.
SEHENSWÜRDIGKEITEN	**Spittal a. d. Drau:** Schloss Porcia mit Heimatmuseum, Bauern- und Bergbaumuseum im Rathaus **Gmund:** Porschemuseum
SERVICESTELLEN	Spittal a. d. Drau: BMW, Suzuki
ÜBERNACHTUNG	Hotel Restaurant Ertl, Bahnhofstr. 26, A-9800 Spittal a. d. Drau, Tel. 00 43/47 62/2 04 80; Gasthof Postwirt, Hauptstr. 64 – 66, A-9871 Seeboden, Tel. 00 43/47 62/8 11 370; Gasthof Jägerwirt, Turracherhöhe 63, A-8864 Turracherhöhe, Tel. 00 43/42 75/82 57; Gasthof Turracherhof, Turracherhöhe 106, A-8864 Turracherhöhe, Tel. 00 43/42 75/83 66
KARTE	Generalkarte 1:200 000, Österreich, Blatt 6.

ist nur im Einbahnverkehr möglich und wird mittels Ampelschaltung geregelt. Noch eine weitere Ampel vor der Einfahrt in den 345 Meter langen Gipfeltunnel, dann noch ein knapper Kilometer und wir parken unsere Maschinen vor dem Rundbau des Bergrestaurants. Beim Blick über den tiefblauen Kölnbreinsee zu den vergletscherten Bergspitzen im Hintergrund überlegen wir uns, dass wir noch vor kurzer Zeit nur die bewaldeten Kuppen der Nockberge um uns hatten. Und noch etwas später werden wir uns wieder an der Badelandschaft des Millstätter Sees befinden. Größer konnten die Kontraste in solch relativ kurzer Fahrzeit gar nicht sein.

Spezialtipp: Porsche oder Schloss?

Freunde der Nobelmarke werden sich einen Besuch des Porschemuseums in Gmünd nicht entgehen lassen. Mehr kulturell Interessierte ziehen einen Besuch von Schloss Porcia mit dem Bezirksheimatmuseum in Spittal a. d. Drau vor. Es ist vom 15. Mai bis 15. Oktober täglich zwischen 9.00 und 18.00 Uhr geöffnet, übrige Zeit 10.00 bis 16.00 Uhr.

4 Salzburger und Berchtesgadener Land

Mozartkugeln, Schatzsuche und Ritterburgen

So schön Salzburg auch ist, langsam nerven uns der Verkehr, die vielen Einbahnstraßen und die unzähligen

Touristen, die die Residenzstadt zur Zeit der Festspiele im Juli und August angelockt hat. Wegen der Festspiele sind

wir eigentlich nicht gekommen, sondern hauptsächlich, weil diese Stadt sich für unsere geplante Rundtour durch

das Salzburger und Berchtesgadener Land als zentraler Ausgangspunkt einfach anbietet. Dabei hat die Stadt

dem interessierten Besucher einiges zu bieten:

Der Dom von Salzburg ist nur eine von vielen Sehenswürdigkeiten der Residenzstadt.

platz, der jedes Jahr die Freilichtbühne für Hugo von Hofmannsthals »Jedermann« bildet, um damit nur einige der vielen Sehenswürdigkeiten anzudeuten, die den Reiz und das Flair dieser alten Bischofsstadt ausmachen.

Da Stadtbesichtigungen in schwerer Ledermontur nicht unbedingt ein Vergnügen sind, belassen wir es bei einer Fahrt mit der Festungsbahn hoch zur Festung Hohensalzburg mit einem weit reichenden Blick auf die Dächer, Kuppeln und Gassenschluchten – und dem Kauf einer Schachtel Mozartkugeln im Café Winkler, die zuerst die Reisekasse und später unseren Magen belasten.

Die Roßfeld-Höhenringstraße

Jetzt aber nichts wie hinauf auf die Maschine, eines der beliebtesten Fahrziele der Motorradfahrer der näheren und weiteren Umgebung wartet auf uns, die Roßfeld-Höhenringstraße im angrenzenden Berchtesgadener Land, das sich wie ein kleiner Keil in das Salzburger Land drängt. Beim ehemaligen Zollamt Hangendenstein überqueren wir die Grenze, fahren auf der gut ausgebauten Bundesstraße 305 an der Berchtesgadener Ache entlang Richtung Berchtesgaden und folgen in Unterau den Hinweisschildern zur Roßfeld-Höhenringstraße. Es folgt

Die Festung Hohensalzburg etwa, die Getreidegasse mit ihren schönen alten Bürgerhäusern aus dem 15. bis 18. Jahrhundert, darunter mit der Hausnummer 9 auch Mozarts Geburtshaus, die Pferdeschwemme aus dem Jahr 1695 am Kapitelplatz, den Alten Markt mit seinem zierlichen Marktbrunnen, den Mozartplatz mit dem Denkmal für den berühmtesten Sohn der Stadt, den majestätischen Dom mit dem Dom-

Fahrspaß pur hinauf auf Deutschlands höchste Alpenstraße mit ihrem Scheitelpunkt in 1540 Meter Höhe am Eckersattel mit seiner weit reichenden Aussicht auf das Salzachtal und in das Salzkammergut. Die Abfahrt ist fahrerisch fast noch schöner als die Auffahrt. Hinter der Mautstelle Ofnerboden wählen wir den direkten Weg nach Berchtesgaden und finden uns unvermittelt auf einer 24% steilen Gefällstrecke.

Rund um Berchtesgaden

Umgeben von einer sehr eindrucksvollen Hochgebirgsszenerie bietet der Marktort oberbayerische Fremdenverkehrsidylle in Reinkultur. Aber nicht deshalb verlassen wir den Ort rasch in Richtung österreichischer Grenze am Steinpass, sondern weil die malerischen Gassen der Altstadt für den Verkehr gesperrt sind und uns die Zeit für einen weiteren Stadtbummel fehlt. Wir möchten heute noch unter die Schatzsucher gehen und reihen uns deshalb in den dichten Ausflugsverkehr ein, der durch das enge Saalachtal über den Steinpass und den Kniepass nach Lofer zieht.

Hinter Lofer, auf der Weiterfahrt nach Saalfelden, wird es ruhiger. So können wir uns auf das Auffinden des Hinweisschildes zum Lamprechtsofen,

etwa einen Kilometer vor dem Dorf Weißbach, konzentrieren. Hierbei handelt es sich um eines der größten Höhlensysteme Österreichs, touristisch erschlossen und auf etwa 600 Meter Länge über hölzerne Treppen und Steige bequem zu begehen. Benannt wurde sie nach einem Ritter Lamprecht, der hier Gold und Edelsteine versteckt haben soll.

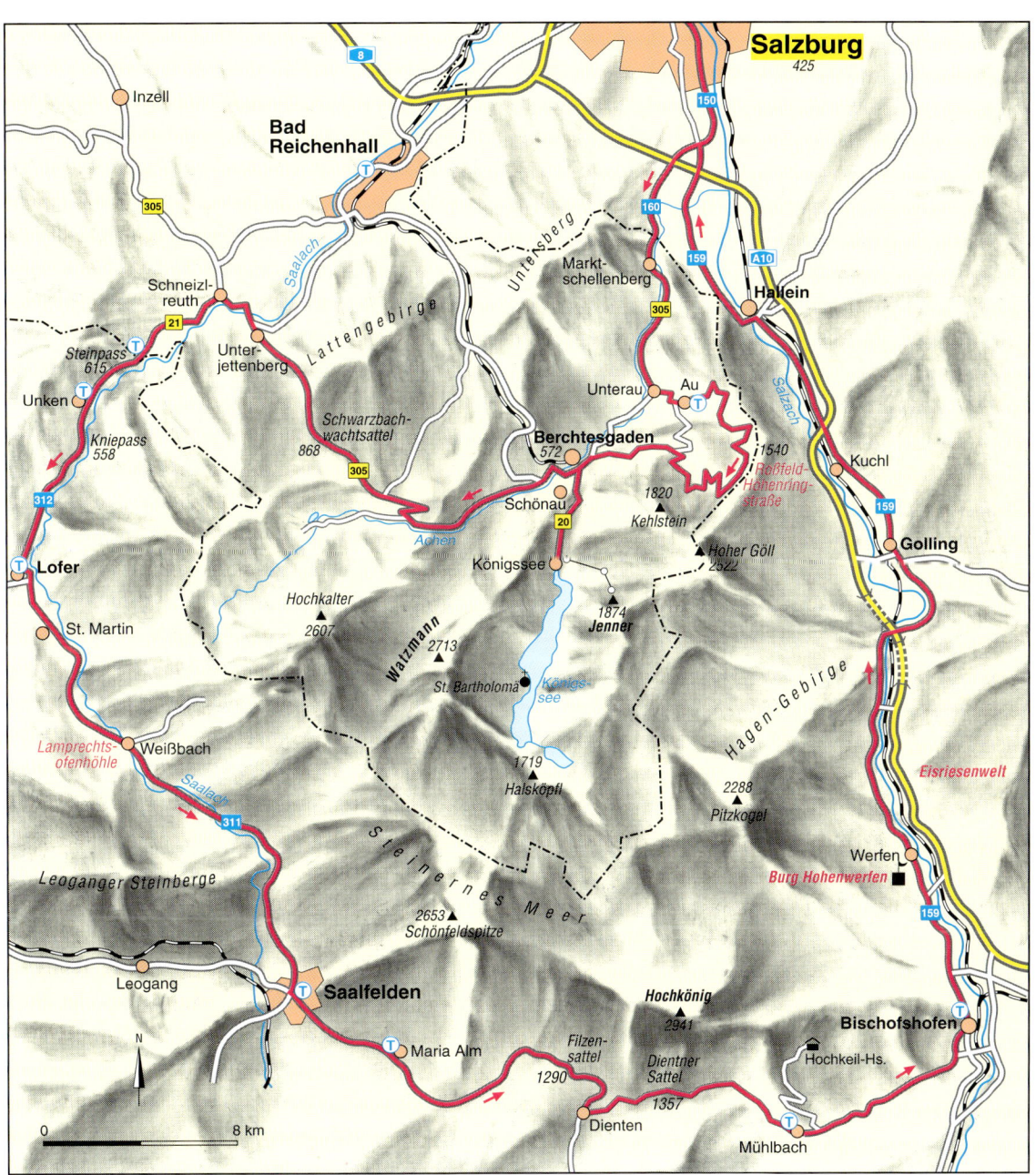

Gefunden hat man bisher allerdings noch nichts. So ziehen wir zwar an Erfahrung reicher, dafür an Eintrittsgeld ärmer weiter und trösten uns mit einem Besuch der nicht minder sehenswerten Seisenbergklamm bei Weißbach.

Wahrer Reichtum ist aber Motorrad fahren auf kurvigen, verkehrsarmen Straßen in wunderschöner landschaftlicher Umgebung. Davon haben wir auf den nächsten 40 Kilometern von Saalfelden nach Bischofhofen über die Hochkönigstraße und den Filzensattel, die sich am Südrand des Steinernen Meeres entlangzieht, wirklich mehr als genug.

Im Schatten des Tennengebirges

Bischofshofen, den größten Ort des Pongaus mitten im Herzen des Salzburger Landes, umfahren wir auf der Umgebungsstraße, dann rückt, unübersehbar auf einem Hügel im Salzachtal thronend, Burg Hohenwerfen in unser Gesichtsfeld. Eindrucksvoll und gewaltig im Schatten der grauen Felswände des Tennengebirges lässt sie das Mittelalter vor unserem geistigen Auge lebendig werden.

Wir lassen es uns nicht nehmen, den kurzen, steilen Weg ins Burginnere hochzusteigen. Oben gibt es dann eine Überraschung: Gerade findet eine Greifvogelvorführung statt, bei der gezeigt wird, wie Falkner ihre dressierten Steinadler und Falken zur Jagd abrichten. Eines der Tiere scheint Elvira mit einem Beutetier zu verwechseln und streicht

Die steilen Felswände des Hochkönigmassivs gehören zu den Schaustücken des Salzburger Landes.

STRECKENBESCHREIBUNG

STRECKENVERLAUF	Salzburg – Marktschellenberg – Unterau – Roßfeld-Höhenringstraße – Berchtesgaden – Schwarzbachwachtsattel – Schneizlreuth – Steinpass – Lofer – Saalfelden – Filzensattel – Dienten – Mühlbach – Bischofshofen – Werfen – Golling – Hallein – Salzburg
GESAMTLÄNGE	210 km
AUSGANGS- UND ENDPUNKT	Salzburg, 425 m
ANFAHRT ZUM AUSGANGSPUNKT	Autobahn München–Salzburg A8
STRASSENVERHÄLTNISSE	Von einigen Engstellen am Filzensattel abgesehen, gut ausgebaute Straßen.
HÖCHSTE PUNKTE	Roßfeld-Höhenringstraße, 1540 m, Schwarzbachwachtsattel, 868 m, Steinpass, 615 m, Filzensattel, 1290 m
PASSÖFFNUNGSZEITEN	Filzensattel, offen 1. Mai bis 30. November
MAUTGEBÜHREN	Die Roßfeld-Höhenringstraße ist mautpflichtig; die Mautgebühr beträgt Euro 2,50.
SEHENSWÜRDIGKEITEN	**Salzburg:** Festung Hohensalzburg, Getreidegasse mit Mozarts Geburtshaus, Mozartdenkmal am Mozartplatz, Residenz und Residenzplatz, Dom und Domplatz, Pferdeschwemme am Kapitelplatz **Weißbach:** Seisenbergklamm **Oberweißbach:** Lamprechtsofen (Höhlensystem) **Werfen:** Auf der Burg Hohenwerfen werden Greifvogelvorführungen geboten
SERVICESTELLEN	Salzburg: BMW, Unterau: Honda; Saalfelden: BMW, Kawasaki, Suzuki
ÜBERNACHTUNG	Hotel Zur Post, Maxglaner Hauptstr. 45, A-5020 Salzburg, Tel. 00 43/6 62/83 23 39-0; Pension Kofler, Rauchenberg 257, A-5090 Lofer, Tel. 00 43/65 88/85 000; Gasthof Bachschmid, Bachwinkl 15, A-5761 Maria Alm, Tel. 00 43/65 84/75 770; Gasthof Sonneck, Dorf 20, A-5453 Werfenweng, Tel. 00 43/64 66/4 27
KARTE	Generalkarte 1:200 000, Österreich, Blatt 4.

mit mächtigem Flügelschlag knapp über ihren Kopf hinweg. Als der erste Schrecken überwunden ist und wir beide herzhaft lachen mussten, gestand sie mir, dass sie sich das letzte Mal so gefühlt hatte, als ein Auto ohne zu blinken auf der Autobahn auf ihre Spur zog.

Spezialtipp: Romantische Ritterburg und Eisriesenwelt

Der Inbegriff einer mittelalterlichen Ritterburg ist Burg Hohenwerfen. Ihre günstige Lage unmittelbar neben der Straße macht den Zugang einfach. Wesentlich aufwändiger ist da schon der Besuch der Eisriesenwelt im Tennengebirge. Nur mit dem Bus geht es von Werfen zur Talstation der Hochkogelseilbahn und mit dieser zum Dr.-Oedl-Schutzhaus in 1582 Meter Höhe.

Die Führung durch die Unterwelt dauert dann nochmals gut eineinviertel Stunden. Nähere Auskünfte gibt es beim Fremdenverkehrsverband Werfen, A-5450 Werfen, Tel. 00 43/64 68/53 88, Fax 00 43/64 68/75 62.

Die Großglockner-Hochalpenstraße

Traumstraße der Ostalpen

Dort, wo Österreichs Berge am höchsten sind, in den Hohen Tauern mit ihrem Kulminationspunkt, dem 3797 Meter hohen Großglockner, verläuft eine der höchsten, bekanntesten und sicherlich schönsten Straßen des gesamten Alpenraums: die Großglockner-Hochalpenstraße. Genau genommen müsste die Bezeichnung ja Großglockner-Hochalpenstraßen lauten, denn tatsächlich sind es mehrere Straßen, die auf dieser Nord-Süd-Verbindung zwischen Zell am See im Bundesland Kärnten und Heiligenblut in Osttirol befahren werden können. Neben der eigentlichen Passstrecke nämlich noch die Edelweißstraße, die unterhalb des Fuscher Törls zur Edelweißspitze hochzieht und mit 2571 Metern den höchsten Punkt bildet, und die Gletscherstraße zur 2370 Meter hohen Franz-Josephs-Höhe, die direkt an den Fuß des Großglockners mit dem zerklüfteten Gletscherstrom der Pasterze führt, dem wohl imponierendsten Punkt an der Glocknerstraße.

Einen kleinen Vorgeschmack auf die Schönheiten der Tour haben wir uns bereits am Vorabend geholt, als wir in Fusch an der Glocknerstraße übernachtet haben. Da uns die wohl einzige Sehenswürdigkeit des Ortes, die Pfarrkirche mit ihrem romanischen Turm und dem Rokoko-Hochaltar nicht genügte, die sehenswerten Wasserfälle des Hirzbaches und des Sulzbaches und seiner Klamm mit einem gut halbstündigen Fußmarsch jedoch zu weit entfernt waren, setzten wir uns nochmals auf die Ma-

schinen und fuhren die sechs Kilometer lange Stichstraße nach Bad Fusch hoch. Die alten Badeanlagen des ehemaligen Kurbades sind zwar verfallen, aber einige eingefasste Quellen mit köstlich klarem, kühlem Wasser sind noch vorhanden.

Blick auf die Glocknergruppe

Fast schöner noch war aber der Blick auf die schneebedeckten Gipfel der Glocknergruppe, die über den Talwänden des Ferleitentales hervorlugten und vom letzten Licht der untergehenden Sonne beschienen wurden. Erst als es uns dort oben zu kühl und schattig wurde, verließen wir unseren ruhigen Rastort bei einer kleinen Kapelle und fuhren zurück nach Fusch.

So stimmungsvoll der Abend geendet hatte, so schön schien auch der nächste Tag zu werden. Mit dem ersten Licht des Tages, das sich langsam über die Talwände herabtastete, verließen wir unsere Übernachtungsstätte. Aber nicht nur deshalb ist ein früher Aufbruchtermin sinnvoll, sondern vor allem, um dem an schönen Tagen recht heftigen Verkehrsaufkommen zu entfliehen. Im Augenblick ist noch nicht viel los, so fahren wir ungestört durch das um diese Tageszeit noch schattige Ferleitental. Schon bei der Mautstelle Ferleiten sind wir aber in der Sonne und betrachten beeindruckt die beherrschende Berggestalt auf der Nordrampe – die pyramidenförmige Gletscherspitze des Großen Wiesbachhorns. Beeindruckend ist auch die Mautgebühr, die allerdings zur Instandhaltung dieser Straße durchaus notwendig erscheint. Und fast hätten wir es übersehen, aber gleich neben der Mautstelle befindet sich ein Wildpark mit mehr als 200 Tieren, darunter Braunbären, Luchse, Wölfe und Wisente. Nach der Mautstelle zieht die Straße gleich recht steil nach oben, kopfsteingepflasterte Kehren

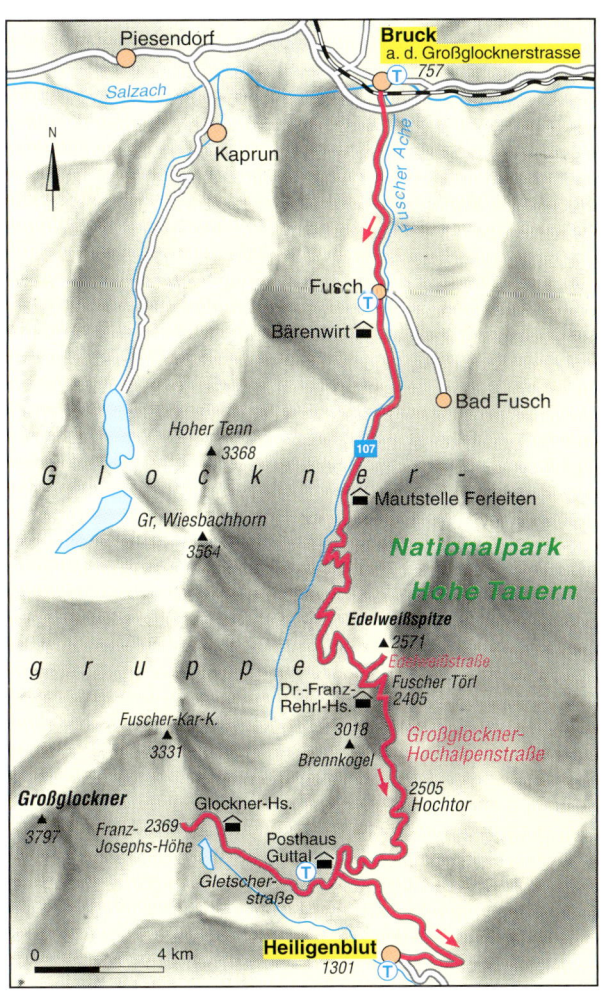

führen am Schleierwasserfall vorbei und bei der Raststätte Hochmais verführen uns die großen Parkplätze zu einem Halt. Die Ostflanke des Großen Wiesbachhorns dominiert die gegenüberliegende Talseite. Tief unten erscheint bereits der Talschluss von Ferleiten und unmittelbar am Parkplatz geben Schautafeln über die geologische und botanische Beschaffenheit der Umgebung Aufschluss.

In Heiligenblut endet die Großglockner-Hochalpenstraße für all diejenigen, die sich von Norden her auf den Weg gemacht haben.

In der Hexenküche

Im Gegensatz zu der eher friedlich anmutenden Umgebung hier präsentiert sich dann das Felssturzgebiet der Hexenküche, wo man bei Bauarbeiten im Jahr 1977 Häftlingsketten und Halseisen aus dem 17. Jahrhundert gefunden hatte. Hier fanden also diese bedauernswerten Kreaturen auf ihrem Weg nach Venedig, wo sie als Galeerensträflinge eingesetzt werden sollten, ein frühes Ende. Unvergleichlich dann der Rundblick von der Edelweißspitze, die wir über eine nur knapp zwei Kilometer lange Stichstraße recht rasch erreichen.

Bild linke Seite: Nicht nur Fels und Eis, auch dunkle, kahle Berggipfel bilden die Umgebung der Großglockner-Hochalpenstraße.

Langsam merken wir, wie der Verkehr zunimmt und sich die Park- und Rastplätze immer mehr füllen. Über das Fuscher Törl mit seiner steinernen Gedenkstätte für die beim Bau der Straße ums Leben gekommenen Arbeiter fahren wir kurz ab zur Fuscher Lacke und über den Mittertörltunnel zur Tunnelröhre am Hochtor, mit 2504 Metern der Scheitelpunkt der Passstrecke. Jetzt geht es länger abwärts zur Abzweigung Guttal, dem Ausgangspunkt zur Franz-Joseph-Straße. Gewaltig dann der Ausblick auf Großglockner und Pasterze, dem größten Eisstrom der Ostalpen, der allerdings im Gegensatz zu den Zeiten, als Kaiser Franz Joseph I. von Österreich im September 1856 hier oben war, schon beträchtlich geschrumpft ist. Auch das mehrgeschossige, architektonisch recht einfach gestaltete Parkhaus verschandelte damals noch nicht die Umgebung. Ganz anders ins Landschaftsbild fügt sich da schon der Turm der gotischen Pfarrkirche St. Vinzenz in Heiligenblut, Endpunkt der Glocknerstraße, in der ein Fläschchen aufbewahrt wird, das der Legende nach Blut Christi enthalten soll und dem Ort seinen Namen gegeben hat. Es steht bei einem Sakramentshäuschen neben dem kunsthistorisch äußerst interes-

Der Großglockner, mit 3797 Metern höchster Berg Österreichs. Die Pasterze zu seinen Füßen gilt als größter Eisstrom der Ostalpen.

 **STRECKENBESCHREIBUNG**

STRECKENVERLAUF	Bruck – Fusch – Mautstelle Ferleiten – Fuscher Törl – Abstecher: Edelweißspitze – Fuscher Lacke – Hochtor – Abzweigung Guttal – Abstecher: Franz-Josephs-Höhe – Mautstelle Roßbach – Heiligenblut
GESAMTLÄNGE	71 km
ABSTECHER	Fuscher Törl – Edelweißspitze, hin und zurück 4 km Abzweigung Guttal – Franz-Josephs-Höhe, hin und zurück 17 km
AUSGANGSPUNKT	Bruck an der Glocknerstraße, 757 m
ENDPUNKT	Heiligenblut, 1301 m
ANFAHRT ZUM AUSGANGSPUNKT	Autobahn München–Salzburg A8, Ausfahrt Traunstein/Siegsdorf – Inzell – Unken – Lofer – Saalfelden – Zell am See – Bruck a. d. Glocknerstraße, oder Tauernautobahn A10, Ausfahrt Werfen oder Bischofshofen – St. Johann im Pongau – Schwarzach – Lend – Bruck a. d. Glocknerstraße
STRASSENVERHÄLTNISSE	Bei der Auffahrt zur Franz-Josephs-Höhe einige kopfsteingepflasterte Kehren im unteren Strecken-teil sowie bei der Auffahrt zur Edelweißstraße. Bei Nässe hier Vorsicht.
HÖCHSTE PUNKTE	Fuscher Törl, 2405 m, Edelweißspitze, 2571 m, Hochtor, 2505 m, Franz-Josephs-Höhe, 2369 m
PASSÖFFNUNGSZEITEN	1. Mai bis 1. November
MAUTGEBÜHREN	Die Strecke ist mautpflichtig; die Mautgebühr beträgt Euro 17,–; Rundfahrkarte (über Felbertauern-tunnel) Euro 22,80. Kostenlose Rückfahrt am selben Tag
SEHENSWÜRDIGKEITEN	Mautstelle Ferleiten: Wildpark, Edelweißspitze: Panoramarundblick
	Franz-Josephs-Höhe: Abfahrt mit Schrägaufzug auf Pasterzengletscher Heiligenblut: Pfarrkirche St. Vinzenz
SERVICESTELLEN	Lienz: Honda, Yamaha; Saalfelden: BMW, Kawasaki, Suzuki
ÜBERNACHTUNG	Gasthof Römerhof, Großglocknerstr. 77, A-5672 Fusch, Tel. 065 46/21 80; Gasthof Glocknerhaus, Großglockner-Hochalpenstraße, A-9844 Heiligenblut, Tel. 00 43/48 24/24 666; Hotel Post, Hof 1, A-9844 Heiligenblut, Tel. 048 24/22 45
KARTE	Generalkarte 1:200 000, Österreich, Blatt 6.

santen Hochaltar, der fast elf Meter hoch ist, laut Inschrift im Jahr 1520 vollendet wurde und aus der Schule des Künstlers Michael Dachner stammt.

Spezialtipp: Gletscherwanderung für Konditionsstarke

Vom Parkplatz auf der Franz-Josephs-Höhe kann man mit einem Schrägaufzug auf die Gletscherzunge der Pasterze abfahren. Konditionsstarke bewälti-gen die etwa 200 Höhenmeter auch zu Fuß. Auf dem Gletscher aber gilt, den abgesperrten Teil nicht zu verlassen. Auch wenn der größte Eisstrom der Ostalpen mit einer Länge von gut zehn Kilometern geübte Hochalpinisten mit Steigeisen und Pickel auf dem Weg hinüber zum Großglockner vor keine unüberwindlichen Hindernisse stellt, kann man mit Motorradstiefeln doch leicht in eine der Spalten und Risse abrutschen.

6 Um die Kitzbüheler Alpen

Zillertaler Höhenstraße, Gerlospass, Pass Thurn und Krimmler Wasserfälle

Wie oft sind wir bei unseren Fahrten durch das Inntal schon an der Abzweigung ins Zillertal vorbeigekommen. Und wie oft haben wir uns schon vorgenommen, hier den langweiligen Talboden zu verlassen und zu einer Rundtour um die Kitzbüheler Alpen, über die Zillertaler Höhenstraße, den Gerlospass und den Pass Thurn auszuweichen. Nie ließ es sich zeitlich einrichten. So bleibt uns nichts anderes übrig, als eines schönen Morgens von München aus aufzubrechen. Wir legen die Anfahrtsroute über den Tegernsee und den Achensee, den größten See Tirols, und hinunter ins Inntal, das sich bei der Kanzelkehre tief unter uns ausbreitet. Wenig später queren wir den Talboden und fahren bei Strass ins Zillertal ein.

Das Zillertal bietet anfangs noch wenig Aufregendes. Wir haben vor, es so rasch wie möglich wieder zu verlassen, müssen uns aber bis Ried gedulden, dem nördlichen Ausgangspunkt der Zillertaler Höhenstraße. Das mautpflichtige Sträßchen, das sich hier an den Hängen der westlichen Talseite bis in eine Höhe von über 2100 Meter hochschlängelt, bestand ursprünglich aus Almstraßen und Wirtschaftswegen, die zum Bau und Erhalt der Wildwasser- und Lawinenverbauungen errichtet wurden. Rasch hat man seine Bedeutung für den Fremdenverkehr erkannt und mit einer durchgehenden Verbindung eine Panoramastrecke zwischen Ried im Norden und Hippach im Süden erschlossen.

Kurvenreiche Sträßchen

Das Panorama lässt allerdings noch auf sich warten, aber das macht gar nichts, denn anfangs fordert das schmale, meist nur einspurige Sträßchen mit seinem windungsreichen Verlauf und den unübersichtlichen Kurven und Steilstücken bis 20% Steigung unsere ganze Aufmerksamkeit. Mit Überfahren der Baumgrenze geht die Steigung zurück, dafür zeigen sich bei der Kaltenbacher Skihütte erstmals die Spitzen der Zillertaler Alpen im Süden. Die schönste Aussicht auf die Zillertaler und Kitzbühler

Alpen bietet sich dann vom Arbiskopfjoch, mit 2133 Metern gleichzeitig der höchste Punkt der Straße. Auch für das leibliche Wohl wird gesorgt, denn die Germknödel bei der Atlas-Sport-Alm sind wirklich vorzüglich.

Noch vorsichtiger als bei der Auffahrt bremsen wir uns nun wieder in das Zillertal hinunter und beginnen in Zell am Ziller die Auffahrt zum Gerlospass. Obwohl auch hier die Kurven und Kehren eine durchaus angepasste Fahrweise erfordern, erscheint uns die Strecke im Vergleich zur vorherigen fast als Autobahn. Am Durlaßbodenstausee gönnen wir unserem Zweizylinder wieder eine kurze Abkühlung und erkennen über dem südlichen Ende des fjordartig ausgestreckten Sees die 3303 Meter hohe Reichenspitze.

Wenig später zweigt links die alte Gerlospassstraße ab. Diese würde mir zwar die Mautgebühr ersparen, dafür umgeht sie aber eine der größten Attraktionen, die der Alpenraum zu bieten hat. Die Rede ist von den Krimmler Wasserfällen, wo das von zwölf Gletschern gespeiste Wasser der Krimmler Ache in drei mächtigen Kaskaden über 400 Meter hohe Felswände tobend und brausend zu Tale schießt. Schon von weitem ist der Gischtschleier zu erkennen und das Brausen des Wassers ist selbst unter unserem

Rattenberg am Inn gilt mit seinen etwa 500 Einwohnern als kleinste Stadt Tirols.

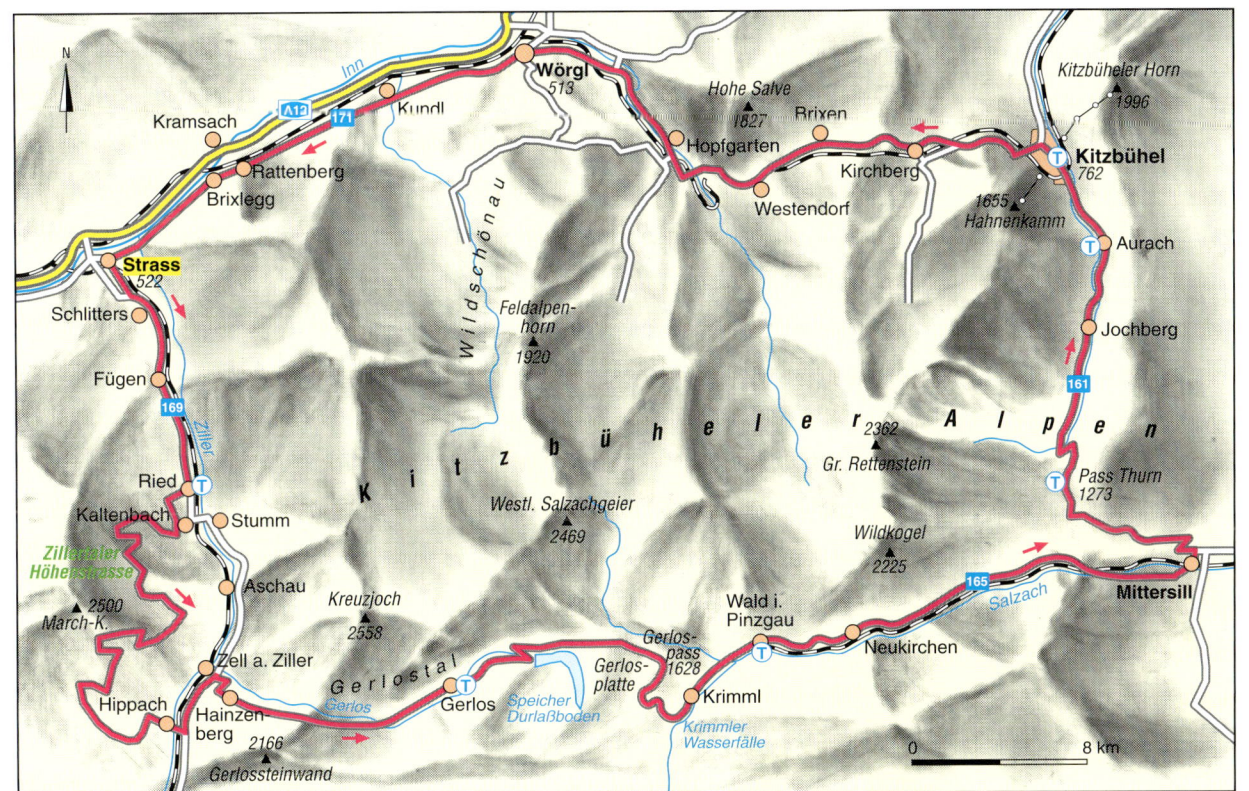

*Linke Seite:
Über dem südlichen Ende des Durlaßbodenstausees am Gerlospass erkennt man die 3303 Meter hohe Reichenspitze.*

Vollvisierhelm zu vernehmen. In einer zwei- bis dreistündigen Wanderung könnte man vom Parkplatz Trattenköpfl bis zur Schettbrücke auf 1482 Meter Höhe hochwandern. Wir begnügen uns mit den Aussichtspunkten Regenkanzel, Schönangerl und Bergerblick und kommen auch dabei gehörig ins Schwitzen.

Fast eineinhalb Stunden waren wir unterwegs, bevor wir unsere Fahrt nach Mittersill im Pinzgau fortsetzen. Die gut ausgebaute Verbindungsstrecke von Kitzbühel zum Felbertauern über den Pass Thurn ist stark befahren und die vielen Pkws mit Wohnanhängern erschweren uns immer wieder unseren Vorwärtsdrang. Endlich haben wir Kitzbühel erreicht und fahren mit gemischten Gefühlen in die Altstadt ein, bringen wir den Ort doch in erster Linie mit dem Jetsetbetrieb, der hier im Winter vorherrscht, in Verbindung. Angenehm überrascht sind wir, als davon überhaupt nichts zu verspüren ist und sich das Straßenbild recht ursprünglich mit farbig bemalten Häuserfassaden aus dem 15. und 16. Jahrhundert präsentiert.

Noch schöner ist dann allerdings das Stadtbild von Rattenberg im Inntal. Die kleinste Stadt Tirols mit nur etwa 500 Einwohnern präsentiert typisch dreistöckige Innstadthäuser mit Erkern, Torbögen und geraden Stirnmauern, die noch aus dem 15. und 17. Jahrhundert stammen. An eini-

Gold Wing mit Beiwagen, nicht nur auf der Zillertaler Höhenstraße ein 4eher seltenes Bild.

 **STRECKENBESCHREIBUNG**

STRECKENVERLAUF	Strass im Zillertal – Fügen – Ried – Arbiskopfjoch – Schwendberg – Hippach – Ramsberg – Zell am Ziller – Gerlos – Gerlospass – Neukirchen am Großvenediger – Mittersill – Pass Thurn – Kitzbühel – Westendorf – Wörgl – Rattenberg – Strass im Zillertal
GESAMTLÄNGE	207 km
AUSGANGS- UND ENDPUNKT	Strass im Zillertal (522 m)
ANFAHRT ZUM AUSGANGSPUNKT	Autobahn Kufstein – Innsbruck A12, Ausfahrt Achensee/Zillertal oder Autobahn München – Rosenheim A8, Ausfahrt Holzkirchen – Gmund am Tegernsee – Achenpass
STRASSENVERHÄLTNISSE	Die Zillertaler Höhenstraße ist schmal, kurvenreich und weist Steigungen bis 20% auf, zudem Weideroste und enge Brücken. Besonders an unübersichtlichen Abschnitten und bei Gegenverkehr deshalb erhöhte Vorsicht.
HÖCHSTE PUNKTE	Arbiskopfjoch/Zillertaler Höhenstraße, 2133 m, Gerlospass, 1628 m, Pass Thurn, 1273 m
PASSÖFFNUNGSZEITEN	Zillertaler Höhenstraße, offen 1. Juni bis 31. Oktober
MAUTGEBÜHREN	Die neue Gerlospassstraße sowie die Zillertaler Höhenstraße sind mautpflichtig; die Mautgebühr für die neue Gerlospassstraße beträgt Euro 4,–. Kostenlose Rückfahrt am selben Tag. Mautgebühr für die Zillertaler Höhenstraße Euro 3,50.
SEHENSWÜRDIGKEITEN	Krimml: Krimmler Wasserfälle
	Rattenberg: Innstadthäuserzeile am Innufer, Burg, Kaiserklamm
SERVICESTELLEN	Innsbruck. Honda, Yamaha, BMW, Suzuki; Wattens: Kawasaki
ÜBERNACHTUNG	Pension Christina, Haidachweg 418, A-6263 Fügen, Tel. 00 43/52 88/624 04; Landgasthof Persal, A-6292 Finkenberg im Zillertal, Tel. 00 43/52 85/6 21 14; Gasthof-Pension »Theresia«, Ramsau 78a, A-6283 Hippach, Tel. 00 43/52 82/37 02; Alpengasthof »Edelweißhaus«, Königsleiten 86, A-5742 Wald/Pinzgau, Tel. 00 43/65 64/82 97; Gasthof Eggerwirt, Gänsbachgasse 12, A-6370 Kitzbühel, Tel. 00 43/53 56/624 55
KARTE	Generalkarte 1:200 000, Österreich, Blatt 7.

gen Torbögen erkennen wir roten Mamor und an den Gaststätten reich verzierte Bilder. Eine Kulisse für einen prächtigen historischen Film denken wir, bevor wir bei Strass wieder das Inntal queren und die Heimreise antreten.

Spezialtipp: Der zweithöchste Wasserfall Europas!

Eines der eindrucksvollsten Naturschauspiele nicht nur dieser Tour, sondern des ganzen Alpenraums, sind die Krimmler Wasserfälle. Mit einer Fallhöhe von annähernd 400 Metern handelt es sich um den zweithöchsten Wasserfall Europas.

Vom Parkplatz bei Krimml nimmt der bereits 1901 angelegte und ständig ausgebaute, gebührenpflichtige Wasserfallweg seinen Ausgang. Für den gesamten Auf- und Abstieg vom Parkplatz Trattenköpfl bis hoch zur Schettbrücke (1482 m) sind gut zweieinhalb Stunden Gehzeit zu veranschlagen. Aber es lohnt sich!

7

Rund um die Stubaier Alpen

Kühtaisattel, Timmelsjoch, Jaufenpass und Brennerpass

In Bergsteigerkreisen genießen die Stubaier Alpen, südwestlich von Innsbruck gelegen, mit ihrem höchsten Gipfel, dem 3507 Meter hohen Zuckerhütl, das Prädikat »Super«. Für Motorradfahrer nehmen diesen Superlativ die vier Passstraßen Kühtai, Timmelsjoch, Jaufen und Brenner in Anspruch, die die Stubaier Alpen wie einen Ring umschließen. Es ist eine anspruchsvolle Strecke, die zwar fahrerisch und landschaftlich keine Wünsche offen lässt, dafür aber einiges an Kondition und Stehvermögen voraussetzt, sind neben den 230 Streckenkilometern doch nicht weniger als 5400 Höhenmeter zu bewältigen.

Ein früher Aufbruch ist also angesagt. So verlassen wir Innsbruck zu Füßen der sich schemenhaft abzeichnenden Kalkwände der Karwendelkette im Norden noch in der Dämmerung. Die Morgenkühle lässt noch nicht allzu viel Fahrfreude aufkommen und auch in den Talboden des Sellraintales, dem Anstieg zum Kühtaisattel, findet um diese frühe Tageszeit noch kein Sonnenstrahl seinen Weg. Am Melachbach entlang steigt die Trasse nur leicht an, aber schon hinter Gries am Sellrain müssen wir auf einem 500 Meter langen Steigungsstück mit 16 % recht kräftig am Gasgriff drehen. Mit den ersten Sonnenstrahlen erreichen wir die Gipfelregion inmitten einer urwüchsigen Mittelgebirgslandschaft um den Wintersportort Kühtai. Wir genießen die wohltuende Wirkung der Sonne und gehen frisch motiviert die 17 Kilometer lange Abfahrt ins Ötztal an. Die Straße präsentiert sich dabei in ausnehmend gutem Zustand, aber die vielen Kurven, Kehren, Weideroste und Gefallstrecken bis 16 % erfordern doch ständige Vorsicht und Konzentration.

In der Ortschaft Ötz biegen wir in das gleichnamige Tal ein, eines der längsten und höchsten Seitentäler des Alpenraumes, das die Ötztaler Alpen im Westen von den Stubaier Alpen im Osten trennt. Im breiten Talboden gewinnt die recht geradlinig verlaufende Straße nur recht langsam an Höhe und nur hin und wieder unterbrechen Kehrengruppen an kurzen Talstufen diese Monotonie. Die Talwände verdecken die Aussicht auf die Gletscherberge und so beschließen wir hinter Zwieselstein einen kurzen Abstecher nach Obergurgl, dem »höchst gelegenen Kirchdorf Österreichs«, zu unternehmen. Die gotische Pfarrkirche zum hl. Johannes Nepomuk nimmt sich unter den Hotelbauten zwar recht klein aus, dafür ist die Bergumrahmung mit dem 3549 Meter hohen Ramolkogel und dem 3537 Meter hohen Schalfkogel umso eindrucksvoller. In die Schlagzeilen geriet der Ort im Jahr 1931, als auf dem nahen Gurgler Gletscher der Flugpionier Professor Auguste Piccard mit seinem Heißluftballon notlanden musste.

Auf die italienische Seite

Wir kehren um, überqueren die Mautstelle hinter Hochgurgl, lassen uns von einer unvermuteten Abfahrt überraschen, um dann über sechs weit geschwungene, nummerierte Kehren die Passhöhe zu erreichen. Nach dem Grenzübertritt genehmigen wir uns im Restaurant auf der italienischen Seite einen Espresso und gehen dann die Abfahrt über die Südseite hinunter ins Passeiertal an. Wer den Begriff

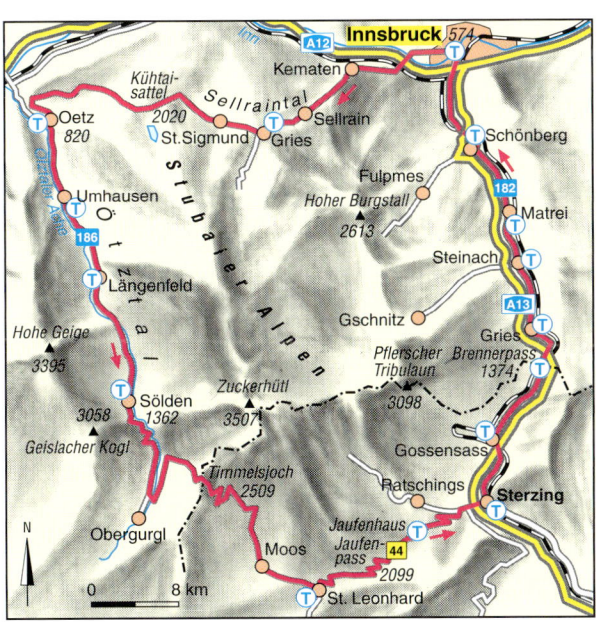

hochalpin bisher nur aus der Bergsteigerliteratur kannte, findet ihn hier in die Tat umgesetzt. Steil bricht die Trasse ab, enge, kaum randgesicherte Kehren erfordern neben viel Balancegefühl den dosierten Umgang mit Gas und Bremse. Schmale Straßen, zunehmender Autoverkehr und unbeleuchtete Felstunnels tragen nicht zu höherer Sicherheit und größerem Fahrkomfort bei.

Die Heimat des Volkshelden Andreas Hofer

Gut 1800 Höhenmeter tiefer und 27 Streckenkilometer weiter fahren wir in St. Leonhard im Passeiertal deshalb erst einmal an der Abzweigung zum Jaufenpass vorbei und genehmigen uns ein ausgiebiges Mittagessen im Gasthof Sandwirt, etwa einen Kilometer außerhalb des Ortes gelegen, dem Geburtshaus des legendären Tiroler Freiheitskämpfers Andreas Hofer. Hier lebte er auch als Gastwirt, Vieh- und Weinhändler, bevor er den Tiroler Freiheitskampf gegen die bayerisch-französische Herrschaft anführte und 1810 auf so tragische Weise in Mantua durch die Kugeln eines Hinrichtungskommandos ums Leben kam. In Kalch sollten wir nochmals auf seine Spuren stoßen, am Gasthof Jägerhof weist

Fahrer und Maschine befinden sich hier noch im obersten Teil bei der Abfahrt über die Ostseite des Timmelsjochs.

Linke Seite: So schön geschwungen präsentieren sich die Kurven des Timmelsjochs nur im unteren Teil auf der Südtiroler Seite.

eine Gedenktafel darauf hin, dass er hier mit seinen getreuen Gefolgsleuten Kriegsrat hielt, bevor er am 9. Mai 1808 bei Sterzing die französischen Besatzer besiegte.

Dort machen wir noch einen kurzen Bummel durch die sehenswerte Altstadt mit ihren Häuserfassaden aus dem 15. und 16. Jahrhundert, bevor wir den blauen Wegweisern folgen, die auf die Staatsstraße zum Brennerpass leiten. Hinter dem alten Bergwerksort Gossensaß überwinden wir über zwei großzügige Kehren das Steilstück unterhalb der Betonpfeiler der Autobahn und stehen wenig später auf der lebhaften, mit Marktständen und Zollgebäuden verbauten Passhöhe. Da wir uns die Mautgebühr auf der Brennerautobahn sparen wollen, bleiben wir auch auf der Abfahrt auf der Staatsstraße und werden hinter Matrei prompt von den österreichischen Gendarmen beim Überholen im Überholverbot erwischt. Das Bußgeld übersteigt die gesparte Mautgebühr bei weitem, und so kommen wir etwas verschnupft wieder zu unserem Ausgangspunkt in Innsbruck zurück.

Wie die Aufkleber auf der Verkleidung zeigen, sind Fahrer und Maschine schon in den Alpen herumgekommen. Trotzdem bleibt Zeit für einen Blick auf die Bergwelt über dem Timmelsjoch.

 **STRECKENBESCHREIBUNG**

STRECKENVERLAUF	Innsbruck – Kematen – Kühtaisattel – Oetz – Sölden – Hochgurgl – Timmelsjoch – St. Leonhard im Passeier – Jaufenpass – Sterzing – Brennerpass – Innsbruck
GESAMTLÄNGE	227 km
AUSGANGS- UND ENDPUNKT	Innsbruck, 574 m
ANFAHRT ZUM AUSGANGSPUNKT	Autobahn München – Kufstein – Innsbruck A12 oder Autobahn München – Garmisch A 95, Garmisch – Krün – Mittenwald – Scharnitz – Zirl – Innsbruck
STRASSENVERHÄLTNISSE	Bei der Abfahrt vom Timmelsjoch viele, teils unbeleuchtete Tunnels sowie enge Haarnadelkehren. Zudem Belagschäden. Bei der Auffahrt zum Jaufenpass im unteren Teil Engstellen mit Ausweichen.
HÖCHSTE PUNKTE	Kühtaisattel, 2020 m, Timmelsjoch, 2509 m, Jaufenpass, 2099 m, Brennerpass, 1374 m
PASSÖFFNUNGSZEITEN	Timmelsjoch, offen 15. Juni bis 15. Oktober, der Grenzübergang ist von 20.00 Uhr bis 7.00 Uhr geschlossen; Jaufenpass, offen 1. Mai bis 15. November
MAUTGEBÜHREN	Die Timmelsjoch-Hochalpenstraße ist mautpflichtig; die Mautgebühr beträgt Euro 6,50 für die einfache Fahrt; für Hin- und Rückfahrt Euro 8,50.
SEHENSWÜRDIGKEITEN	Innsbruck: Goldenes Dachl, Triumphpforte, Dom
	Umhausen: Stuibenwasserfall
	St. Leonhard im Passeier: Gasthof Sandwirt, Geburtshaus von Andreas Hofer
	Kalch: Andreas-Hofer-Quartier im Gasthof Jägerhof
	Sterzing: Altstadt, Rathaus und Stadtturm
SERVICESTELLEN	Innsbruck: Honda, Yamaha, BMW, Suzuki; Wattens: Kawasaki; Meran: Honda, Yamaha, BMW, Kawasaki
ÜBERNACHTUNG	Gasthof Weißes Rößl, Kiebachgasse 8, A-6020 Innsbruck, Tel. 00 43/5 12/58 30 57; Gasthof Post, A-6432 Sautens im Ötztal, Tel. 00 43/52 52/62 37; Gasthof Jäger Pension, Oetzermühlerweg 6, A-6433 Oetz, Tel. 052 52/62 24; Sportpension H. Messner, Huebenweg 11, A-6150 Steinach/Brenner, Tel. 00 43/52 72/64 85
KARTE	Generalkarte 1:200 000, Österreich, Blatt 8.

Spezialtipp: Auf den Spuren eines Volkshelden

Den Gasthof Sandwirt in St. Leonhard im Passeiertal, etwa einen Kilometer außerhalb des Ortes Richtung Meran gelegen, umweht der Hauch der Geschichte. Es ist das Geburtshaus von Andreas Hofer, des bis heute wohl populärsten Tiroler Volkshelden.

In einem Nebengebäude erinnert ein Gedenkraum an die Taten des Freiheitskämpfers, der im Jahre 1809 feige verraten, gefangen genommen und von den Franzosen am 20. Februar 1810 in Mantua hingerichtet wurde. Sein Freiheitskampf wurde u. a. in einem Roman von Peter Rosegger dichterisch behandelt.

Motorradtour im Außerfern

Über Hahntennjoch und Fernpass

In einem Fremdenverkehrsprospekt haben wir gelesen, dass der Markt Reutte als Hauptort des Außerfern bezeichnet wird. Da wir uns unter diesem Begriff überhaupt nichts vorstellen können, ist unsere Neugier geweckt. Die hübsche Bedienung in dem Café, in dem wir bei einem Stück Kuchen über die Bedeutung dieses Begriffs sinnieren, kann uns leider auch nicht weiterhelfen, weist uns aber immerhin den Weg zum Fremdenverkehrsamt. Auf dem Weg dorthin bewundern wir die schönen alten Bürgerhäuser mit ihren Lüftlmalereien aus dem 17. und 18. Jahrhundert und erhalten dann Aufklärung. Mit Außerfern bezeichnet man die von Innsbruck aus gesehen Tiroler Gebiete jenseits des Fernpasses. Diese waren einst vom Inntal aus über unwegsames Gelände und kaum gangbare Schluchten so schwierig zu erreichen, dass sie in einer Urkunde aus dem 17. Jahrhundert noch als »wildes Gebiet, fern vom Land entlegen« bezeichnet wurden, woraus sich der Begriff Außerfern entwickelte.

Heute ist das obere Lechtal mit dem oberen Inntal durch das Hahntennjoch und den Fernpass sehr gut erschlossen, wobei der Fernpass sich sogar zu einer bedeutenden Nord-Süd-Verbindung aufgeschwungen hat. Also heben wir ihn uns für die Rückfahrt auf und fahren entlang der steilen, grasbewachsenen Flanken der Tannheimer Berge das Lechtal aufwärts. Hinter Weißenbach weitet sich das Tal etwas, auf der Johannesbrücke überqueren wir den Lech und passieren in dem wieder enger werdenden Talboden die Abzweigung ins Namloser Tal. Wir wählen den schöneren und längeren Weg über das 1903 Meter hohe Hahntennjoch, das wenig später bei Elmen mit der Einfahrt ins Bschlaber Tal seinen Ausgangspunkt nimmt.

»Zur Gemütlichkeit«

Steil steigt die Trasse an und bringt uns nach Bschlabs, dem Hauptort des Tales, wo ein Gasthof mit der Aufschrift »Zur Gemütlichkeit« uns zu einer kleinen Brotzeit verführt. Wir erfahren, dass dieser noch bis in die 60er Jahre vom Pfarrer des Ortes als so genanntes »Pfarrwidum« (Pfarrgut) geführt wurde und somit dessen Auskommen hier oben verbessern oder gar sicherstellen sollte. Wie gesagt, noch vor gar nicht allzu langer Zeit waren die Täler, die vom Norden in die Lechtaler Alpen hineinführten, kaum erschlossen und die wenigen Ortschaften nur schwer zu erreichen.

Uraltes Siedlungsgebiet

Trotzdem ist es ein uraltes Siedlungsgebiet, wie die Ansammlung der Holzhäuser von Pfafflar beweist, die als älteste Höhensiedlung Tirols gilt und bis auf das 13. Jahrhundert zurückgeht. Nicht mehr weit ist es von hier hinauf zur Passhöhe, die leider nur mit einer recht begrenzten Aussicht aufwarten kann. Auch kein Restaurant lädt zum Verweilen ein, deshalb geht es nach kurzem Aufenthalt durch das Salvesental hinunter nach Imst.

Dem auf der Sonnenseite des Inntals zu Füßen des mächtigen Tschirgant gelegenen Städtchen, sieht man seinen Wohlstand durchaus an. Diesen verdankte es einst seiner Lage an bedeutenden Handelswegen und den Erzvorkommen der Umgebung, heute dem Fremdenverkehr. Uns fallen die schönen alten Patrizierhäuser und die zahlreichen reizvollen

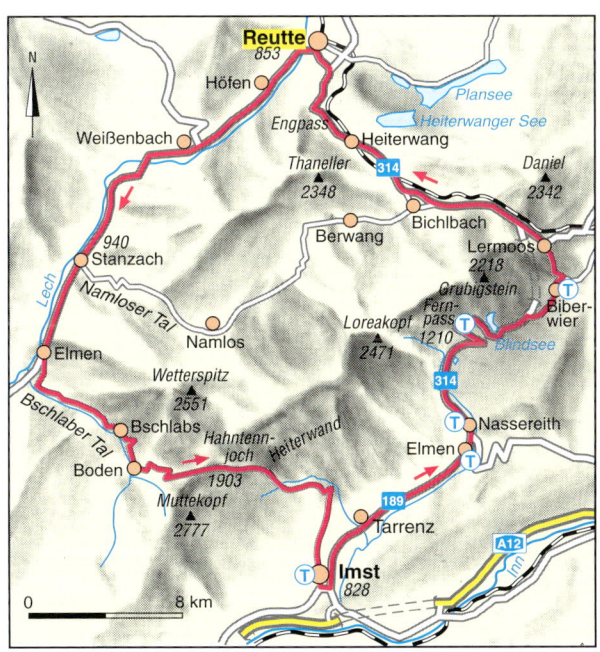

Brunnen auf, die früher als Viehtränken für die durchziehenden Gespanne dienten. Dies lenkt unsere Gedanken auf den Durst unseres Gefährts, der Tankinhalt neigt sich bedrohlich dem Ende zu. So verabschieden wir uns mit einem Blick auf den 83 Meter hohen gotischen Kirchturm der Pfarrkirche Maria Himmelfahrt, um etwas außerhalb auf der Straße zum Fernpass eine Tankstelle zu suchen.

Alte Römerstraßen

Schon vor 2000 Jahren führten die Römer eine Nachschublinie über diesen Weg, um so die von ihnen auf der Alpennordseite eroberten Gebiete zu sichern. Heute ist eine gut ausgebaute, stark befahrene Straße daraus geworden, die am alten Schloss Fernstein aus dem 13. Jahrhundert, das am tiefgrünen gleichnamigen See gelegen ist, mit mäßiger Steigung vorbeiführt. Nur eine Kehre verliert sich hinauf zur Passhöhe, die man wohl fast unbemerkt überfahren hätte, würde sie nicht durch Gastwirtschaften und Souvenirstände auf sich aufmerksam machen.

Das Gasthaus Pfafflar ist ein beliebter Motorradfahrertreffpunkt. Die Holzhäuser der Umgebung gelten als älteste Höhensiedlung Tirols.

Linke Seite: Die Passhöhe des Hahntennjochs bietet zwar Gelegenheit zum Fachsimpeln, ansonsten aber leider wenig Aussicht.

41

Bei der Abfahrt ist es zuerst die Ehrwalder Sonnenspitze, dann der mächtige Block des Wettersteinmassivs, die unsere Aufmerksamkeit auf sich ziehen.

Am Weißensee lassen wir die neue Straße mit dem Tunnel unter dem Grubigstein links liegen und wählen die alte Straße durch das Ehrwalder Becken über Biberwier, benannt nach den Bibern, die hier im vorigen Jahrhundert noch heimisch waren, und Lermoos. Dort treffen wir wieder auf die Bundesstraße 14, die uns zu unserem Ausgangspunkt zurückführt.

Zur Burgruine Ehrenberg

Wir nehmen uns noch etwas Zeit, der knapp zwei Kilometer südlich des Ortes gelegenen Burgruine Ehrenberg einen Besuch abzustatten. Sie versperrte im Dreißigjährigen Krieg den schwedischen Truppen den Zugang zum Inntal und hielt so größeres Unheil von Reutte fern. Dies besorgte dann allerdings ein Brand im 18. Jahrhundert, der gut zwei Drittel des Ortes in Flammen aufgehen ließ.

Dass sich Reutte heute wieder so reizvoll präsentiert ist vor allem der Künstlerfamilie Zeiller zu verdanken, die einen Großteil der prächtigen Fassadenmalereien anbrachte. Wir spazieren deshalb noch in die Untersteiggasse 1, wo das Geburts-

Die Bergwelt um das Bschlaber Tal bei der Auffahrt über die Westseite des Hahntennjochs bietet schöne, aber keine spektakulären Aussichtspunkte.

STRECKENBESCHREIBUNG

STRECKENVERLAUF	Reutte – Weißenbach am Lech – Stanzach – Elmen – Bschlabs – Hahntennjoch – Imst – Nassereith – Fernpass – Lermoos – Heiterwang – Reutte
GESAMTLÄNGE	105 km
AUSGANGS- UND ENDPUNKT	Reutte, 853 m
ANFAHRT ZUM AUSGANGSPUNKT	Autobahn München – Memmingen A 96, Ausfahrt Buchloe-West – Marktoberdorf – Füssen – Reutte, oder Autobahn München – Starnberg A 95, Starnberg – Weilheim – Peißenberg – Peiting – Steingaden – Trauchgau – Füssen – Reutte
STRASSENVERHÄLTNISSE	Bei der Auffahrt zum Hahntennjoch teilweise schmaler Straßenverlauf mit Fahrbahnverengungen (teilweise Ausweichen). Viele unübersichtliche Kurven und Weideroste (bei Nässe erhöhte ist erhöhte Vorsicht geboten!).
HÖCHSTE PUNKTE	Hahntennjoch, 1903 m, Fernpass, 1210 m
PASSÖFFNUNGSZEITEN	Hahntennjoch, offen 1. Juni bis 31. Oktober
MAUTGEBÜHREN	Keine
SEHENSWÜRDIGKEITEN	**Reutte:** Burgruine Ehrenberg, Heimatmuseum, Bürgerhäuser im Ortszentrum **Pfafflar:** Almhütten aus dem 13. Jahrhundert **Imst:** Alte Patrizierhäuser aus dem 18. Jahrhundert, Kirche St. Laurentius
SERVICESTELLEN	Imst: Honda, BMW
ÜBERNACHTUNG	Gasthof Sonne, Johannesplatz 4, A-6460 Imst, Tel. 00 43/54 12/6 61 29
KARTE	Generalkarte 1:200 000, Österreich, Blatt 8.

haus der Familie steht, das einen besonders schönen Fassadenschmuck aufweist. Dann aber wandern wir weiter zum Obermarkt, wo eine der stattlichsten Bauten auf uns wartet: das Gasthaus Schwarzer Adler, in dem wir dann eine ebenso stattliche Brotzeit einnehmen.

Spezialtipp: Nostalgietripp ins 18. Jahrhundert

Dank der Umgehungsstraße ist Imst vom lästigen Durchgangsverkehr weitgehend verschont geblieben. Ein Bummel durch die Gassen der Oberstadt mit den hübschen Brunnen und stattlichen Patri-

zierhäusern aus dem 18. Jahrhundert kann deshalb guten Gewissens empfohlen werden. Lohnenswert ist auch ein Besuch im Heimatmuseum im alten Rathaus, wo die Zeit nachgestellt wird, als Zucht und Handel von Kanarienvögeln noch zu den Haupterwerbsquellen des Ortes zählten.

Hier fehlt nur noch eine Kurve, dann liegt die Passhöhe des Hahntennjochs vor dieser Dreiergruppe.

Vorarlberger Pässefahrt

Faschinajoch, Hochtannbergpass und Flexenpass

Wer glaubt, dass man in Vorarlberg, dem westlichsten und kleinsten Bundesland Österreichs, nicht ausgiebig Pass-straßen befahren kann, sollte diese Tour unternehmen. Drei Pässe sind auf dieser Runde um das so genannte Lech-quellengebirge, offiziell unter dem Namen Klostertaler Berge auf Landkarten eingezeichnet, zu bewältigen, wobei der höchste, der Flexenpass, immerhin in Höhen von über 1700 Meter vorstößt.

Wir beginnen unsere Tour mit einem Besuch der Bludenzer Altstadt, die unterhalb des mächtigen Stadtfelsens gelegen ist. Von der Pfarrkirche St. Laurentius, dem weithin sichtbaren Wahrzeichen der Stadt kommend, betreten wir den historischen Teil durch das Obere Tor aus dem Jahr 1416, dem ältesten noch erhaltenen Bauwerk der Stadt, in dem das Stadtmuseum untergebracht ist. Noch ein Blick in das Kirchlein zum hl. Geist aus dem 17. Jahrhundert mit seinem prachtvollen Barockaltar, dann geht es weiter in den unteren Teil der Altstadt mit Überresten der alten Befestigungsanlagen und schönen Häuser aus der Barockzeit. Aber jetzt auf die Maschine! Wir orientieren uns zuerst an der Beschilderung »Feldkirch/Bregenz«, dann, kurz nach dem Ortsende, an dem Hinweisschild »Nenzing/Großes Walsertal«. Breit und dicht besiedelt präsentiert sich das untere Illtal, »Walgau« genannt, an dessen nördlichem Rand entlang wir – vorbei an der Felswand Hangender Stein – bei Ludesch den Eingang des Großen Walsertales erreichen. Kurvenreich geht es nun an den Hängen des Hohen Frassen hinauf nach Raggal, wo sich ein schöner Blick auf die zwischen Wiesen und Wäldern verstreut liegenden Ortschaften des Großen Walsertales auftut.

Der spitze Kirchturm von Marul taucht auf, der als die genaue geografische Mitte Vorarlbergs gilt. Über eine weitgespannte Brücke überqueren wir den Marulbach und wechseln auf die nördliche Talseite

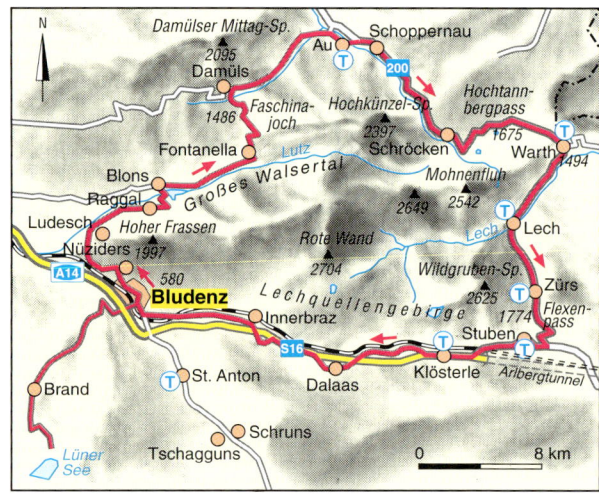

über. Über schön gelegte Kehrengruppen nähern wir uns der Passhöhe des Faschinajochs, die wir gleich wieder über die neu gebaute Hahnenköpfle-Galerie verlassen. Wir stoppen erst vor dem spätgotischen Kirchturm der Pfarrkirche von Damüls, dem höchstgelegenen Bergdorf des Bregenzerwaldes.

Mit dem Ort verlassen wir auch das Große Walsertal und treffen bei Au auf die Bregenzerwaldstraße. Eben zieht sich diese im Talboden der Bregenzer Ache bis Schoppernau. Hinter Hopfreben verengt sich das Tal und unterhalb den Schuttreißen der Hochkünzelspitze leitet die Steigungsstrecke durch eine Reihe von Galerien nach Schröcken. Die folgende Kehrengruppe bietet einen schönen Blick auf die Häuser des Ortskerns, die sich eng um die Kirche scharen, mit den gebänderten Felsen von Juppenspitze und Mohnenfluh im Hintergrund.. Auf der nachfolgenden Passhöhe leuchtet dunkelblau der kleine Kälblesee aus grünen Wiesenmatten zu Füßen der schneedurchzogenen Felswände der Mohnenfluh. Wir genießen die Aussicht, bevor wir über die Ostrampe nach Warth abfahren. Wir halten uns an die Beschilderung »Arlberg«, biegen nach Süden in das hier noch enge Lechtal ein und beginnen hinter Lech, dem zweitgrößten Ort des Arlberggebiets, die Auffahrt zum Flexenpass.

Könnte man die Auffahrt über die Nordseite eher als langweilig bezeichnen, trifft auf die Südrampe genau das Gegenteil zu. Die Straße wurde hier großteils in den Fels gesprengt und verläuft fast durchgehend in Tunnels und Galerien. Nach der Alpe Rauz lassen wir uns die drei Kilometer hoch zum Arlbergpass nicht nehmen und fahren auf der Ostseite sogar noch etwas abwärts, um den bekannten Skiorten St. Christoph und St. Anton einen Besuch abzustatten. Einsetzender Nieselregen lässt es uns dann aber ratsam erscheinen, schnell wieder unseren Ausgangspunkt anzusteuern.

Linke Seite:
Herrliche Landschaft um die Hochtannbergpasshöhe. Über dem Kleinen Kälblesee zeigen sich die schneedurchzogenen Felswände der Mohnenfluh.

 ## STRECKENBESCHREIBUNG

STRECKENVERLAUF	Bludenz – Nüziders – Ludesch – Raggal – Fontanella – Faschinajoch – Damüls – Au – Schoppernau – Schröcken – Hochtannbergpass – Warth – Lech – Flexenpass – Stuben – Bludenz
GESAMTLÄNGE	110 km
AUSGANGS- UND ENDPUNKT	Bludenz, 580 m
ANFAHRT ZUM AUSGANGSPUNKT	Bodensee – Autobahn A14, Ausfahrt Bludenz/Montafon
STRASSENVERHÄLTNISSE	Die Abfahrt vom Flexenpass zur Arlbergpassstraße verläuft fast ausschließlich in Tunnels und Galerien. Vorsicht: teilweise unübersichtlichen Kurven!
HÖCHSTE PUNKTE	Faschinajoch, 1486 m, Hochtannbergpass, 1675 m, Flexenpass, 1784 m
PASSÖFFNUNGSZEITEN	Ganzjährig befahrbar
MAUTGEBÜHREN	Keine
SEHENSWÜRDIGKEITEN	**Bludenz:** Altstadt mit Stadtmuseum, Schloss Gayenhofen
SERVICESTELLEN	Imst: Honda, BMW; Feldkirch: Kawasaki, Suzuki
ÜBERNACHTUNG	Gasthof Sonnenkopf, A-6733 Faschina 84, Tel. 00 43/55 10/3 16; Pension Haller, A-6754 Klösterle am Arlberg Nr. 84, Tel. 00 43/55 82/6 85
KARTE	Generalkarte 1:200 000, Österreich, Blatt 8.

Über die Silvretta-Hochalpenstraße

Über Bieler Höhe und Arlbergpass

Nachdem wir bei unserer Pässetour durch Vorarlberg (siehe Tour 9) die nördliche Seite des oberen Lechtals kennen gelernt haben, möchten wir nun die gegenüberliegende Seite besuchen. Dort sind die Berge mit dem Rätikon, der Verwallgruppe und der Silvretta, die im 3312 Meter hohen Piz Buin gipfelt, schon um einiges höher. Auch die zu befahrende Silvretta-Hochalpenstraße führt in eine Höhe von über 2000 Metern. Außerdem möchten wir bei der Rückfahrt über den Arlberg das Klostertal diesmal nicht auf der Schnellstraße durcheilen, sondern auf der alten Straße, und dabei so schöne Dörfer wie Stuben, Klösterle oder Dalaas besuchen.

Da wir Bludenz bei unserer letzten Tour bereits ausgiebig besichtigt haben, machen wir uns gleich auf den Weg, biegen aber bei Bürs erst noch in das hier einmündende Brandner Tal ab. Es ist ein kleines Seitental des Montafons, durch das die Brandner Hochtalstraße über den Ferienort Brand hinauf zur Talstation der Lunerseebahn führt.

Auf kurvenreicher, teilweise schmaler Trasse mit Steigungsspitzen bis 15% überwinden wir auf 18 Kilometer Länge ziemlich genau 1000 Höhenmeter, bevor uns eine abrupt aufragende Steilwand bei der Talstation der Lunerseebahn den Weiterweg versperrt. Diese führt hinauf zur Douglaßhütte, mitten hinein in ein schönes Wandergebiet am Luner See, am Fuße der Schesaplana, dem mit 2965 Meter Höhe höchsten Gipfel des Rätikons.

Ins Montafon

Da uns derzeit der Sinn nicht nach Wandern, sondern nach Motorradfahren steht, kehren wir um und biegen

46

an der Abzweigung der Bundesstraße 188 in das Montafon ein, wie das obere Illtal genannt wird, ein. Dicht besiedelt ist das Tal, und die Dörfer und Weiler mit ihren schmucken Häusern verstreuen sich weit über die sanft ansteigenden Wiesen entlang der Talflanken. Die Straße hält sich anfangs im Talboden. Als wir Schruns, den Hauptort des Montafons erreichen, haben wir noch kaum Höhenmeter bewältigt. Trotzdem ist das Bergpanorama zwischen Rätikon und Verwallgruppe mit so markanten Bergspitzen wie der Zima oder der Vandauser Steilwand beeindruckend.

Ernest Hemingway ließ sich hier schon für seine weltberühmten Romane inspirieren, als er den Winter 1925/26 im renommierten Hotel Traube verbrachte und Skitouren in die umliegenden Berge unternahm. Wir unternehmen dafür noch einen Besuch im Montafoner Heimatmuseum, das in einem aus dem 15. Jahrhundert stammenden Bauernhaus am Kirchplatz untergebracht ist, und erhalten so Einblick in die Geschichte und Kultur des Tales.

Steigungsspitzen bis 21 %

Von Schruns führt eine 22 Kilometer lange Straße hinein ins Silbertal, aber wir heben sie uns ebenso für ein anderes Mal auf, genau wie den Abstecher ins Gargellental vor St. Gallenkirch, der immerhin

Ein altes Montafoner Bauernhaus in Gaschurn, auf der Westseite der Silvretta-Hochalpenstraße.

Linke Seite: Silvrettahorn und Schneeglocke heißen die Berge, die sich hier über dem Silvrettastausee erheben. Ein Bild, das sich so leider nur dem Bergwanderer erschließt.

mit Steigungsspitzen bis 21% aufwarten kann. Hinter Gaschurn wird die Straße enger, und bei Partenen beginnt der Fahrspaß. 25 langgezogene Haarnadelkurven überwinden eine fast 800 Meter hohe Steilstufe hinauf zum Vermuntstausee. Von dort ist es dann nicht mehr weit bis zur Bieler Höhe mit dem Silvrettastausee, dem höchsten Punkt der Straße in 2032 Metern Höhe.

Mit dem Scheitelpunkt überfahren wir nicht nur die Landesgrenze zwischen Vorarlberg und Tirol und die Wasserscheide zwischen Rhein und Donau, sondern auch noch die Sprachgrenze zwischen alemannischem und tirolischem Dialekt. Über baum- und strauchlose Hänge senkt sich die Trasse ins Kleinvermunttal ab. Erst hinter Galtür lockert Bewaldung die strenge Umgebung wieder auf. Ischgl, der Hauptort auf dieser Passseite, ist vor allem Wintersportlern ein Begriff. Auf recht kurvenarmer Strecke stoppen wir erst wieder kurz vor Landeck in Pians, wo wir auf die vom Arlberg herabziehende Straße treffen.

Als eine der Hauptverbindungsstrecken zwischen Österreich und der Schweiz ist die Arlbergstrecke stark befahren, aber den allermeisten Verkehr zieht der knapp 14 Kilometer lange Arlbergtunnel auf sich.

So haben wir, auf der hinter St. Jakob beginnenden alten Passroute durch

Wie an den Bäumen zu erkennen, hat der Herbst in Kappl im Paznauntal bereits Einzug gehalten.

STRECKENBESCHREIBUNG

STRECKENVERLAUF	Bludenz – Bürs – Abstecher: Brandner Hochtalstraße – Lorüns – St. Anton im Montafon – Gaschurn – Partenen – Bieler Höhe – Galtür – Ischgl – Pians – St. Anton am Arberg – Arlbergpass – Bludenz
GESAMTLÄNGE	185 km
ABSTECHER	Bürs – Brandner Hochtalstraße, hin und zurück 37 km
AUSGANGS- UND ENDPUNKT	Bludenz, 580 m
ANFAHRT ZUM AUSGANGSPUNKT	Bodensee – Autobahn A14, Ausfahrt Bludenz/Montafon
STRASSENVERHÄLTNISSE	Die Auffahrt zum Arlbergpass zwischen St. Jakob und der Passhöhe gilt bei Nässe als gefährliche Unfallstrecke; hier deshalb vorsichtige Fahrweise.
HÖCHSTE PUNKTE	Brandner Hochtalstraße, 1565 m, Bieler Höhe, 2032 m, Arlbergpass, 1800 m
PASSÖFFNUNGSZEITEN	Brandner Hochtalstraße, offen Pfingsten bis 15. Oktober; Bieler Höhe, offen 1. Juni bis 15. November
MAUTGEBÜHREN	Die Bieler Höhe ist mautpflichtig.; die Mautgebühr beträgt Euro 10,17 für den Fahrer, für den Beifahrer werden Euro 3,50 verlangt.
SEHENSWÜRDIGKEITEN	Bludenz: Altstadt mit Stadtmuseum, Schloss Gayenhofen
	Schruns: Ortsbild mit Montafoner Bauernhäusern, Montafoner Heimatmuseum
SERVICESTELLEN	Imst: Honda, BMW; Feldkirch: Kawasaki, Suzuki
ÜBERNACHTUNG	Alpengasthof Edelweiß, A 6563 Galtür, Tel. 00 43/54 43/82 27; Gasthof Talblick, Vergröss 86, A-6561 Ischgl, Tel. 00 43/54 44/53 62
KARTE	Generalkarte 1:200 000, Österreich, Blatt 8.

eine 500 Meter lange Galerie und zwei Kehren nur unwesentlich aufgehalten, den 1800 Meter hoch gelegenen Pass bald erreicht. Immerhin fünf Kehren zählen wir dann bei der Abfahrt über die Westseite hinunter nach Langen, wo wir dem aus der Tunnelröhre auf die Schnellstraße strömenden Verkehr entkommen, indem wir diesmal die ruhigere Landstraße mit ihren schönen alten Ortschaften wie Klösterle, Dalaas und Innerbraz wählen.

Spezialtipp: Motorboot statt Motorrad

Wer den Motorradsattel mit Schiffsplanken vertauschen will, kann dies am Silvrettastausee tun.

Der höchstgelegene Stausee Österreichs auf der Passhöhe der Bieler Höhe (2032 m) wird von einem Motorboot befahren. An der Stelle, an der heute der 1930 bis 1943 errichtete Speichersee liegt, war früher ein großes Ried, wo noch bis ins 19. Jahrhundert Viehmärkte abgehalten wurden.

Diese Biker haben das beste Stück noch vor sich. Sie sind im unteren Teil der Silvretta-Hochalpenstraße unterwegs.

Die Karnische Dolomitenstraße

Von Kärnten ins Friaul

Unsere Kenntnis von der Karnischen Dolomitenstraße verdanken wir nicht ausgiebigem Studium der Alpenreiselite-ratur, sondern einem durchvibrierten Bremslicht an unserer Transalp. Als wir den Schaden in einer Tankstelle bei Toblach im Pustertal beheben wollen, kommen wir mit einem anderen Motorradfahrer ins Gespräch.

Unsere Fragen nach dem Woher und Wohin beantwortet er mit der Aufzählung der Eindrücke, die er von Slowenien kommend über den Sella Nevea, Tolmezzo und den Kreuzbergpass entlang des Südrandes der Karnischen Alpen gewonnen habe. Es sei ein Teilstück der so genannten Karnischen Dolomitenstraße, die von den regionalen Fremdenverkehrsverbänden von Kärnten und Friaul-Venetien ins Leben gerufen wurde und im österreichischen Teil mit einer Fahrt durch das Gailtal die Karnischen Alpen umrundet. Er erklärte uns die Fahrtstrecke auf seiner Landkarte und wir kamen zu der Erkenntnis, dass die Gesamtfahrstrecke der Karnischen Dolomitenstraße bei etwa 400 Kilometer liegt. Der schönste Abschnitt der Strecke sei jedoch die Umrundung des westlichen Teils, die durch den Plöckenpass ermöglicht wird, der den Bergzug etwa in der Mitte durchschneidet.

Die Drau entlang

Etwas improvisiert, aber voller Tatendrang und neuem Bremslicht, machen wir uns also auf den Weg nach Innichen, dem westlichen Ausgangspunkt. Das Städtchen liegt auf einem weiten Hochplateau, das die Wasserscheide zwischen der Adria und dem Schwarzen Meer darstellt. Wir folgen der Drau, die in nordöstlicher Richtung dem Schwarzen Meer zufließt, überqueren die Grenze nach Österreich und biegen bei Tassenbach ins Osttiroler Gailtal ab. Stillvergnügt summen wir unter unserem Helm die Melodie von der Gailtalerin, die der österreichische Liedermacher Wolfgang Ambros in seinem Liederwerk »Der Watzmann ruft« so originell herausgebracht hat. In Kartitsch werden wir vom Blick auf einen großartigen Felskessel im Süden der Ortschaft abgelenkt. Mit dem Kartitscher Sattel wechseln wir von Osttirol ins Kärntner Gailtal, fahren durch die flache Wiesenlandschaft des Tillacher Feldes mit seinen verstreuten Ortschaften, darunter dem bekannten Wallfahrtsort Maria Luggau, und entlang der nördlichen Talseite weiter bis Kötschach-Mauthen.

Karstige Felsenregionen

War der Landschaftsverlauf bisher als ruhig und anschaulich zu beschreiben, ändert sich dies bald mit der Auffahrt zum Plöckenpass. Kurven- und kehrenreich dringt die Straße in immer karstiger und felsiger werdende Hochgebirgsregionen vor.

Heiß umkämpft war diese Region während des Ersten Weltkriegs. Sofort nach Ausbruch des Kriegs besetzten italienische Alpinisoldaten den Gipfel und es begann ein zwei Jahre dauernder erbitterter Stellungskrieg. Wer unmittelbare Eindrücke über dieses Geschehen haben möchte, kann beim Parkplatz Plöckenhaus etwa zwei Kilometer unterhalb der Passhöhe entlang eines Wanderwegs die teilweise wieder in Stand gesetzten und restaurierten Festungsanlagen aus dieser schrecklichen Zeit besichtigen. Wir verzichten darauf und fahren weiter zur Passhöhe, auf der die Grenzstation wie ein Adlerhorst eingezwängt zwischen den Gipfeln des Cellon und des Kleinen Pal thront.

Diesen alten Bauernhof kann man in Sappada, einem deutschsprachigen Ort im oberen Piavetal, bewundern.

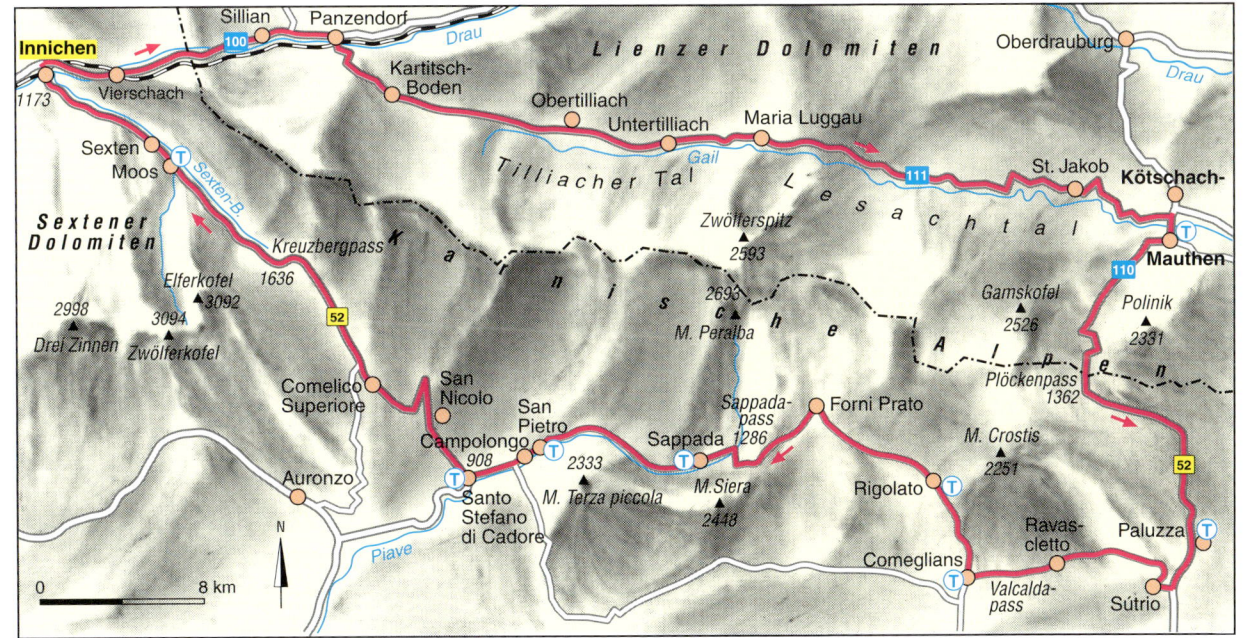

Linke Seite:
Forni Alvotri gehört schon zu den größten Häuseransammlungen im italienischen Teil der Karnischen Dolomitenstraße.

Gleich nach der Passhöhe erfordern zwei enge Kehrentunnel Vorsicht und auch der weitere Straßenzustand ist deutlich schlechter als auf der Nordseite. Plötzlich sind wir in Tolmezzo, die Abzweigung vorher über den Valcaldasattel hinüber ins obere Piavetal haben wir übersehen. Ein Gang durch die Gassen der Altstadt der Hauptstadt Karniens, wie diese Region auch genannt wird, führt uns zum Palazzo Campeis mit dem Museo Carnico an der Piazza Garibaldi. Dann geht es zurück zur Abzweigung und über den Valcaldasattel und den Sappadapass erreichen wir mit dem langgezogenen Straßendorf Sappada-Pladen das oberste Piavetal.

Die Straße zieht sich nun, leider recht verkehrsreich, durch den Talboden bis St. Stefano di Cadore, dem östlichen Ausgangspunkt zum Kreuzbergsattel. Über diesen wechseln wir ins Sextental hinüber und haben gedanklich eigentlich bereits mit dieser Tour abgeschlossen, als sich bei Sexten noch einmal unvermittelt ein Höhepunkt auftut. Die Sextener Dolomiten, die südlich des Ortes aufragen, sind ein Felsreich von fast unvergleichlichem Formenreichtum. Bizarre Türme und Nadeln recken sich hier in den Himmel und lassen alles ringsum klein und unbedeutend erscheinen.

Sexten, inmitten der gleichnamigen Dolomitengruppe gelegen, ist zweifellos ein landschaftlicher Höhepunkt der Tour über die Karnische Dolomitenstraße.

STRECKENBESCHREIBUNG

STRECKENVERLAUF	Innichen – Sillian – Panzendorf – Kötschach-Mauthen – Plöckenpass – Abzweiger zwischen Paluzza und Sútrio – Valcaldapass – Comeglians – Rigolato – Sappadapass – Campolongo – Santo Stefano di Cadore – Casada – Comelico Superiore – Kreuzbergpass – Sexten – Innichen
GESAMTLÄNGE	208 km
ABSTECHER	Abzweiger zwischen Paluzza und Sútrio – Tolmezzo, hin und zurück 30 km
AUSGANGS- UND ENDPUNKT	Innichen, 1173 m
ANFAHRT ZUM AUSGANGSPUNKT	Brennerautobahn A22 Ausfahrt Bressanone/Brixen – Bruneck – Toblach – Innichen
STRASSENVERHÄLTNISSE	Bei der Abfahrt vom Plöckenpass im oberen Bereich zwei enge Kehrentunnels (hier ist erhöhte Vorsicht geboten). Zudem einige Fahrbahnverengungen und leichte Belagschäden. Auf der Valcalda- und Sappadapassstrecke teilweise Engstellen sowie viele unübersichtliche Kurven. Hier vorsichtige Fahrweise.
HÖCHSTE PUNKTE	Plöckenpass, 1362 m, Sappadapass, 1286 m, Kreuzbergpass, 1636 m
PASSÖFFNUNGSZEITEN	Ganzjährig befahrbar
MAUTGEBÜHREN	Keine
SEHENSWÜRDIGKEITEN	**Innichen:** Stiftskirche, Stiftsmuseum **Kötschach-Mauthen:** Museum der Karnischen Front im Rathaus **Plöckenpass:** Freilichtmuseum Plöckenpass, restaurierte Frontstellungen des Ersten Weltkriegs (Ausgangspunkt beim Parkplatz am Plöckenhaus) **Tolmezzo:** Museo Carnico im Palazzo Campeis (Volkskundemuseum)
SERVICESTELLEN	Spittal an der Drau: BMW, Suzuki; Debant: Kawasaki
ÜBERNACHTUNG	Sporthotel Tyrol, P.P. Rainerstr. 12, I-39038 Innichen, Tel. 00 39/04 74/91 31 98; Gailtaler Hof, A-9640 Kötschach-Mauthen, Tel. 00 43/47 15/3 18; Haus Gruber, Leitenweg 7, I-39030 Sexten, Tel. 00 39/04 74/71 02 29
KARTE	Generalkarte 1:200 000, Österreich, Blatt 6.

Spezialtipp: Kriegserinnerungen im Freilichtmuseum

Das Freilichtmuseum am Plöckenpass erinnert an den verlustreichen Stellungskrieg im Ersten Weltkrieg. Der markierte Weg nimmt seinen Beginn am Plöckenhaus, zwei Kilometer unterhalb der Passhöhe. Er ist etwa ab Mitte Juni frei begehbar, als reine Gehzeit sind für Auf- und Abstieg zwei bis drei Stunden zu veranschlagen. Nähere Informationen hierzu gibt der Fremdenverkehrsverein Kötschach-Mauthen, A-9640 Kötschach-Mauthen, Tel. 00 43/47 15/85 16, Fax 00 43/47 15/85 13 30.

Der italienische Teil der Karnischen Dolomitenstraße biete vor allem viel Natur und einsame Straßen und Wege.

Zu den Drei Zinnen

Abstecher in die Sextener Dolomiten

Wir sind auf der Heimfahrt von Lienz in Osttirol. Wir ziehen die Route durch das Pustertal und den Brenner über Innsbruck nach München den Alternativen über Großglockner-Hochalpenstraße oder Felbertauerntunnel vor. Weit sind wir noch nicht gekommen, die österreichisch-italienische Grenze haben wir erst kurz hinter uns gelassen, als in Toblach unser Blick nach links in das Höhlenstein fällt. Es ist Eingangstor in die östlichen Dolomiten, die mit dem Monte Cristallo und den Drei Zinnen zwei absolute Schaustücke besitzen. Wir überlegen nur kurz, ein Blick auf die Uhr. Sehr weit ist es ja nicht über den Gemärkpass nach Cortina d'Ampezzo, hoch zum Tre-Croci-Pass, die Drei-Zinnen-Straße hinauf, hinunter und über den Col Sant'Angelo und durchs Höhlensteintal wieder nach Toblach. Es ist noch Vormittag. Zeitlich müsste es sich ausgehen, mit diesem Abstecher München noch am Abend zu erreichen.

Also den Blinker nach links gesetzt und hinein ins Fahr- und Schauvergnügen. Rechterhand, versteckt in dichtem Wald, liegt der Toblacher See mit seinem schattigen Zeltplatz, auf dem wir schon so manche Nacht verbracht haben. Links zeigen sich die Sextener Dolomiten nur mit ihren verkarsteten, dunkel bewaldeten, nicht sehr reizvollen Talhängen. Beim Hotel Drei-Zinnen-Blick, das uns bereits bei dessen Bau vor einigen Jahren aufgefallen ist, erhaschen wir links einen kurzen Blick auf die Drei Zinnen, die sich hier in einiger Entfernung über einem Taleinschnitt zeigen. Gleich darauf taucht der kleine Dürrensee auf, in dessen hellgrünem Wasser sich das gewaltige Bergmassiv des Monte Cristallo spiegelt. Würde man einen Preis für den schönsten Dolomitensee vergeben, hätte er bestimmt gute Chancen auf eine vordere Plazierung.

Nach Cortina d'Ampezzo

In Schluderbach wählen wir die Route über den Passo di Cimabanche, zu deutsch Gemärkpass, nach Cortina d'Ampezzo. Ein richtiger Pass ist es eigent-

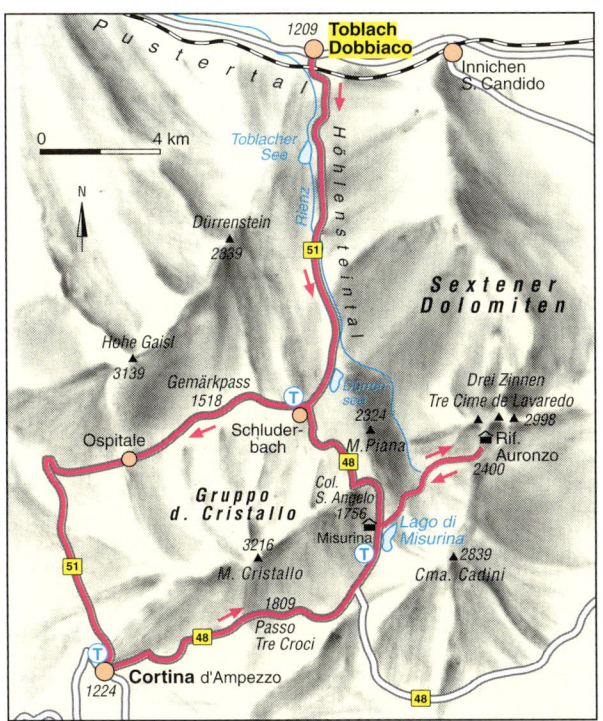

lich nicht, nur wenig steigt die Straße an. Kaum Kurven, recht geradlinig der Verlauf, ein Schild mit der Aufschrift »Passo di Cimabanche«, ein ausgetrocknetes Flussbett, das von den Hängen der Hohen Gaisl herabzieht. Erst beim Gasthof Ospitale dann zwei Kehren, die in einen kleinen Talboden hinabführen. Langsam weitet sich das Tal des Boiteflusses. Und Cortina d'Ampezzo, das sich auch gerne als »Hauptstadt der Dolomiten« bezeichnet, kündigt sich an. Bekannt wurde der Ort vor allem durch die Winterolympiade von 1956, bei der der Skirennfahrer Toni Sailer seine legendären drei Rennsiege erzielte. Für eine Besichtigung der Sehenswürdigkeiten des Ortes, etwa der Pfarrkirche aus dem 18. Jahrhundert, dem 1853 fertig gestellten imposanten 76 Meter hohen Glockenturm aus hellem Dolomitgestein oder der Fossilien- und Mineraliensammlung im Ortsmuseum bleibt uns keine Zeit. Wir begnügen uns mit der nicht minder interessanten Landschaft, die sich bei der kurvenreichen Auffahrt zum

Als langgestreckte Felsmauer präsentiert sich die Cristallogruppe bei der Auffahrt über die Westseite des Tre-Croci-Passes.

*Linke Seite:
Auf der Hochfläche des Col Sant'Angelo kurz vor Misurina, dem Ausgangspunkt der Drei-Zinnen-Bergstraße.*

Tre-Croci-Pass immer eindrucksvoller in Szene setzt. Tofanen, Cristallo, Antelao, Pelmo und Civetta sind die bekanntesten Namen und erreichen Höhen bis 3200 Meter.

»Schönster Dolomitensee«

Am Tre-Croci-Pass, der seinen Namen drei Kreuzen verdankt, die in Erinnerung an eine Mutter und ihre zwei Kinder aufgestellt wurden, die hier oben im 18. Jahrhundert während eines Schneesturms erfroren sind, haben wir eine Höhe von 1809 Metern erreicht.

Den teilweise ruppigen Straßenzustand auf der Abfahrt stecken die Federungselemente unserer Transalp problemlos weg und so kommen wir sicher am Misurinasee an. In einem Hochtal mit weiten Wiesenflächen und ausgedehnten Wäldern gelegen und umrahmt von den Massiven des Cristallo, den Drei Zinnen mit ihrer Westseite, dem Sorapis und den Cadinispitzen, ist auch er ein vorderer Sieganwärter auf den Titel »Schönster Dolomitensee«.

Am nördlichen See-Ende nimmt die Mautstraße hoch zum Rifugio Auronzo am Fuße der Drei Zinnen ihren Ausgang. Steil steigt die Trasse an, legt sich, vorbei am idyllischen Lago Antorno, nochmals zurück, um sich nach der Mautstelle steil aufzubäumen. 16% ausgeschilderte, in Wirklichkeit aber bestimmt einige

Der rötlich schimmernde Fels ist neben der charakteristischen Form das Erkennungsmerkmal der Hohen Gaisl über dem Gemärkpass.

◀◀◀ STRECKENBESCHREIBUNG

STRECKENVERLAUF	Toblach – Schluderbach – Gemärkpass – Cortina d'Ampezzo – Tre-Croci-Pass – Misurina – Drei-Zinnen-Bergstraße – Misurina – Col Sant'Angelo – Schluderbach – Toblach
GESAMTLÄNGE	81 km
AUSGANGS- UND ENDPUNKT	Toblach, 1209 m
ANFAHRT ZUM AUSGANGSPUNKT	Brennerautobahn A22, Ausfahrt Bressanone/ Brixen – Bruneck – Toblach
STRASSENVERHÄLTNISSE	Leichte Belagschäden auf der gesamten Strecke
HÖCHSTE PUNKTE	Gemärkpass, 1518 m, Tre-Croci-Pass, 1809 m, Drei-Zinnen-Bergstraße, 2400 m, Col Sant'Angelo, 1756 m
PASSÖFFNUNGSZEITEN	Drei-Zinnen-Bergstraße, offen 1. Juni bis 30. September
MAUTGEBÜHREN	Die Drei-Zinnen-Bergstraße ist mautpflichtig; die Mautgebühr beträgt zur Zeit Euro 8,–.
SEHENSWÜRDIGKEITEN	Misurinasee, leichte Wanderung vom Rifugio Auronzo zum Paternsattel mit prachtvollem Blick auf die Nordwände der Drei Zinnen.
SERVICESTELLEN	Bozen: Honda, Yamaha, BMW, Kawasaki; Meran: Honda, Yamaha, BMW, Kawasaki; Trient: Suzuki, u. a.
ÜBERNACHTUNG	Hotel Bellaria, Corso Italia, I-32043 Cortina d'Ampezzo, Tel. 00 39/04 36/25 05; Hotel Barisetti S. R. L., Stadio 28, I-32043 Cortina d'Ampezzo, Tel. 00 39/04 36/24 91
KARTE	Generalkarte 1:200 000, Blatt Südtirol/ Dolomiten.

Prozentpunkte mehr an Steigung machen unserer Zweizylinder trotz ihrer 50 Pferdestärken ganz schön zu schaffen, wie wir vor allem beim Überholen eines Wohnmobils bemerken.

Konditionsprobleme anderer Art stellen sich dann ein, als wir vom Parkplatz beim Rifugio Auronzo zum Paternsattel hinüberhasten. Nur von dort hat man den Blick auf die weltberühmten Nordwände der Drei Zinnen. Selbst der verwöhnteste Bergfreund wird sich schwer tun, Vergleichbares aufzuzeigen, das sich mit diesen gigantischen Felswänden messen kann. Angesichts solcher Dimensionen und Eindrücke wird Zeit zu einem relativen Begriff. Wir verweilen länger als geplant, wandern langsam zur Maschine zurück und erreichen München am frühen Abend.

Spezialtipp: Wanderung mit Blick auf die Drei Zinnen

Um den Blick auf die weltberühmten Nordwände der Drei Zinnen zu genießen, muss man eine kleine Wanderung einplanen. Vom Parkplatz beim Rifugio Auronzo, am Ende der Drei-Zinnen-Bergstraße, führt ein breiter, völlig unschwieriger Wanderweg hinüber zum Paternsattel. Auch ohne jede Eile wird man für die etwa 150 Höhenmeter nicht mehr als eine halbe Stunde Wanderzeit benötigen.

Blick auf den Zwiebelturm der Kirche von Toblach im Pustertal; der Ort ist Ausgangspunkt für Fahrten in die östlichen Dolomiten.

Die große Dolomitenfahrt

Über die bekanntesten Pässe der Dolomiten

Unser kurzer Abstecher ins Felsenreich der Dolomiten (siehe Tour 12) hat uns Appetit auf mehr gemacht. Wir möchten die Gesamtheit der Dolomiten kennenlernen oder zumindest den zentralen Teil mit Pässen wie Falzárego, Campolongo, Grödner Joch, Sellajoch, Fedáiapass und Giaupass, Bergen wie Langkofel, Sella, Marmolada, Tofanen und Orten wie Wolkenstein, Canazei und Cortina d'Ampezzo. Also studieren wir Landkarten, vertiefen uns in Reiseliteratur und legen folgende Route fest: von Cortina d'Ampezzo hinauf zum Falzáregopass und durch das Buchenstein nach Arabba. Dort über den Campolongopass hinüber ins oberste Gadertal und über das Grödner Joch und Sellajoch nach Canazei. Zurück soll es dann nicht über das Pordoijoch und die Westseite des Falzáregopasses gehen, sondern landschaftlich und fahrerisch um eine Stufe anspruchsvoller über Fedáia- und Giaupass.

Nach einer problemlosen Anfahrt über den Brenner, das Eisacktal hinab, vor Brixen hinein ins Pustertal und durch das Höhlensteintal und den Passo di Cimabanche/Gemärkpass kommen wir am frühen Abend in Cortina d'Ampezzo an. Die Zimmersuche gestaltet sich leider etwas länger als erwartet, da die preisgünstigeren Pensionen an einer einmaligen Übernachtung nicht interessiert sind. So bleibt uns nichts anderes übrig, als den Weg in ein Hotel zu nehmen, was unseren Reiseetat ganz erheblich belastet. Dafür gibt es zum Abendessen nur eine Pizza aus einem Schnellimbiss im Ortskern.

Zum Falzáregopass

Das reichhaltige Frühstück und der strahlende Tag, der sich am nächsten Morgen ankündigt, versöhnen uns wieder. Über eine Kehrengruppe beginnen wir die Auffahrt zum Falzáregopass. Durch einen kurzen Felstunnel bei Pocol verlassen wir das Ampezzaner Becken und erkennen vor uns die mauerglatten, himmelhoch aufragenden Felspfeiler der Tofanen. In schön geschwungenen Kehren geht es auf gut ausgebauter Trasse rasch höher. Kaum sind wir richtig warm gefahren, stehen wir auch schon auf der Passhöhe. Während wir den Schwindel erregenden Verlauf der Seilbahn verfolgen, die von hier zum Gipfel des Kleinen Lagazuoi hochführt, fällt uns die Straße auf, die unterhalb der Wandfluchten des Berges in nördlicher Richtung ebenfalls nach oben führt.

Unsere Neugier ist geweckt und wir folgen dieser Straße anfangs noch etwas unsicher und zögerlich. Wenig später haben wir jedoch bereits den Scheitelpunkt der Trasse erreicht und parken inmitten einer Trümmerlandschaft aus riesigen Felsbrocken vor der Ruine eines alten Sperrforts. Jetzt holen wir unsere Karte aus dem Tankrucksack und erkennen, dass es sich hier um den Valparolapass handeln muss, der sich nordwärts ins Gadertal absenkt. Kurven- und kehrenreich senkt sich diese gut ausgebaute, kaum befahrene Straße dann auch auf 15 Kilometer Länge nach Stern ins Gadertal ab. An der Einmündung in die Staatsstraße riskieren wir sicherheitshalber noch einen Blick auf die Karte. Wir müssen links abbiegen und wenig später sind wir dann auch in Corvara, dem Ausgangspunkt zum Grödner Joch.

Aufs Grödner Joch

Die Auffahrt über die Ostrampe ist uns wieder vertraut, genauso der Blick von der Passhöhe auf die gewaltige Wandflucht des Langkofelmassivs im Westen. Nur wenige Kurven kann die sechs Kilometer lange Abfahrt hinunter zur Straßenkreuzung beim

Hotel Miramonti aufweisen. Auch die Auffahrt zum Sellajoch, vorbei am Felssturzgebiet der »Steinernen Stadt«, ist nicht viel länger. Oben angekommen,

Auf der Nordseite des Sellajochs herrscht nur selten so wenig Verkehr wie auf diesem Bild.

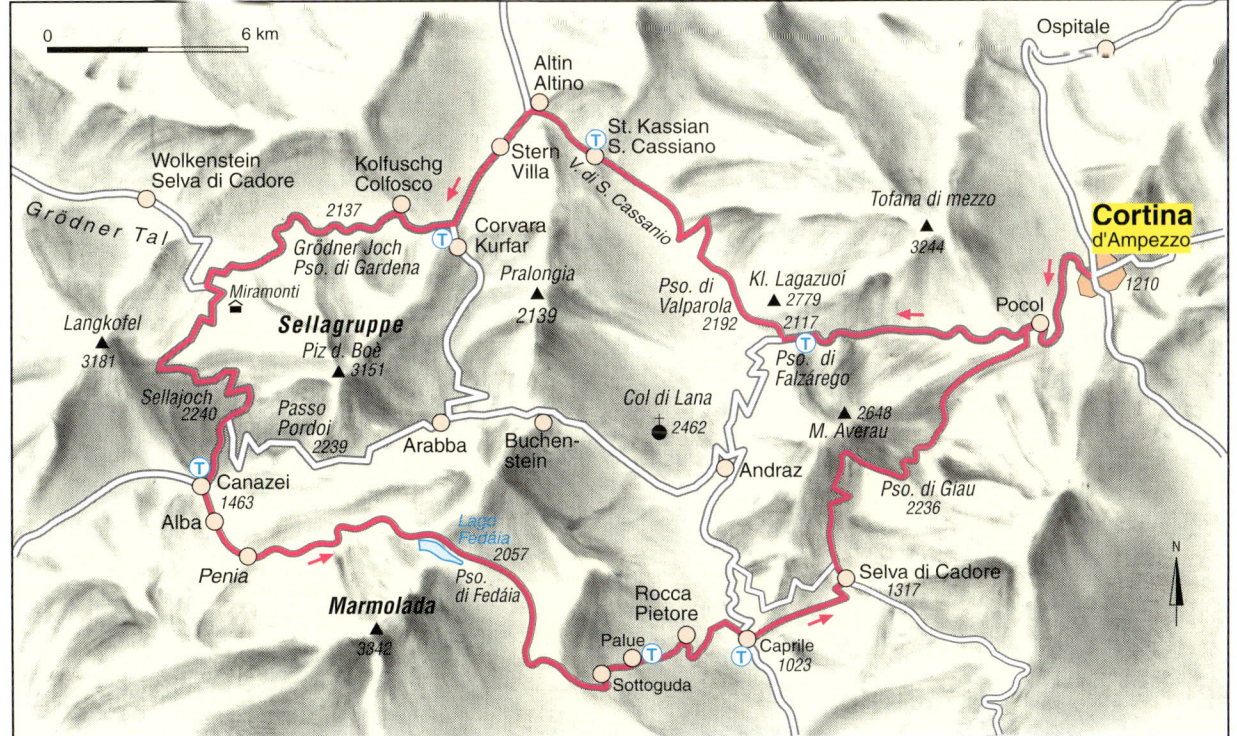

Linke Seite: Guter Ausbauzustand, geringes Verkehrsaufkommen und die reizvolle landschaftliche Umrahmung machen den Giaupass zu einem fahrerischen Leckerbissen.

59

eingezwängt zwischen Langkofelmassiv zur Rechten und Sellastock zur Linken, bietet sich uns dann eine Aussicht vom Feinsten, die rückblickend bis zu den Geislerspitzen reicht, während im Vorblick die Gletscherfelder der Marmolada dominieren.

Auf den Fedáiapass

Der höchste Berg der Dolomiten – oder besser gesagt der Fedáiapass – ist unser nächstes Ziel, der entlang der Nordseite dieses Massivs verläuft. Es ist Mittag geworden, eine kurze Rast in Canazei, dann fahren wir über die kleinen Orte Alba und Penia in das lang gestreckte Hochtal von Pian Trevisian zu Füßen der plattigen Felswände des Vernel ein.

Wir erkennen die Lawinengalerien wieder, die uns bei einer früheren Fahrt Schutz vor einem gewaltigen Unwetter boten, das uns hier überraschte, und fahren durch den 300 Meter langen Gipfeltunnel zum Stausee am Rande des Marmoladagletschers. So hoch bei der Abfahrt die Civettawand im Osten aufragt, so tief fällt die zu überwindende Sottogudaschlucht ab.

Leckerbissen Giaupass

In Selva di Cadore trennt uns nur noch der Giaupass von unserem Ausgangspunkt. Dieser bildet dann nochmals einen fahrerischen und

Einer gewaltigen Felsenburg gleicht die Sellagruppe – sie kann wohl zu den bekanntesten Felsformationen der Dolomiten gezählt werden.

STRECKENBESCHREIBUNG

STRECKENVERLAUF	Cortina d'Ampezzo – Falzáregopass – Valparolapass – Stern/La Villa – Corvara – Grödner Joch – Hotel Miramonti – Sellajoch – Canazei – Fedáiapass – Caprile – vor Selva di Cadore – Giaupass – Cortina d'Ampezzo
GESAMTLÄNGE	125 km
AUSGANGS- UND ENDPUNKT	Cortina d'Ampezzo, 1210 m
ANFAHRT ZUM AUSGANGSPUNKT	Brennerautobahn A22, Ausfahrt Bressanone/Brixen – Bruneck – Toblach – Schluderbach – Cortina d'Ampezzo
STRASSENVERHÄLTNISSE	Bei der Auffahrt zum Fedáiapass viele Galerien mit schlechten Lichtverhältnissen. Bei der Abfahrt einige Engstellen, teilweise mit Ausweichen.
HÖCHSTE PUNKTE	Falzáregopass, 2117 m, Valparolapass, 2192 m, Grödner Joch, 2137 m, Sellajoch, 2240 m, Fedáiapass, 2057 m, Giaupass, 2236 m
PASSÖFFNUNGSZEITEN	Fedáiapass, offen 15. April bis 15. Oktober; Giaupass, offen 1. Mai bis 30. November
MAUTGEBÜHREN	Keine
SEHENSWÜRDIGKEITEN	**Cortina d'Ampezzo:** Pfarrkirche und Glockenturm, Fossilien- und Mineralienmuseum im Ortsmuseum **Valparolapass:** Felssturzgebiet am Kleinen Lagazuoi, Fort »Tra i Sassi« **Sellajoch:** Bergsturzgebiet »Steinerne Stadt« auf der Nordseite kurz unterhalb der Passhöhe **Fedáiapass:** Sottogudaschlucht auf der Ostseite, Seilbahn von Malga Ciapéla zur Marmolada **Giaupass:** »Murogna di Giau«, sagenhafte Steinmauer auf der Nordseite
SERVICESTELLEN	Bozen: Honda, Yamaha, BMW, Kawasaki; Meran: Honda, Yamaha, BMW, Kawasaki; Trient: Suzuki
ÜBERNACHTUNG	Hotel Col Alto, Col Alto 9, I-39033 Corvara in Badia, Tel. 00 39/04 71/83 11 00; Hotel Tyrol, Via alla Cascata, I-38032 Canazei, Tel. 00 39/04 62/60 11 56
KARTE	Generalkarte 1:200 000, Blatt Südtirol/Dolomiten.

landschaftlichen Leckerbissen, wobei v. a. die Ostseite mit ihrer herrlichen Bergumrahmung beeindruckt, die von den Tofanen, der Croda da Lago und dem Nuvolaustock bis zu den östlichen Amprezzaner Bergen reicht. Über diese senkt sich bereits der Abend herab, als wir Cortina d'Ampezzo erreichen.

Spezialtipp: Blick von der Marmolada

Wer der Marmolada aufs Haupt steigen möchte, um die unvergleichliche Aussicht auf die umliegende Bergwelt zu genießen, dem bietet sich in Malga Ciapéla, auf der Ostseite des Fedáiapasses, dazu Gelegenheit. Von hier führt eine Seilbahn in drei Abschnitten auf den Gipfelgrat bis in 3250 Meter Höhe und damit nur knapp 100 Höhenmeter unterhalb des Gipfels. Das Ganz ist kein ganz billiges Vergnügen, aber vor allem der wirklich überragenden Aussicht wegen überaus lohnenswert. Und mal Hand aufs Herz: wer würde schon die Strapazen auf sich nehmen und per pedes hier hoch kommen?

14 Um das Felsenreich der Brenta

Sehenswürdigkeiten im Trentino

Das Trentino kannten wir bisher nur von unseren Fahrten durch das Etschtal, um in südlichere Gefilde wie Gardasee oder Adria zu gelangen. Dabei liegt hier im Westen des Etschtales, etwa zwischen Bozen und Trient, mit der Brenta-gruppe ein Gebirgszug, der es landschaftlich gesehen mit jedem anderen in den Alpen aufnehmen kann. Die Straßen in diesem Gebiet sind recht verkehrsarm und kurvenreich und somit wie geschaffen zum Motorradfahren.

Ausgangspunkt unserer Tour ist die Auffahrt zum Mendelpass. Das Kurvengeschlängel und die teils schmale, aber in gutem Zustand befindliche Straße gibt dabei einen Vorgeschmack auf die fahrerischen Ansprüche, die auf dieser Strecke gestellt werden. Über die Passhöhe wechseln wir ins Val di Non, in Deutsch als Nonsberg bezeichnet, das mit seinen Wiesen und Obstplantagen inmitten einer sanften Landschaft liegt. Hauptort des Nonsberges ist Cles am Lago di Santa Giustina, einer Staustufe des Noce. Nicht besonders aufregend ist dann auch die Weiterfahrt durch das Val di Sole, das hier in Richtung Tonalepass zieht. Abwechslungsreicher wird es erst wieder in Dimaro, wo die Straße

zum Campo-Carlomagno-Pass abzweigt, über den schon Karl der Große mit seinem Heer nach Norditalien gezogen sein soll. Wir genießen die schön geschwungenen Kurven und Kehren hinauf zum Sattel, den wir gleich weiter nach Madonna di Campiglio überqueren. Der Fremdenverkehrsort verdankt seinen Namen einem 1182 hier errichteten Kirchlein, das der hl. Maria geweiht wurde. Da die Umgebung seit alters her Campiglio hieß, wurde dem sich entwickelnden Ort der Name Madonna di Campiglio gegeben. Die Bergwelt ist spektakulär.

Bei der Abfahrt bleiben die Felszacken um die Cima Brenta und die Cima Tosa noch einige Zeit im Blickfeld, bevor sie langsam von den Wäldern und Wiesen des Rendenatals abgelöst werden. In Pinzolo, Hauptort des Tals, besuchen wir die Vigiliuskirche. mit ihrer Darstellung des Totentanzes an der Außenwand, einer Wandmalerei Simone Baschenis aus dem 16. Jahrhundert. Bei Tione di Trento folgen wir der scharf nach Osten abknickenden Sarca und stoppen erst am Straßenknotenpunkt Ponte Arche. Ehe wir uns wieder nordwärts der Brenta zuwenden, machen wir einen Abstecher nach Süden, Richtung Gardasee nach Fiavé, das sich schon nach fünf Kilometern durch seine drei Kirchen ankündigt.

Einblicke in die Bergwelt der Brenta bieten sich uns wieder auf der Straße zum Molvenosattel und in Molveno am gleichnamigen Lagos. Lange können wir uns nicht aufhalten, wir haben noch einen Abstecher vor uns, die 30 Kilometer lange Auffahrt zum Tovelsee. Fast 1200 Meter hoch liegt er in der nördlichen Brentagruppe und ist mit rund 1000 Meter Länge und 500 Meter Breite der einzige See in diesem Gebirges. Berühmt wurde der See durch die rote Farbe seines Wassers. Es sind mikroskopisch kleine einzellige Algen, die für die Farbgebung verantwortlich sind. In rötlichem Licht, diesmal aber Abendrot, liegt unser Ausgangspunkt Bozen, den wir nach erlebnisreicher Fahrt abends erreichen.

Linke Seite:
Über den Wasserspiegel des Lago di Molveno hinweg hat man einen schönen Einblick in die Bergwelt der Brenta-Dolomiten.

STRECKENBESCHREIBUNG

STRECKENVERLAUF	Bozen – St. Michael – Mendelpass – Fondo – Ponte Mostizzolo – Dimaro – Campo-Carlomagno-Pass – Madonna di Campiglio – Pinzolo – Tione di Trento – Ponte Arche – Abstecher: Fiavé – Dorsino – Molveno – Andalo – Rocchetta – Abstecher: Tovelsee – Dermalo – Romeno – Mendelpass – Bozen
GESAMTLÄNGE	299 km
ABSTECHER	Ponte Arche – Fiavé, hin und zurück 10 km; Rocchetta – Tovelsee, hin und zurück 60 km
AUSGANGS- UND ENDPUNKT	Bozen, 250 m
ANFAHRT ZUM AUSGANGSPUNKT	Brennerautobahn A22, Ausfahrt Bozen-Süd
STRASSENVERHÄLTNISSE	Bei der Auffahrt zum Mendelpass viele enge, teils kopfsteingepflasterte Kehren. Bei Nässe hier Vorsicht. Im oberen Bereich Fahrbahnverengungen und Belagschäden.
HÖCHSTE PUNKTE	Mendelpass, 1363 m, Campo-Carlomagno-Pass, 1682 m, Tovelsee, 1178 m
PASSÖFFNUNGSZEITEN	Ganzjährig befahrbar
MAUTGEBÜHREN	Keine
SEHENSWÜRDIGKEITEN	**Bozen:** Denkmal Walther von der Vogelweides im Dom, Stadtmuseum, Burg Runkelstein
	Pinzolo: Vigiliuskirche
	Fiavé: Pfahlbauten aus der Jungsteinzeit, Tovelsee mit blutrotem Wasser
SERVICESTELLEN	Bozen: Honda, Yamaha, BMW, Kawasaki; Meran: Honda, Yamaha, BMW, Kawasaki; Trient: Suzuki
ÜBERNACHTUNG	Hotel Rentschner Hof, Rentschnerstr. 70, I-39100 Bozen, Tel. 00 39/04 71/97 53 46; Hotel Majestic, Piazza Righi, I-38084 Madonna di Campiglio, Tel. 00 39/04 65/44 10 80; Hotel Bélvédere, Via Nazionale 9, I-38018 Molveno, Tel. 00 39/04 61/58 69 33
KARTE	Generalkarte 1:200 000, Blatt Südtirol/ Dolomiten und Gardasee/Venedig.

Im Ortler-Nationalpark

Stilfser Joch, Gàviapass, Tonalepass und Gampenpass

Eine ganz ansehnliche Strecke ist es, die wir uns da rund um die Ortlergruppe ausgearbeitet haben. Von Meran geht es das Vinschgau hoch, dann über das Stilfser Joch und den Gàviapass durch den Ortler-Nationalpark, weiter über den Tonalepass ins Val di Sole und abschließend über den Gampenpass wieder zurück nach Meran. Da kommt einiges an Fahrstrecke und Kilometern zusammen, die schon gute Kondition und Steh- oder besser Sitzvermögen erfordern. Aber es lohnt sich in jedem Fall, warten doch mit dem Stilfser Joch und dem Gàviapass zwei absolute Highlights für ambitionierte Pässefahrer wie uns und auch Tonale- und Gampenpass sind fahrerisch keinesfalls zu verachten.

Auf der Nordseite des Gàviapasses. Das Rifugio Berni al Gàvia auf der Passhöhe ist bereits in Sicht.

sondern für den Kulturinteressierten eine wahre Schatzkammer an Kunststätten von der Romanik über die Gotik bis zum Barock darstellen. Aber heute haben wir keinen Blick dafür, wir wollen hinauf zum Stilfser Joch, dessen überaus kühne Trassenführung gewiss auch den Rang eines Kunstwerks verdient hätte. Eine straßenbauliche Meisterleistung ist die Trassenführung mit ihren 48 kunstvoll angelegten Haarnadelkehren in jedem Fall, deren Bezwingung aber auch fahrerisch einiges an Leistung abfordert. Oben angelangt, legen wir deshalb gerne eine Verschnaufpause in einem der Restaurants ein und sehen zu, wie sich auf der anfangs noch verschlafenen Umgebung mit dem Eintreffen von immer mehr Touristen langsam ein geschäftiges Treiben entwickelt.

Also fällt der Rundgang durch die malerischen Gassen der Altstadt von Meran recht kurz aus. Es geht früh zu Bett, um am nächsten Morgen die Tour ausgeruht beginnen zu können. Wir fahren das Vinschgau aufwärts, passieren Orte mit rätoromanischen Namen wie Tarsch, Latsch oder Kortsch, die nicht nur hübsch und gepflegt anzusehen sind,

Dramatische Felskulisse

Die Abfahrt über die Südseite durch das Brauliotal hinunter nach Bórmio ist nicht minder kurven- und kehrenreich als die gegenüberliegende Auf-

fahrt. Aber hier sind es weniger die Kurven, sondern es ist mehr die ernst und dramatisch wirkende Felsszenerie der Umgebung, die fasziniert. Weit und freundlich liegt Bórmio in einem großen Talkessel im obersten Teil des Veltlins, in respektvollem Abstand zu den Dreitausendern der Ortler- und Berninagruppe. Der Ortskern hat sich mit einigen alten Bürgerhäusern, der Piazza Cavour, mit dem überdachten Versammlungsplatz und dem Cuerc-Turm, einem alten Geschlechterturm, historisch noch gut gehalten, aber uns interessieren in erster Linie die braunen Hinweisschilder mit der Aufschrift »Passo Gàvia«. Diese leiten uns in das Valfurva, das in einem anfangs recht geradlinigen Verlauf nach Sta. Caterina zieht. Erst hinter dem Hauptort des Tals

geht es dann zur Sache. Kurve reiht sich an Kurve und Kehrengruppe um Kehrengruppe führt in eine immer prachtvoller werdende, fast unberührt wirkende Naturlandschaft. Die Nordrampe wurde in den letzten Jahren verbreitert und durchgehend asphaltiert. So sind wir fast zu schnell oben auf der Passhöhe mit dem kleinen Lago Bianco, in dem noch die Eisreste des Winters vor sich hinschmelzen. Die Abfahrt über die Südrampe bietet neben einem schönen Ausblick auf die Gletscher der Adamellogruppe im Süden noch teilweise

Den Kehrenreichtum der Nordrampe des Stilfser Jochs zeigt dieser Ausschnitt.

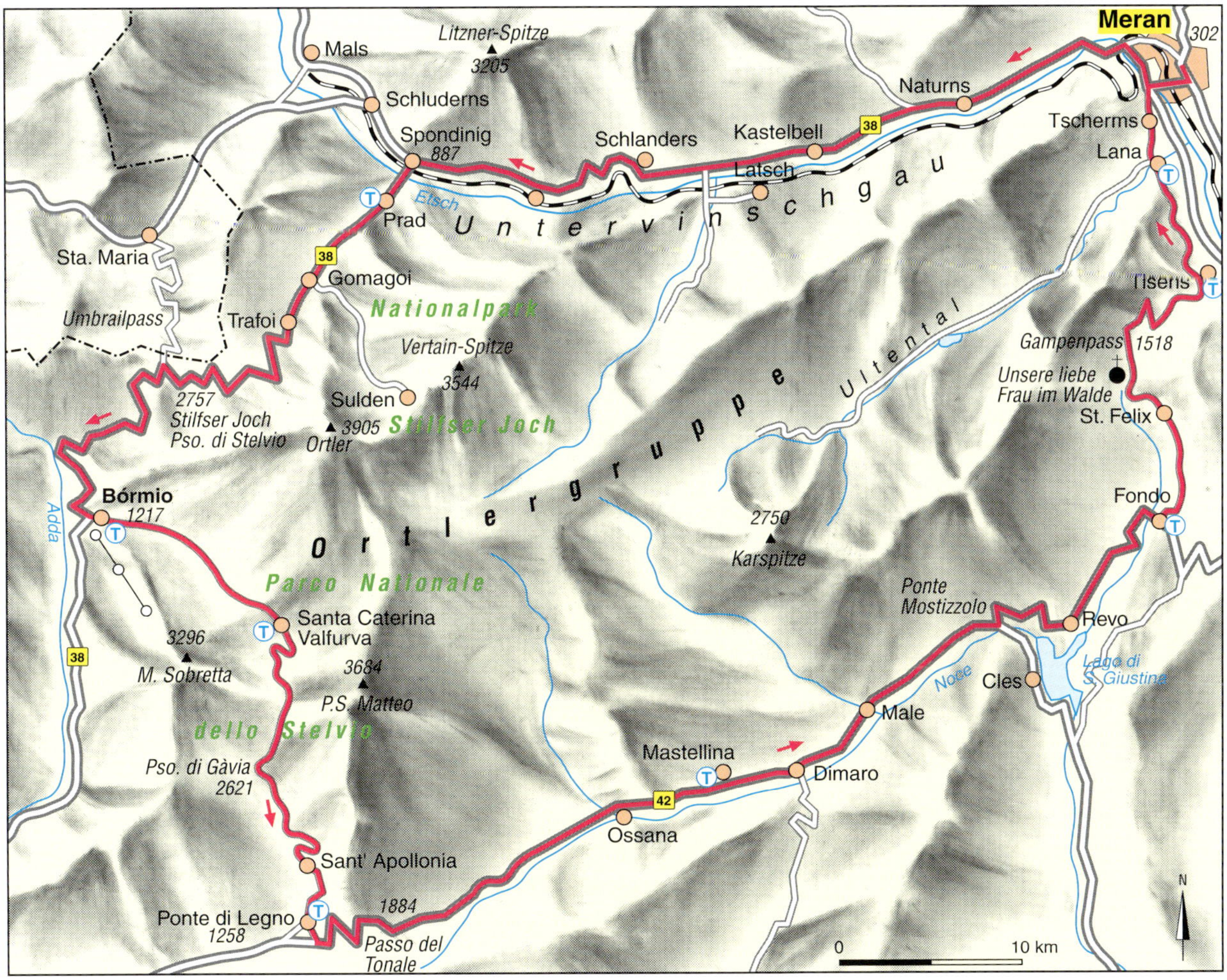

Naturbelag, dafür wurde aber die ehemals gefährliche Engstelle im oberen Streckenteil durch einen neu gebauten Tunnel entschärft.

Pfeilschnelle Biker

In Ponte di Legno im obersten Valcamonica beginnt die Auffahrt zum Tonalepass. Im Gegensatz zu den beiden vorherigen präsentiert er sich vom Ausbau nicht nur wie eine Rennstrecke, sondern scheint von den einheimischen Motorradfahrern auch als solche genutzt zu werden. Aber, na gut, landschaftlich bietet er nicht sehr viel und auch die Passhöhe weist in erster Linie wenig interessante Hotelbauten auf und die Berghänge bieten mit den Skiliften auch nicht gerade eine Augenweide. Also rasch hinunter über die Westseite ins Val di Sole, durch das es bis Ponte Mostizollo an der Nordspitze des Lago di Santa Giustina lange abwärts geht. Durch die Obstplantagen und Weinberge des Nonsberges geht es nun wieder etwas kurviger nach Fondo, dem Ausgangspunkt zum Gampenpass. Ausgeschildert ist er mit Pso. di Palache und verläuft zumindest auf der Südseite recht anspruchslos. Auf der Nordseite entschädigen dafür einige schöne Kehren und der Blick über die Leonburg auf das Etschtal. In Niederlana werfen wir noch einen Blick auf den berühmten spätgotischen Schnatterpeck-Altar in der Kirche Mariä

Munt de la Bescha heißt dieser Berggipfel in Graubünden, der sich über dem Ofenpass erhebt.

 **STRECKENBESCHREIBUNG**

STRECKENVERLAUF	Meran – Naturns – Schlanders – Spondinig – Stilfser Joch – Bórmio – Gàviapass – Ponte di Legno – Tonalepass – Dimaro – Ponte Mostizzolo – Fondo – Gampenpass – Meran
GESAMTLÄNGE	246 km
AUSGANGS- UND ENDPUNKT	Meran, 302 m
ANFAHRT ZUM AUSGANGSPUNKT	Brennerautobahn A22, Ausfahrt Bozen-Süd, Meran
STRASSENVERHÄLTNISSE	Bei der Auffahrt zum Stilfser Joch viele enge, schwierig zu befahrende Haarnadelkehren mit teilweise erheblichen Belagschäden. Bei der Abfahrt viele unbeleuchtete Tunnels und Galerien mit Engstellen. Zudem ebenfalls teilweise erhebliche Belagschäden. Die Auffahrt zum Gàviapass ist nunmehr durchgehend asphaltiert und teilweise verbreitert. Auf der Abfahrt finden wir teilweise noch Naturpiste vor, die bei Trockenheit und angepasster Fahrweise gut zu befahren ist. Die gefährliche Engstelle im oberen Bereich wurde durch einen Tunnel entschärft. Bei Nässe dennoch schwierig zu befahren. Eine Fahrt über das Stilfser Joch und besonders über den Gàviapass sollte deshalb nur bei guten Wetterbedingungen unternommen werden.
HÖCHSTE PUNKTE	Stilfser Joch, 2757 m, Gàviapass, 2621 m, Tonalepass, 1884 m, Gampenpass, 1518 m
PASSÖFFNUNGSZEITEN	Stilfser Joch, offen 1. Juni bis 31. Oktober; Gàviapass, offen 1. Juli bis 15. Oktober
MAUTGEBÜHREN	Keine
SEHENSWÜRDIGKEITEN	**Meran:** Landesfürstliche Burg, Zenoburg, Schloß Schenna und Pfarrkirche St. Nikolaus, Laubengasse
	Naturns: Kirche St. Prokulus
	Stilfser Joch: Ortlerblick beim Gasthof Weißer Knott, Rückblick auf Kehrenverlauf der Nordseite kurz unterhalb der Passhöhe
	Bórmio: Bürgerhäuser, Stadtmuseum
	Lana: Alte Pfarrkirche mit Schnatterpeck-Altar
SERVICESTELLEN	Meran: Honda, Yamaha, BMW, Kawasaki; Bozen: Honda, Yamaha, BMW, Kawasaki; Trient: Suzuki
ÜBERNACHTUNG	Hotel Garni Zima, Winklweg 83, I-39012 Meran, Tel. 00 39/04 73/ 23 04 08; Gasthof Restaurant Montana, St. Antonweg 38a, I-39026 Prad, Tel. 00 39/04 73/61 62 16; Hotel Everest Garni, S. Barbara 31, I-23032 Bórmio, Tel. 00 39/03 42/90 12 91; Liberty Hotel Malé, Piazza Garibaldi 33, I-38027 Malé, Tel. 00 39/04 63/90 11 05
KARTE	Generalkarte 1:200 000, Blatt Südtirol/Dolomiten.

Himmelfahrt. Es ist einer der bedeutendsten Kunstschätze Südtirols und ein herausragendes Werk des Meraner Holzschnitzers Hans Schnatterpeck – nicht nur wegen seiner Höhe von mehr als 14 Metern. Gut acht Jahre, zwischen 1503 und 1511, arbeitete er daran. Betrachtet man den Formen- und Figurenreichtum und die akribischen Schnitzereien, erscheint dies gar nicht einmal sehr lange. Von Unterlana wollen wir noch nach Oberlana und ein Stück am Marlinger Waalweg entlangwandern. Waale werden in Südtirol die uralten Bewässerungskanäle genannt, welche größtenteils zu Spazierwegen umfunktioniert wurden. Mit 13 Kilometern ist er der längste Waal Südtirols.

16 Zwischen Bernina und Ortler

Vom Engadin zum Stilfser Joch

Die nehmen denen das Auto ja noch ganz auseinander, denken wir uns. Mit unverhohlenem Interesse und einer gehörigen Portion Neugier blicken wir auf die Szene, die sich vor uns abspielt. Zwei italienische Zöllner filzen das Auto eines jungen Paares mit deutschem Kennzeichen mit solch einer Gründlichkeit und Akribie, wie wir es noch nie vorher erlebt haben. Sie sind auch fündig geworden, eine Stange Zigaretten haben sie unter dem Autositz hervorgeholt, eine Tüte mit Spirituosen war im Kofferraum versteckt und auch unter der Motorhaube waren, fein säuberlich eingewickelt, Kosmetikartikel verstaut. Ort des Geschehens ist die Zollstation auf der Passhöhe des Foscagnopasses in gut 2294 Metern Höhe, der Grenze zwischen Italien und der Zollfreizone von Livigno. Wie wir hierher gekommen sind? Nun, der Reihe nach.

Gestartet sind wir in Zernez im schweizerischen Graubünden, an der Schnittstelle zwischen dem Unter- und dem Oberengadin gelegen. Wir sind das Oberengadin aufwärts gefahren, haben uns über Ortsnamen wie S-chanf oder La Punt-Chamues-ch gewundert und in Pontresina die Abzweigung zum Berninapass genommen. Die »Pforte zur Bernina«, wie Pontresina auch genannt wird, bietet neben vielen Hotelbauten einige alte Häuser im Engadiner Stil, das kunsthistorisch interessante Kirchlein Sta. Maria mit seinen Fresken aus dem 15. Jahrhundert auf einem Wiesenhang oberhalb des Ortes und ein Museum Alpin. Den wahren Reichtum des Ortes bildet aber die Bergwelt der Umgebung wie uns nach einigen Kehren auf dem Berninapass eindrucksvoll belegt wird. Zu unserer Rechten öffnet sich der weite Kessel des Morteratschtales und dahinter tut sich eine Gletscherlandschaft auf, die im Alpenraum zu den großartigsten zählt. Es sind die höchsten Berge der Berninagruppe mit dem 3905 Meter hohen Piz Palü und dem 4049 Meter hohen Piz Bernina, dem einzigen Viertausender der Ostalpen, die sich in blendendem Weiß über Arven- und Lärchenwälder der Talschaft präsentieren. Es

dauert einige Zeit, bis wir uns satt gesehen haben
und zur Passhöhe weiterfahren, die trotz der beiden
kleinen Seen und des Gletschers auf dem Piz Cambrena fast kahl wirkt.

Zollfreie Zone

Südlich fällt die Trasse nun ins Puschlav ab, dem
entlegensten Zipfel Graubündens. Obwohl die
Strecke hinunter ins italienische Veltlin landschaftlich und auch kulturell sehr interessant wäre, biegen wir schon kurz nach der Abfahrt Richtung
Livigno ab. Problemlos passieren wir das schweizerische Zollamt, erreichen die Passhöhe des Forcola
di Livigno und beginnen nach dem italienischen
Zollamt eine lange Abfahrt hinunter in den Talboden der Spöl nach Livigno. Um den Bewohnern des
früher recht einsam und abgelegenen Tals ein besse-
res Auskommen zu sichern, wurde das zu Italien

Von der Bernina-
passhöhe blickt man
auf die Gletscher, die
vom Piz Cambrena
herabziehen.

Linke Seite: In der
Nähe von Bórmio
wacht die Kirche von
Madonna di Oga
über die Talschaft.

gehörende Tal kurzerhand zur zollfreien Zone erklärt, was einen regen Aufschwung zur Folge hatte. An manchen Tagen schieben sich ganze Wagenkolonnen aus der Schweiz und Italien hierher, vorwiegend des billigen Benzins wegen. Auch wir füllen unseren Tank randvoll, kaufen zwei Tafeln Schokolade als Wegzehrung und verlassen den Ort über den nicht beschilderten Eirapass hinauf zum Foscagnopass. Jetzt stehen wir also hier oben an der Zollstation, warten bis wir an die Reihe kommen und setzen, auf die Frage ob wir etwas zu verzollen haben, unser ehrlichstes Gesicht auf und sagen »Nein«. Es ist kaum zu glauben: Wir werden durchgewunken, fahren ohne anzuhalten durch das Valdidentro Richtung Bórmio ab und erreichen kurz oberhalb des Ortes bei der »Tornante 3« die Auffahrt zum Stilfser Joch.

Kurven, Galerien, Tunnels

Kurvenreich windet sich die Straße durch das enge, felsige Brauliotal, geschützt durch Galerien und Tunnels, durch eine faszinierende Umgebung. Nur der Straßenzustand lässt an einigen Stellen zu wünschen übrig. Bei der Cantoniera IV a müssten wir eigentlich die Abzweigung zum Umbrailpass nehmen, aber die drei Kilometer hoch zum Stilfser Joch lassen wir uns nicht nehmen. Auch wenn die Passhöhe stark verbaut ist und die landschaftliche Umgebung, vom Blick auf den Ortler abgesehen, nicht sehr zur Bewunderung an-

Auf der Nordseite des Berninapasses hat man dieses herrliche Panorama auf die Gletscherwelt um den 4049 Meter hohen Piz Bernina, den höchsten Berg der Ostalpen.

STRECKENBESCHREIBUNG

STRECKENVERLAUF	Zernez – Samedan – Pontresina – Berninapass – La Motta – Livignopass – Livigno – Foscagnopass – Bórmio – Stilfser Joch – Umbrailpass – Sta. Maria im Münstertal – Ofenpass – Zernez
GESAMTLÄNGE	148 km
AUSGANGS- UND ENDPUNKT	Zernez, 1472 m
ANFAHRT ZUM AUSGANGSPUNKT	Autobahn Innsbruck – Bludenz A22, Ausfahrt Zams, Landeck – Pfunds – Schuls – Zernez
STRASSENVERHÄLTNISSE	Bei der Auffahrt zum Stilfser Joch viele unbeleuchtete Tunnels und Galerien mit Engstellen. Zudem teilweise erhebliche Belagschäden. Der Umbrailpass ist im oberen Bereich noch überwiegend Naturpiste. Bei angepasster Fahrweise jedoch auch bei Nässe gut zu befahren.
HÖCHSTE PUNKTE	Berninapass, 2330 m, Livignopass, 2315 m, Foscagnopass, 2291 m, Stilfser Joch, 2757 m, Umbrailpass, 2503 m, Ofenpass, 2159 m
PASSÖFFNUNGSZEITEN	Livignopass, offen 15. Juni bis 6. November, bei günstiger Witterung 10. Mai bis 15. Dezember, Grenze 22.00 bis 6.00 Uhr geschlossen, vor dem 1.7. sowie ab 1.10. von 20.00 bis 6.00 Uhr geschlossen; Stilfser Joch, offen 1. Juni bis 31. Oktober; Umbrailpass, offen 15. Mai bis 15. November, Schweizer Zoll von 20.00 bis 6.00 Uhr geschlossen, vom 1. Juli bis 30. September von 22.00 bis 6.00 Uhr geschlossen
MAUTGEBÜHREN	Keine
SEHENSWÜRDIGKEITEN	**Pontresina:** Museum Alpin, Burgturm Spaniola **Bórmio:** Stadtmuseum **Ofenpass:** Schweizer Nationalpark **Zernez:** Museum im Nationalparkhaus
SERVICESTELLEN	Samedan: Honda, Suzuki; Celerina: Kawasaki
ÜBERNACHTUNG	Berggasthof Diavolezza, Berninapass, CH-7504 Pontresina, Tel. 00 41/81/8 42 62 05;Hotel Everest Garni, S. Barbara 11, I-23032 Bórmio, Tel. 00 39/03 42/90 12 91; Hotel Stelvio, Chasatschas, CH-7536 Sta. Maria, Tel. 00 41/81/8 58 53 58
KARTE	Generalkarte 1:200000, Schweiz, Blatt 3.

hält, ist es für uns doch ein besonderes Gefühl, auf dem dritthöchsten Alpenpass zu stehen.

Schön ist auch das Gefühl, aus der kargen Bergwelt wieder zurück in lieblichere, freundlichere Lebensregionen zu kommen, die wir nach der Abfahrt über den Umbrailpass im Münstertal bei Sta. Maria erreichen. Ein Abstecher zum fünf Kilometer talauswärts gelegenen Kloster Müstair aus karolingischer Zeit, das von der UNESCO zum Weltkulturgut erklärt wurde, dann folgen wir der taleinwärts zum Ofenpass hoch ziehenden Straße. Die Abfahrt über die Westseite durch die natur-belassene Landschaft des Schweizer Nationalparks bietet nochmals einen schönen Abschluss dieser Tour. Um die Natur richtig genießen zu können, müssten wir aber einer der markierten Wanderrouten folgen, die von den Parkplätzen ihren Ausgang nehmen. Wir begnügen uns mit einer kurzen Rast und lassen uns lieber zurück in Zernez im Museum des Nationalparkhauses über Flora und Fauna des Parks informieren.

17 Das Graubündner Pässekarussell

Flüelapass, Albulapass und Julierpass

Als Karussell bezeichnet man im Allgemeinen eine sich im Kreis drehende mechanische Anlage, die vorwiegend auf Volksfesten anzutreffen ist und der Beförderung von Fahrgästen dient. Ein Pässekarussell hingegen ist die Aneinanderreihung mehrerer Passstraßen, die von Motorradfahrern so lange befahren werden, bis diesen ebenfalls schwindlig wird. Ein solches Pässekarussell findet sich im schweizerischen Graubünden mit den Passstraßen Flüela, Albula und Julier.

Eintrittstor zu dieser Schweizer Pässerunde ist die kleine Ortschaft Susch im Unterengadin, das noch mit einigen alten Festungstürmen aus dem Mittelalter aufwarten kann. Eng drängen sich die Häuser zusammen, lassen gerade noch genügend Platz für die nach Westen ins Val Susasca hineinziehende Straße. Kopfsteinpflaster bis zum Ortseingang, dann bleibt der Ort über eine erste Kehrengruppe rasch unter uns zurück.

Fast unbesiedelt ist das Tal, nur hin und wieder ein Haus oder eine Hütte in den Fichten- und Lärchenwäldern an den Talhängen. Weitere Kehrengruppen bringen uns rasch höher. Links von uns erkennen wir am Talschluss des breiten Val Grialetsch die Gletscher um den Piz Vadret, dann erreichen wir auch schon viel zu schnell die Passhöhe, die inmitten einer öden steinigen Hochgebirgsumgebung außer zwei kleinen Seen und einem Restaurant nicht viel Interessantes für einen längeren Aufenthalt zu bieten hat. Wie die Auffahrt ist auch die Straße auf der Nordseite gut ausgebaut, die sich anfangs noch zwischen unwirtlichen Geröllfeldern absenkt, bevor die Umgebung beim Restaurant Tschuggen mit Wiesen und Weideflächen dann wieder reizvoller wird.

Beim Zauberberg

Die Straße endet im Ferien- und Höhenluftkurort Davos, der seinen Aufschwung dem deutschen Arzt Alexander Spengler zu verdanken hat, seinen Bekanntheitsgrad aber auch dem Schriftsteller Thomas Mann, der ihm mit dem Roman »Der Zauberberg« ein weltliterarisches Denkmal setzte. Wir nehmen uns vor, diesen irgendwann einmal zu lesen und biegen in das südwestlich verlaufende Landwassertal ein. In Erinnerung sind uns hier noch einige schöne, langgezogene Kurven, die uns fast die Geschwindigkeitsbegrenzung vergessen ließen, der fast drei Kilometer lange Landwassertunnel und die hübschen Ortschaften – Wiesen und Schmitten –, erstere mit einem gemütlichen Wirtshaus und letztere mit einem schlanken, hoch aufragenden Kirchturm vor schöner Bergkulisse.

Nur die Beschilderung Tiefencastel im Auge hätten wir beinahe die Abzweigung in Alvaneu-Bad zum

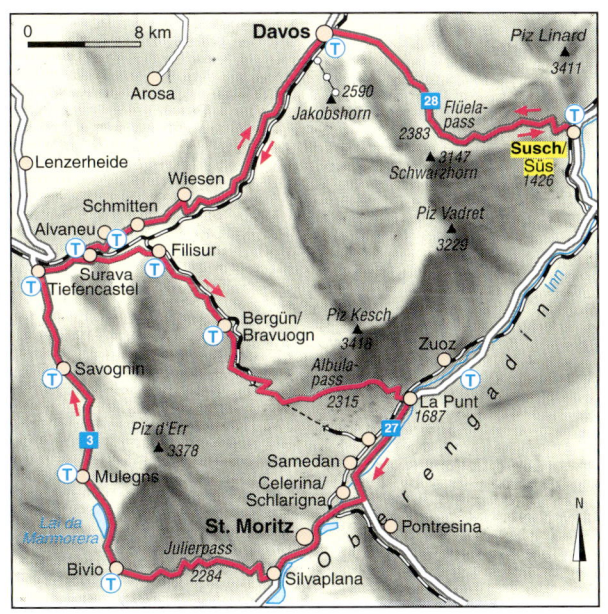

Albulapass übersehen, dem landschaftlich zweifellos schönsten Übergang ins Engadin. Dieses kündigt sich schon mit den Häusern von Filisur an, dessen wuchtige graffitigeschmückte Fassaden mit tief eingelassenen Fenstern, malerischen Erkern und breiten Rundbogenportalen bereits typisch Engadiner Baustil erkennen lassen. Aber bis dort hinüber sind noch einige Hindernisse zu überwinden, wie etwa der schmale Felsdurchbruch der »Bergüner Klamm«, einer fast beklemmend wirkenden Engstelle, wo wir uns unter den drohend überhängenden Felswänden auf unserer Maschine irgendwie klein und verloren vorkommen.

Kühne Bahntrasse

Wir verlassen den düsteren Ort, gehen befreit eine steile Kehrengruppe an, bis uns plötzlich ein schril-

Die antiken Steinsäulen auf der Julierpasshöhe belegen, dass dieser Übergang bereits von den Menschen in vorchristlicher Zeit benutzt wurde.

Linke Seite: Immer wieder trifft man auf der Westseite des Albulapasses auf die Brücken der Rhätischen Bahn, bevor diese hinter Bergün in einem Tunnel verschwindet.

ler Pfiff aufschreckt. Jetzt vernehmen wir auch ein mächtiges Schnaufen und erkennen im Wald neben der Straße die roten Wagen der Rhätischen Bahn, die sich mühsam und umständlich rangierend über dieses Steilstück heraufquält. In Bergün verschwindet sie in einem Tunnel, während wir uns am Kleinen Palpuognasee vorbei in die öde und trostlos wirkende Trümmerlandschaft des Val di Diavel, des Teufelstals, hocharbeiten. Aber nicht der Teufel, sondern ein gewaltiger Bergsturz von den Hängen des Piz de las Blais war es, der die riesigen Felstrümmer links und rechts der Straße bis fast hinauf zur Passhöhe auftürmte.

Römische Steinsäulen

Die Felsbrocken am Julierpass, auf dem wir nach der Abfahrt über die Südseite nach La Punt, der Weiterfahrt durch das Oberengadin nach Silvaplana und einer acht Kilometer langen Auffahrt mit weniger Kurven und nur drei Kehren nicht einmal eine Stunde später stehen, haben dafür die Römer aufgestellt. Es sind Reste antiker Steinsäulen zu Ehren ihrer Götter aus vorchristlicher Zeit. Fahrerisch wieder schöner und anspruchsvoller senkt sich die Trasse nun in vier Stufen durch den Kessel von Bivio, am Marmorerastausee vorbei nach Tinizong und durch die Mulde von Savognin nach Tiefencastel.

Bautechnisch ist die Trassenführung der Rhätischen Bahn am Albulapass als Meisterleistung anzusehen.

 **STRECKENBESCHREIBUNG**

STRECKENVERLAUF	Susch – Flüelapass – Davos – Wiesen – Schmitten – Surava – Filisur – Bergün – Albulapass – La Punt – Silvaplana – Julierpass – Tiefencastel – Davos – Flüelapass – Susch
GESAMTLÄNGE	213 km
AUSGANGS- UND ENDPUNKT	Susch, 1426 m
ANFAHRT ZUM AUSGANGSPUNKT	Autobahn Innsbruck – Bludenz A12, Ausfahrt Zams, Landeck – Pfunds – Schuls – Susch
STRASSENVERHÄLTNISSE	Bei der Auffahrt zum Albulapass teilweise Engstellen mit Ausweichen. Im Scheitelbereich einige leichtere Belagschäden. Vorsicht am Ende der Abfahrt bei der Überquerung der Bahngleise vor La Punt.
HÖCHSTE PUNKTE	Flüelapass, 2383 m, Albulapass, 2315 m, Julierpass, 2284 m
PASSÖFFNUNGSZEITEN	Albulapass, offen 1. Juni bis 31. Oktober
MAUTGEBÜHREN	Keine
SEHENSWÜRDIGKEITEN	**Davos:** Altes Pfrundhaus mit Heimatmuseum, sehr sehenswertes Ernst-Ludwig-Kirchner-Museum in Davos-Platz
	Preda: Bahnhistorischer Lehrpfad vom Bahnhof Preda nach Bergün (8 km)
	Bergün: Engadiner Häuser entlang der Dorfstraße
	Julier-Passhöhe: Römersäulen
SERVICESTELLEN	Samedan: Honda, Suzuki; Celerina: Kawasaki; Chur: Honda, Yamaha, BMW, Kawasaki, Suzuki
ÜBERNACHTUNG	Sporthotel Montana, Bahnhofstr. 2, CH-7260 Davos-Dorf, Tel. 00 41/81/4 20 11 85; Hotel Albula, CH-7450 Tiefencastel, Tel. 00 41/81/6 59 04 00; Hotel Gasthof Sonnenhalde, Oberdorf 45, CH-7494 Wiesen, Tel. 00 41/81/4 04 11 35; Hotel Restaurant Guidon, CH-7457 Bivio/Julier, Tel. 00 41/81/6 84 52 21
KARTE	Generalkarte 1:200000, Schweiz, Blatt 3.

Höchstens der Name erinnert im »Kastell in der Tiefe« noch daran, dass sich zur Karolingerzeit hier eine befestigte Siedlung mit einem Königshof befand. Schon vor einem Brand im Jahr 1890 war davon kaum etwas zu sehen, bevor dieser auch noch die restlichen Zeitzeugen früherer Epochen auslöschte. Einzig die barocke Pfarrkirche ist noch älteren Datums. Wenn hier auch unsere Passroute über den Julier endet, so ist unsere Fahrt noch nicht zum Abschluss gebracht. Denn für ein Pässekarusell müssen wir mindestens einen Kreis fahren, der sich mit der Rückfahrt durch das Landwassertal nach Davos und über die Nordseite des Flüelapasses zurück zum Ausgangspunkt schließt.

Tipp: Schritttempo!

Auch hier eine Warnung. Auf der Ostseite des Albulapasses lassen es die Bahngleise oberhalb der Ortschaft La Punt, schon weit unten, kurz vor der Einmündung ins Oberengadin, ratsam erscheinen, die Geschwindigkeit auf Schritttempo herabzusetzen. Höhere Geschwindigkeiten werden mit einem gnadenlosen Zusammenstauchen von Mensch und Material bestraft.

18 Engadiner Seenplatte und Via Mala

Malojapass, Splügenpass, Via Mala und Julierpass

Verwundert bremsen wir vor dem Schild mit der Aufschrift »Malojapass« ab. Weder erinnert die Umgebung an eine Passhöhe noch haben wir bei unserer Anfahrt irgendetwas von einer Passrampe bemerkt. Wunderschöne Lanschaftsbilder dafür jedoch in Hülle und Fülle auf dem recht kurzen Fahrstück von St. Moritz entlang der Oberengadiner Seenplatte bis hierher. Das von Gletschern ausgeschliffene Hochtal mit den Seen von St. Moritz, dem Silvaplaner See und dem Silser See gilt zu Recht als eine der schönsten Landschaften der Alpen. Dunkelblaue Seen, grüne Wiesen, Lärchenwälder und eine Hochgebirgsumrahmung – alles ist hier anzutreffen, nur eben keine Passrampe, denn die Trasse schlängelt sich bretteben, ohne auch nur einen Meter an Höhe zu gewinnen, durch diese Bilderbuchidylle.

Des Rätsels Lösung: Der Malojapass besitzt nur eine Passrampe und mit dieser senkt er sich auch gleich recht eindrucksvoll über eine Steilstufe mit 13 Kehren ins Val Bregaglia, besser bekannt als Bergell, ab.

In einer anderen Welt

Dort scheinen wir in einer völlig anderen Welt zu sein, nicht mehr heiter und harmonisch ist die Umgebung, sondern wild und urwüchsig mit dunkel drohenden Granitriesen als Talbegrenzung. Auch die Orte sind ganz anders als noch vor kurzem im Oberengadin. Der graue Granit der Umgebung als Baumaterial bestimmt ihr Erscheinungsbild, das mancherorts noch altertümliche Spuren zeigt. Vicosoprano etwa mit seinen stattlichen Patrizierhäusern um das Rathaus, vor dem noch ein Prangerstein mit Kette und Halseisen steht. Angesichts dieser Form der Bestrafung erscheint uns das Bußgeld, das wir bei der Anfahrt wegen zu schnellen Fahrens (es war wirklich nur ganz gering zu schnell) berappen mussten, durchaus human.

Rasen lohnt sich nicht

Hier, im Bergell, lohnt sich schnelles Fahren nicht, es gibt viel zu viel zu sehen. Den Friedhof in Borgonovo mit den Gräbern der Künstlerfamilie Giacometti etwa, deren Werke nicht nur in den Museen der Welt, sondern auch im naturkundlichen Museum der anschließenden Ortschaft Stampa zu bewundern sind. In Promontogno ist es eine römische Station unterhalb der Burg Castelmur aus dem 13. Jahrhundert, und in Bondo sind es die mittelalterlichen Fresken der Kirche St. Martin und der weiße Salispalast, dessen schöne Gärten leider nicht zugänglich sind. Bevor wir durch La Porta, ein Naturtunnel als Felsdurchbruch, ins südliche Bergell wechseln, darf ein Abstecher hinauf nach Soglio keinesfalls versäumt werden. Über dem Ort bilden die bekanntesten Gipfel der Scioragruppe um den Piz Badile ein Fotomotiv, das auf keinen Reisebildern fehlen darf.

Zum Splügenpass

In Castasegna überqueren wir die Grenze nach Italien und fahren durch eine Zedernallee in Chiavenna ein. Obwohl die Altstadt durchaus sehenswert wäre, lädt uns der lebhafte Verkehrsknotenpunkt nicht zu längerem Verweilen ein. Wir rasten deshalb nur kurz unter einer schattigen Platane, vergewissern uns auf der Karte über die Fahrtroute und

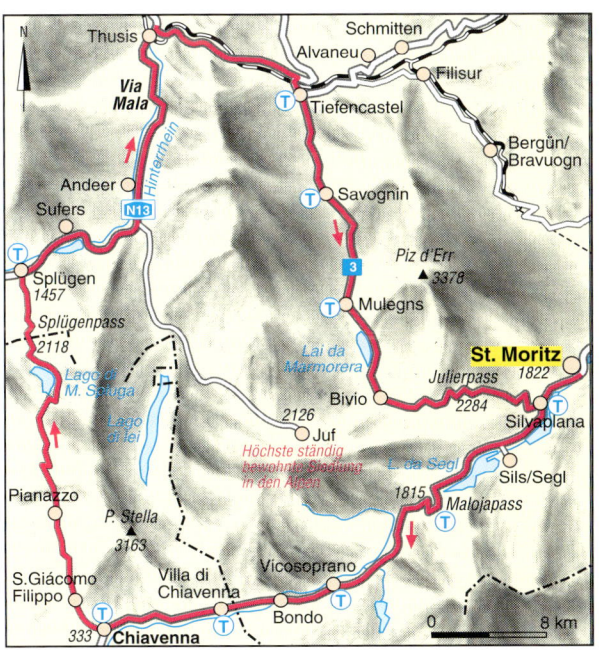

Frei laufendes Weidevieh ist keine Seltenheit auf Schweizer Passstraßen.

folgen der Beschilderung »Machesimo« zum Splügenpass. Die Auffahrt hält dann Licht und Schatten bereit, denn einerseits bietet sie recht schöne Kurven und Kehren, andererseits aber auch eine enge Tunnelstrecke im oberen Teil, wo sich der Verkehr staut und wir nur ruckweise vorankommen.

Auf dem Weg zur Via Mala

Beim Lago di Monte Spluga liegt diese Engstelle hinter uns, wir passieren zuerst die italienische und wenig später die schweizerische Grenzstation. Die Frage des Zöllners, ob wir eine Autobahnvignette benötigen, wehren wir glaubhaft mit dem Verweis auf unsere Fahrstrecke ab und benutzen durch das

Linke Seite: Silser See und Piz Corvatsch auf der Ostseite des Malojapasses.

Hinterrheintal selbstverständlich die alte Kantonstraße. Die führt uns zu einer Schweizer Berühmtheit, die dem Matterhorn nicht nachsteht: der Via Mala.

Kurz vor Thusis finden wir uns inmitten himmelhoch aufragender Felswände wieder, die nur einen schmalen Durchbruch frei lassen. Wir müssen den Kopf weit zurücklegen, um noch ein Stückchen des Himmels sehen zu können, während in einem schmalen felsigen Spalt tief unter uns sich das Wasser des Hinterrheins seinen Weg sucht. Uns wird vom Blick hinab bereits schwindlig, den gebührenpflichtigen Steig dort hinunter müssen wir uns deshalb nicht antun und erstehen dafür am unvermeidlichen Kiosk eine Postkarte. Bei der Weiterfahrt überlegen wir lange, wie der Autor des Romans »Via Mala« geheißen hat und sind schon fast in Tiefencastel, dem Ausgangspunkt des Julierpasses, als es uns einfällt: John Knittel.

So können wir uns wieder ganz der Landschaft widmen, die sich hier im Oberhalbstein genannten weitläufigen Tal in reizvoller Form präsentiert. Beim Julierhospiz gehen wir die letzte Kehrengruppe an, passieren die beiden römischen Steinsäulen auf der Passhöhe und erreichen mit schönem Blick auf die Berge um den Corvatsch wieder die Oberengadiner Seenplatte.

Der Felsdurchbruch des Hinterrheins bei Thusis, landläufig auch »Via Mala« genannt, steht dem Matterhorn an Bekanntheit nicht viel nach.

STRECKENBESCHREIBUNG

STRECKENVERLAUF	St. Moritz – Silvaplana – Malojapass – Chiavenna – Splügenpass – Splügen – Thusis – Tiefencastel – Julierpass – St. Moritz
GESAMTLÄNGE	158 km
AUSGANGS- UND ENDPUNKT	St. Moritz, 1822 m
ANFAHRT ZUM AUSGANGSPUNKT	Autobahn Innsbruck – Bludenz A12, Ausfahrt Zams, Landeck – Zernez – St. Moritz oder Autobahn Bodensee – Chur, Ausfahrt Landquart, Davos – Flüelapass – Zernez – St. Moritz
STRASSENVERHÄLTNISSE	Der Malojapass wurde in den letzten Jahren ausgebaut. Die Ortschaften mit ihren teilweise engen Ortsdurchfahrten und Kopfsteinpflaster können nun mehr größtenteils umfahren werden. Bei der Auffahrt zum Splügenpass gibt es im oberen Bereich viele Tunnels mit Engstellen und teilweise erhebliche Belagschäden. Kurze Engstellen finden sich auch im Hinterrheintal zwischen Splügen und Thusis.
HÖCHSTE PUNKTE	Malojapass, 1815 m, Splügenpass, 2118 m, Julierpass, 2284 m
PASSÖFFNUNGSZEITEN	Splügenpass, offen 1. Januar bis 31. Oktober; der Grenzübergang am Splügenpass ist vom 1. Juni bis 31. September von 24.00 bis 5.00 Uhr, in der übrigen verkehrsoffenen Zeit von 22.00 bis 6.00 Uhr möglich
MAUTGEBÜHREN	Keine
SEHENSWÜRDIGKEITEN	**St. Moritz:** SegantiniMuseum **Malojapasshöhe:** Atelier Segantini, Turm Belvédère und Gletschermühlen **Bondo:** Abstecher nach Soglio, dem »Aussichtsbalkon in die Bergwelt des Bergell« **Chiavenna:** Altstadt, Stadttor Sta. Maria, Paradisopark und Parco Marmitte dei Gigante **vor Thusis:** Via-Mala-Schlucht **Julierpass:** Römersäulen
SERVICESTELLEN	Chur: Honda, Yamaha, BMW, Kawasaki, Suzuki; Thusis: Honda; Samedan: Honda, Suzuki; Lenz: Suzuki; Bonaduz: BMW
ÜBERNACHTUNG	Hotel Waldhaus, Via Dimley 6, CH-7500 St. Moritz, Tel. 00 41/81/8 33 76 76
KARTE	Generalkarte 1:200000, Schweiz, Blatt 3.

Spezialtipp: Hinunter in die Via-Mala-Schlucht!

An Bekanntheit steht die Via-Mala-Schlucht im Hinterrheingebiet – auch »Der böse Weg« genannt – dem Matterhorn kaum nach, allerdings ist sie viel einfacher und gefahrloser zu begehen. Ungefähr fünf Kilometer südlich von Thusis nimmt sie bei einem Parkplatz an der alten Kantonstraße ihren Ausgang. Am Kiosk mit Souvenirs vorbei führt ein gebührenpflichtiger, gut gesicherter Steig, vorwiegend über Treppen, bis hinunter auf den Grund der Schlucht.

Klausenpass und St.-Gotthard-Pass

Im Lande Wilhelm Tells

Eine Fahrt über den Klausenpass und den St.-Gotthard-Pass ist mehr als nur die Durchquerung eines Teils der Schweiz in Nord-Süd-Richtung. Es ist mehr als die Verbindung von Fahrspaß und Landschaftsgenuss auf kurvigen Alpen-straßen in hochalpiner Umgebung. Es ist eine Reise mitten durch das Herzstück dieses Landes und mitten hinein in seine Geschichte, die sich dem interessierten Reisenden hier wie in keinem anderen Teil des Landes auftut.

In der Kantonhauptstadt Glarus, östlicher Aus-gangspunkt des Klausenpasses, ist hiervon freilich noch wenig zu verspüren. Wenig Altertümliches ist zu entdecken, nachdem die Altstadt seit ihrer Grün-dung nicht weniger als viermal niederbrannte, zu-letzt im Jahr 1861, und somit ein recht modernes Stadtbild erhielt. Umso mehr zu sehen und zu schauen gibt es dafür auf der Fahrt zum Klausen-pass. Auf breiter, gut ausgebauter Straße fahren wir ins Linthal ein. Schon bald scheinen die Bergriesen der Glarner Alpen den Weiterweg zu versperren. Wir folgen der Trasse, die in einer ersten Kehren-gruppe über die steilen Hänge der westlichen Talsei-te ausweicht.

Eines der schönsten Hochtäler der Schweiz

Beim Gasthof Bergli öffnet sich der Blick auf die Gletscher um Tödi und Bifertenstock im Süden, dann nimmt uns der wildromantische Urner Bo-den, eines der schönsten Hochtäler der Schweiz, auf. Wieder scheint am Talschluss eine Felswand den Weg zu versperren, aber auch hier gelingt es der Straße einen Ausweg über die westlichen Talhänge zu finden. Eine letzte Steilstufe durch einen wilden Felskessel, Chlus genannt, und wir stehen auf der nach dem hl. Nikolaus benannten Passhöhe.

Die Abfahrt über die nicht minder imposante Westrampe durch das Urner Schächental, führt uns dann mitten hinein in die Heimat Wilhelm Tells. Bürglen, schon recht weit unten am Talausgang gelegen, soll Heimat dieses Volkshelden gewesen sein. Unübersehbar erinnern hier ein Denkmal am Dorfplatz, die Tell-Kapelle aus dem Jahr 1582 an der Staldengasse und das Tell-Museum im Wattigwiler Turm mit vielen Urkunden, Bildern und Chroniken an diese legendäre Symbolgestalt der Schweizer Geschichte. Das bekannteste Denkmal steht allerdings noch weiter talauswärts, in Altdorf, an jener Stelle, wo Tell einst seinen berühmten Apfelschuss getan haben soll. Wohlgemerkt soll, denn wissenschaftlich bewiesen ist weder dieser Vorfall noch die tatsächliche Existenz eines Wilhelm Tell in dieser Form.

Die Gotthardroute entlang

Wie dem auch sei, wir verlassen »Tells eigenes Land«, wie die Gegend hier von den Einheimischen auch genannt wird und folgen der Gotthardroute, die in Richtung Süden das Tal der Reuss aufwärts zieht. Anfangs noch breit, verengt sich das Tal bei

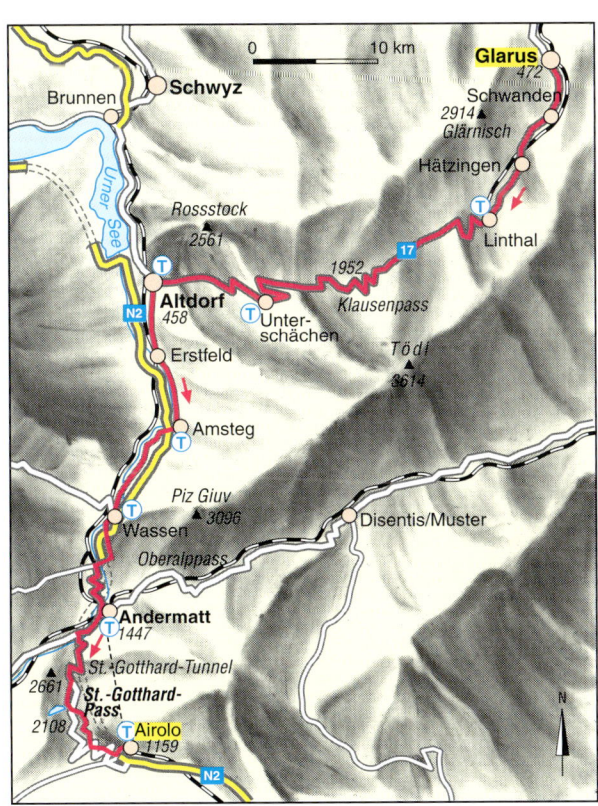

Nur noch als Touristenattraktion verkehrt diese Postkutsche auf der alten St.-Gotthard-Passstraße durch das Val Tremola, das »Tal des Zitterns«.

Amsteg merklich und bei Göschenen verschwindet die Autobahn im 16322 Meter langen St.-Gotthard-Tunnel. Wir bleiben selbstverständlich auf der alten Straße, die weiter bergan in den wildesten Teil der Auffahrtstrecke, die Schöllenenschlucht, führt.

Unüberwindliches Hindernis

Lange Zeit galten die abweisend glatten Granitwände der Schlucht als absolut unüberwindbares Hindernis. Erst zu Beginn des 13. Jahrhunderts gelang es, diese mittels Holzkonstruktionen, die mit Ketten an den Felswänden befestigt wurden, begehbar zu machen. »Stiebender Steg« wurden diese Passagen genannt, über die sich rasch ein reger Handelsverkehr bildete, war damit doch die kürzeste Verbindung von Norden nach Italien geschaffen. Zeit war damals offenbar ebenfalls bereits Geld und dieses wollten sich die damaligen Herrscher des Landes, die Habsburger, sichern, womit die reichsfreien Talschaften um den Kanton Schwyz nicht einverstanden waren. Auf ihrem Grund und Boden lag nämlich dieser Weg und so schlossen sie sich zu einem Bund zusammen, schüttelten das Joch der Habsburger ab und waren somit unmittelbar an der Entstehung der Schweizer Eidgenossenschaft beteiligt. Dies scheint geschichtlich verbürgt.

Ein besonders heikler Abschnitt der Schlucht sollte durch eine Brücke überwunden werden. Da dies

Linke Seite: Holpriges Kopfsteinpflaster begleitet uns den größten Teil des Weges auf der alten St.-Gotthard-Passstraße.

nicht gelang, bat man den Teufel um Hilfe und versprach ihm als Lohn die erste lebende Seele, die über diese Brücke ging. Nach der Fertigstellung schickten die schlauen Bürger eine Ziege über die Brücke. Der geprellte Teufel wollte daraufhin mit einem Felsblock sein Werk wieder zerstören, was der Sage nach von Gottvater selbst verhindert worden sein soll. Die alte Teufelsbrücke ist heute zerstört und durch eine neuere ersetzt, die aber bereits seit einiger Zeit nicht mehr in Gebrauch ist.

Durchs Urner Loch

Durch das »Urner Loch«, einen kurzen Felstunnel, verlassen wir das düstere Tal und fahren in die weite Hochebene von Andermatt ein. Bis zur Passhöhe bieten sich auf dieser Seite keine Schwierigkeiten und bald lassen wir unsere Maschine vor den alten Hospizgebäuden auskühlen. Motor und Bremsen werden auf der folgenden Abfahrt durch das Val Tremola, das »Tal des Zitterns«, hinunter nach Airolo besonders beansprucht. Windet sich die alte Trasse doch in 24 engen Haarnadelkehren über die steilen Hänge der Südseite bergab, wobei wegen des Kopfsteinpflasters und des Fehlens einer Randsicherung Fahrfehler tunlichst vermieden werden sollten. Freilich könnten wir auf der neuen, gut ausgebauten Schnellstraße die Landschaft besser betrachten, aber diesmal ziehen wir sportliches Fahren dem Landschaftsgenuss vor.

Auf der Ostseite des Klausenpasses zu Füßen des Claridenstockes.

82

STRECKENBESCHREIBUNG

STRECKENVERLAUF	Glarus – Klausenpass – Altdorf – Amsteg – Andermatt – St.-Gotthard-Pass – Airolo
GESAMTLÄNGE	127 km
AUSGANGSPUNKT	Glarus, 472 m
ENDPUNKT	Airolo, 1159 m
ANFAHRT ZUM AUSGANGSPUNKT	Autobahn Zürich A3, Ausfahrt Niederurnen – Glarus
STRASSENVERHÄLTNISSE	Bei der Auffahrt zum Klausenpass im unteren Teil zwei kopfsteingepflasterte Kehren sowie Engstellen durch Tunnels. Bei der Abfahrt vom St.-Gotthard-Pass nach Airolo sollte die alte Passstraße durchs Val Tremola mit ihren 24 engen, teilweise kopfsteingepflasterten Kehren bei Nässe und schlechten Witterungsverhältnissen auf jeden Fall gemieden und die neue, gut ausgebaute Umgehungsstraße benützt werden.
HÖCHSTE PUNKTE	Klausenpass, 1952 m, St.-Gotthard-Pass, 2108 m
PASSÖFFNUNGSZEITEN	Klausenpass, offen 15. Mai bis 31. Oktober;St.-Gotthard-Pass, offen 15. Mai bis 15. November
MAUTGEBÜHREN	Keine
SEHENSWÜRDIGKEITEN	**Bürglen:** Tell-Denkmal, Tell-Kapelle und Tell-Museum **Altdorf:** Tell-Denkmal, Tell-Spielhaus **Wassen:** Kirche St. Gallus **Göschenen:** Schöllenenschlucht, Teufelsbrücke mit Suworow-Denkmal beim Parkplatz Teufelsbrücke; »Urner Loch« (gilt als erster Felstunnel der Alpen aus dem Jahr 1707–08) **Andermatt:** Wallfahrtskirche Maria Hilf und Suworow-Haus **St.-Gotthard-Passhöhe:** Museum zur Passgeschichte in der »Alten Sus«
SERVICESTELLEN	Glarus: Honda, Suzuki; Ibach: BMW; Schattdorf: Kawasaki, Yamaha; Steinen: Kawasaki; Altdorf: Suzuki, Honda; Bellinzona: Honda, Yamaha; Giubiasco: Kawasaki
ÜBERNACHTUNG	Hotel Klausenpasshöhe, Balm-Klausenpass, CH-6465 Unterschächen, Tel. 00 41/41/8 79 11 64; Hotel Stern & Post, Gotthardstraße, CH-6474 Amsteg am Gotthard, Tel. 00 41/41/8 83 14 40; Hotel 3 Könige & Post, Gotthardstr. 69, CH-6490 Andermatt, Tel. 00 41/41/8 87 00 01; Albergo San Gottardo, San Gottardo Ospizio, CH-6780 Airolo, Tel. 00 41/91/8 69 12 35
KARTE	Generalkarte 1:200000, Schweiz, Blatt 3.

Spezialtipp: Auf den Spuren von Wilhelm Tell

Ganz im Zeichen Wilhelm Tells steht die Ortschaft Bürglen, die als Heimatort des Volkshelden gilt. Am Dorfplatz erinnert ein Denkmal aus dem 18. Jahrhundert an diese Sagengestalt. In der Staldengasse steht die Tell-Kirche aus dem Jahr 1582 mit einem sehenswerten Freskenzyklus zur Tell-Geschichte, und im Wattigwiller Turm mit dem Tell-Museum kann man sich anhand von Urkunden, Chroniken und Bildern über die Taten der Schweizer Symbolgestalt informieren.

20 Um den Vierwaldstätter See

Durch das Herz der Schweiz

Als Herz der Schweiz wird das Gebiet um den Vierwaldstätter See bezeichnet. Zum einen seiner Lage wegen, liegt es doch ziemlich genau in der Mitte des Alpenlandes, zum anderen aber auch seiner Geschichte wegen. Liegen hier rund um den vielarmigen See doch so viele Städte und Orte, die sich rühmen können mehr als andere zur Entstehung der Eidgenossenschaft beigetragen zu haben. Somit ist diese Motorradtour auch eine Reise durch die Geschichte dieses Landes, zumindest im ersten Teil, während der fahrerische dann im zweiten Teil zu seinem Recht kommt, der hinein ins Gebirge über Sustenpass und Brünigpass führt.

Eine Fahrt mit dem Raddampfer auf dem Vierwaldstätter See sollte unbedingt eingeplant werden.

Schon das reizvolle, an der Westspitze des Sees gelegene Luzern wäre einen ganzen Besichtigungstag wert. Aber zumindest sollte man seine Maschine an den Parkplätzen am Bahnhof oder bei der Jesuitenkirche abstellen und über die Kapellbrücke ans gegenüberliegende Ufer spazieren. 200 Meter lang ist diese von einem stattlichen Wehrturm bewachte Holzbrücke aus dem 13. Jahrhundert und damit nicht nur eine der ältesten, sondern auch eine der schönsten Europas (nach dem Brand vor einigen

Jahren ist sie wieder im alten Stil aufgebaut worden). Im Dachstuhl zeigen dreieckige Bildtafeln die Geschichte von Luzern, darunter auch die Apfelschussszene aus der Tell-Sage, während die flussabwärts gelegene Spreuerbrücke einen Totentanzbilderzyklus aus dem 17. Jahrhundert zeigt.

Reihenweise Sehenswürdigkeiten

Am nördlichen Ufer geht es dann am Rathaus (1602–04) mit seiner Renaissancefassade vorbei über die Alpenstraße und den Löwengarten zur Denkmalstraße, wo die Sehenswürdigkeiten wie an einer Perlenschnur aufgereiht scheinen. Das Panorama etwa, ein realistisches Rundgemälde mit Szenen aus dem Deutsch-Französischen Krieg von 1870–71, oder der monumentale Löwe von Luzern, der an die Toten der Schweizer Garde erinnert, die infolge der Erstürmung der Tuilerien während der Französischen Revolution umkamen. Der Gletschergarten, das Rothenburgerhaus, ältestes Holzhaus der Schweiz, und die Hofkirche St. Leonhard wären noch zu nennen, bevor es zurück zur Maschine geht.

Aber wir verlassen den Ort nicht, ohne uns bei der Touristinformation am Bahnhofsplatz die Bestätigung zu holen, dass Luzern als ältestes städtisches Mitglied des Eidgenössischen Bundes gilt und 1332, als es die habsburgische Herrschaft abschüttelte, wesentlich zur Gründung der Eidgenossenschaft beitrug. Nun aber hinaus aus der Stadt nach Küssnacht, wo wir den Weg entlang der nördlichen Uferstraße, unterhalb der Bergkette des Rigi, fortsetzen. Von Weggis führt eine Luftseilbahn dort hinauf, während Vitznau Gipfelstürmer mit einer Zahnradbahn auf diese Aussichtskanzel befördert. Wir aber haben es eilig und halten erst wieder in Brunnen, der Wiege der Schweiz.

Wir blicken von der Schiffsanlegestelle hinüber ans gegenüberliegende Ufer, wo zu Füßen des Seelisberges auf der Rütliwiese die Geburtsstätte der Schweiz liegen soll. Hier sollen im Jahr 1291 die Vertreter der Urkantone Schwyz, Unterwalden und Uri den so genannten Rütlischwur getan haben, mit dem sie sich gegen die Fremdherrschaft der Habsburger zusammengeschlossen hatten. Am östlichen Ufer des fjordartigen Sees, der hier Urner See heißt, erkennen

Die Kapellbrücke in Luzern aus dem 13. Jahrhundert ist eine der schönsten und ältesten Brücken Europas.

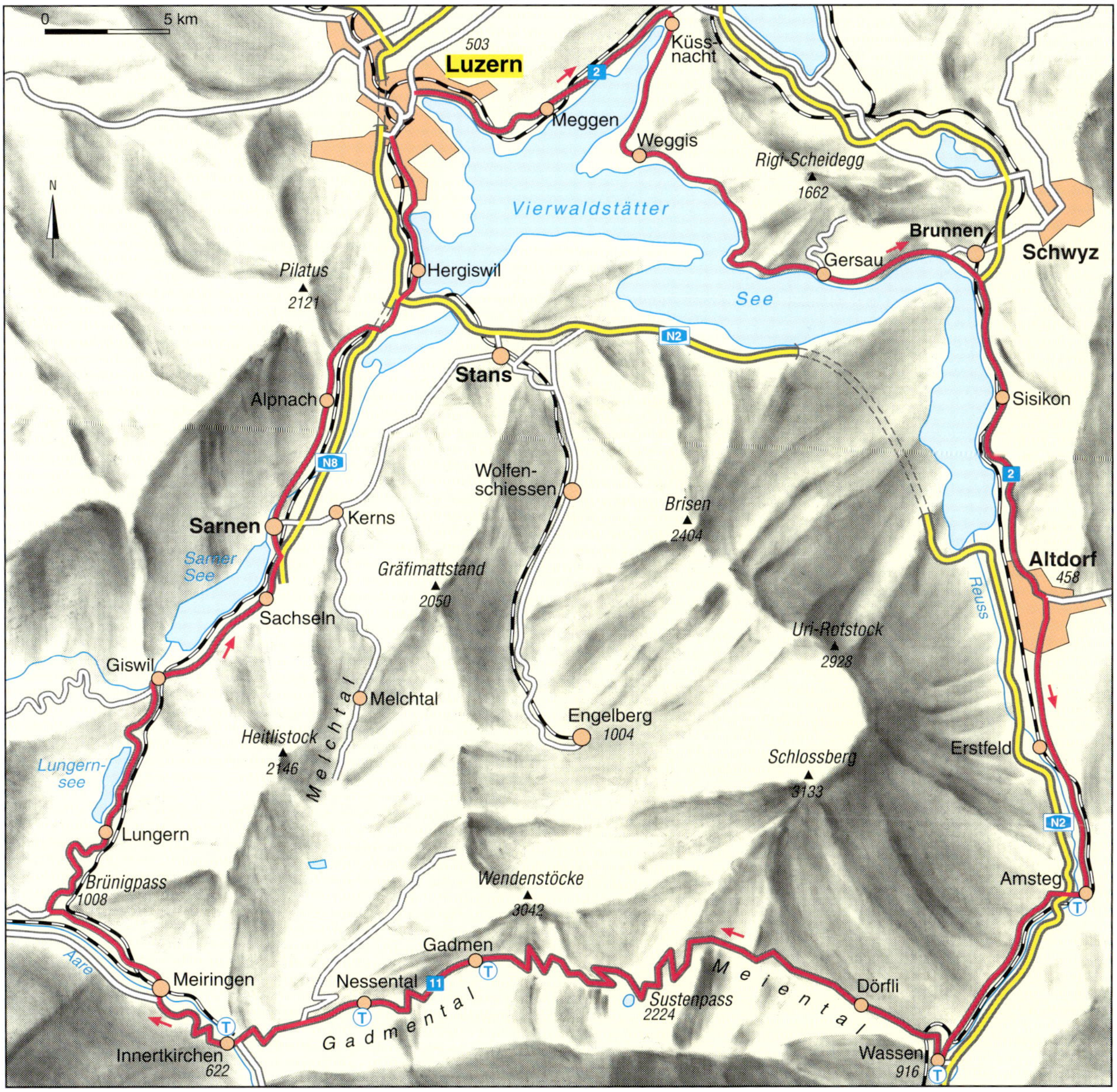

0   5 km

Luzern 503
Meggen
Weggis
Küssnacht
Vierwaldstätter
Rigi-Scheidegg
1662
Brunnen
Schwyz
Gersau
Pilatus
2121
Hergiswil
See
Alpnach
Stans
Sisikon
N2
Wolfen-
schiessen
Brisen
2404
Sarnen
Kerns
Gräfimattstand
2050
Uri-Rotstock
2928
Altdorf
458
Sarner
See
Sachseln
Heitlistock
2146
Melchtal
Engelberg
1004
Schlossberg
3133
Erstfeld
Giswil
Reuss
Melchtal
Lungern-
see
Lungern
Wendenstöcke
3042
Amsteg
Brünigpass
1008
Gadmen
Meiental
Dörfli
Aare
Meiringen
Nessental
Sustenpass
2224
Wassen
916
Innertkirchen
622
Gadmental

wir die Galerien der kühn angelegten Axenstraße, der wir nach Altdorf folgen. Aber vorher halten wir noch auf einem kleinen Parkplatz zwischen Sisikon und Flüelen, wo neben dem Restaurant Tellsplatte vor allem die kleine Tell-Kapelle von Interesse ist.

Tells Apfelschuss

Hier soll der wohl bekannteste Freiheitsheld der Schweiz, Wilhelm Tell, sich der Gewalt des Landvogts Gessler durch einen kühnen Sprung von dessen Schiff entzogen haben. Die Kapelle ist mit Malereien, die zu den Hauptwerken des Historismus zählen, ausgestattet, darunter die wohl berühmteste Szene, als Tell seinem Sohn den Apfel vom Kopf schoss. Stattgefunden haben soll diese Begebenheit im nahe gelegenen Altdorf, wo das bekannteste Denkmal für den Freiheitshelden auf dem Hauptplatz steht.

Wir folgen der Route zum St. Gotthard ins Tal der Reuss, das hinter Amsteg immer enger wird. Ab Wassen ist nur noch Fahren angesagt. Die Sustenpassstraße ins Aaretal bietet sich dazu geradezu an. Erst 1945 dem Verkehr übergeben, gilt sie als eine der modernsten Straßen des Alpenraums überhaupt, was sich durch ihre mäßige Steigung, die durchgehende Breite von sechs Metern, viele Parkplätze, aber auch recht wenige Kehren ausdrückt. Genauer haben wir sie in Tour 37 beschrieben, eben-

Zu Füßen des Rigi breitet sich Brunnen am Ufer des Vierwaldstätter Sees aus.

◀◀◀ STRECKENBESCHREIBUNG

STRECKENVERLAUF	Luzern – Küssnacht – Weggis – Gersau – Brunnen – Altdorf – Amsteg – Wassen – Sustenpass – Innertkirchen – Meiringen – Brünigpass – Sarnen – Luzern
GESAMTLÄNGE	187 km
AUSGANGS- UND ENDPUNKT	Luzern, 503 m
ANFAHRT ZUM AUSGANGSPUNKT	Autobahn Zürich – Luzern A14, Ausfahrt Luzern-Nord
STRASSENVERHÄLTNISSE	Gut ausgebaute Straßen
HÖCHSTER PUNKT	Sustenpass, 2224 m
PASSÖFFNUNGSZEITEN	Sustenpass, offen 15. Juni bis 15. Oktober
MAUTGEBÜHREN	Keine
SEHENSWÜRDIGKEITEN	**Luzern:** Kapellbrücke mit Wasserturm, Spreuerbrücke, Panorama (Rundgemälde), Gletschergarten
	vor Flüelen: Tell-Platte mit Tell-Kapelle
	Altdorf: Tell-Denkmal, Tell-Spielhaus
	Wassen: Kirche St. Gallus
	vor Meiringen: Aareschlucht
SERVICESTELLEN	Luzern: Yamaha; Küssnacht: Honda; Altdorf: Honda, Suzuki; Meiringen: Kawasaki, Suzuki
ÜBERNACHTUNG	Hotel Royal, Rigistr. 22, CH-6006 Luzern, Tel. 00 41/41/4 10 12 33; Hotel Alpina, Gersauerstr. 32, CH-6440 Brunnen, Tel. 00 41/41/8 20 18 13; Hotel-Restaurant Kaiserstuhl, CH-6078 Kaiserstuhl/Lungern, Tel. 00 41/41/6 78 11 89
KARTE	Generalkarte 1:200 000, Schweiz, Blatt 3 und 2.

so wie die Aareschlucht zwischen Innertkirchen und Meiringen, an der wir vorbei Richtung Brünig-pass fahren. Dort erwarten uns noch 20 Kilometer Kehren, unterbrochen von anregenden Benzinge-sprächen auf der Passhöhe, die ein beliebter Motor-radfahrertreffpunkt ist.

In Giswil, am Lungernsee, endet die Passroute, und vorbei am Sarner See liegt bald der Vierwaldstätter See vor uns. In Luzern beenden wir unsere Tour dann in einem Café am Ufer der Reuss. Während wir das vorbeipromenierende Publikum beobach-ten, überlegen wir uns, dass wir nicht nur den Kilo-meterstand unserer Maschine, sondern auch unsere Geschichtskenntnisse beträchtlich erweitert haben.

Spezialtipp: Mit dem Raddampfer auf dem Vierwaldstätter See

Planen Sie eine Fahrt mit dem Raddampfer auf dem Vierwaldstätter See von Brunnen hinüber nach Treib ein. Kurz vor der Anlegestelle wird der Schil-ler-Stein passiert, dessen Inschrift an den Dichter-fürsten erinnert, der die Taten Tells in seinen Ge-dichten verewigt hat.

Von Treib kann man beim Hotel Sonnenberg in einer leichten und kurzen Wanderung bis zur Rütliwiese hochspazieren, die nach dem so genann-ten Rütlischwur der Kantone Uri, Schwyz und Unterwalden im Jahr 1291 als Geburtsstätte der Schweiz gilt.

21 Zentralschweizer Pässefahrt

Furkapass, Grimselpass, Sustenpass, St.-Gotthard-Pass und Nufenenpass

Unübersehbar mehren sich die Anzeichen für das nahende Ende des Motorradsommers. Die Tage werden kürzer, die Abende kühler und das Saisonkennzeichen nähert sich seinem Ablaufdatum. Aber wir möchten die Saison nicht abschließen, ohne nochmals eine große Tour unternommen zu haben, von der wir im sich lang dahinziehenden Winter richtig zehren können. Nur nach Fahren steht uns der Sinn, einmal nicht nach Kultur und Sehenswürdigkeiten links und rechts der Straße zu schauen, sondern einfach unbelastet den Reiz des Motorradfahrens auszukosten. Aber Alpenpässe müssen es schon sein. So entscheiden wir uns noch für eine große Tour in der Zentralschweiz mit Pässen wie Furka, Grimsel, Susten, St. Gotthard und Nufenen, deren Erwähnung alleine schon jedes Motorradfahrerherz höher schlagen lässt.

Blick in die Karte und ein Anruf beim ADAC, ob die Alpenstraßen nicht vielleicht schon gesperrt sind. Unsere Sorge ist unbegründet, alle Straßen sind noch frei befahrbar, es kann also losgehen. Als Ausgangspunkt wählen wir Andermatt und als Anreise die schnellste Verbindung über den Bodensee, dann das Rheintal aufwärts und hinter Chur über den Oberalppass ins Urserental nach Andermatt. Die frühe Abfahrt hat sich gelohnt, es ist erst früher Nachmittag und somit noch Zeit für die Weiterfahrt. Aber wie sich entscheiden, in alle vier Himmelsrichtungen weisen hier die Straßen. Nach Norden und Süden zieht die Gotthardroute entweder zur Passhöhe hinauf oder talabwärts Richtung Sustenpass. Vor uns im Westen steigt die Trasse zum Furkapass, nur der Osten bietet keine Alternative, war dies doch unsere Anfahrtsstrecke.

Qual der der Pässewahl

Wir haben die Qual der Wahl und nach einem längeren Blick auf die Karte beschließen wir, folgende Route zu nehmen: Zuerst den St. Gotthard abwärts bis Wassen und von dort über den Sustenpass hinüber nach Innertkirchen ins Haslital. Dort den Grimselpass hoch nach Gletsch und über den Fur-

kapass zurück nach Andermatt. Damit aber nicht genug. Von hier soll es den St. Gotthard nunmehr aufwärts gehen, hinunter ins Tessin bis Airolo und über den Nufenenpass ins Rhônetal. Von dort gleich wieder hoch nach Gletsch und über den Furkapass wieder nach Andermatt. In Form einer Acht hätten wir dann alle Passstraßen bewältigt, den Furkapass dabei sogar zweimal.

Zum Sustenpass

Also den Blinker rechts gesetzt. Durch das »Urner Loch«, einen kurzen Felstunnel, folgen wir der gut ausgebauten Straße durch die abweisende Schöllenenschlucht nun hinter nach Wassen, dessen weithin sichtbarer Kirchturm die Abzweigung zum Sustenpass signalisiert. Eng drängt sich das Tal anfangs zusammen, wird aber bald weiter und führt in eine prächtige Hochgebirgsszenerie um das 3503 Meter hohe Sustenhorn. Die eigentliche Passhöhe durchfahren wir durch einen 325 Meter langen Scheiteltunnel, hinter dem sich die Hochgebirgsszenerie nochmals zu steigern versucht. Besonders

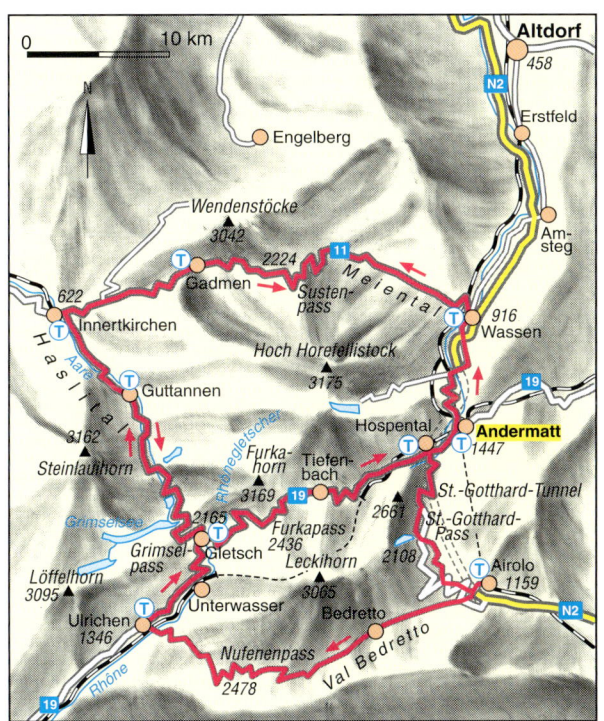

schön ist der Blick vom Hotel Steingletscher auf die Gletscher um das Gwächtenhorn. Durch die »Hölle« mit ihren tosenden Wasserfällen, das Bäregg und den Schletterschlagwald senkt sich die Trasse dann langsam hinunter nach Innertkirchen, den Endpunkt der Sustenstraße.

Nur zwischen Juli und Oktober ist der Nufenenpass, die höchste Innerschweizer Passstraße, befahrbar.

Granitwände, Gletscher, Stauseen

Nur ein kurzer Dreh am Gasgriff wäre es talauswärts zur Aareschlucht, eine der größten Natursehenswürdigkeiten des Berner Oberlandes, ein eiszeitliches Relikt, etwa eineinhalb Kilometer lang und bis zu 200 Meter tief, aber aus Zeitgründen entscheiden wir uns dagegen. Stattdessen fahren wir bergauf in eine Landschaft von fast nordischer Schönheit mit glatten Granitwänden, ausgedehnten Gletschern und fjordartigen Stauseen. Über sechs Kehren senkt sich die Südrampe dann hinunter nach Gletsch, wo wir im traditionsreichen Hotel Glacier du Rhône, das noch im Stil der »Belle Epoque« ausgestattet ist, eine nostalgische Nacht verbringen.

Gut ausgeruht gehen wir am nächsten Morgen den Furkapass an und staunen über die kühne Trassierung mit den vielen Kurven und 25 Haarnadelkehren. Vorbei am fast unmittelbar am Rhônegletscher gelegenen »Hotel Belvédère«, fordert der Parkplatz Schönblick, der schönste Aussichtspunkt am Furka-

*Linke Seite:
Auf der Nordseite des Sustenpasses, im Streckenabschnitt Himmelrank.*

pass, einen Halt. Über die wenig interessante Passhöhe geht es hinab nach Realp und hinauf zum St.-Gotthard-Pass. Dort wollten wir eigentlich über die alte Straße durch das Val Tremola mit ihren 24 Haarnadelkehren hinunter nach Airolo, aber sie ist bereits gesperrt. So bleibt uns nichts anderes übrig, als mit der neu gebauten Schnellstraße vorlieb zu nehmen.

Nufenen und Furka

In Airolo – das in seinem Baustil bereits das südliche Tessin erahnen lässt, im Wesentlichen aber noch dem so genannten Gotthardstil verpflichtet ist – dauert es etwas, bis wir die Abzweigung zum Nufenenpass finden, der erst 1969 fertig gestellten Verbindung vom Tessin ins Wallis. Landschaftlich kann er den bisherigen Pässen zwar nicht das Wasser reichen, aber mit 2478 Metern Höhe ist er der höchste Schweizer Pass. In Ulrichen werfen wir einen Blick auf die uralten dunklen Holzhäuser, wenig später sind wir wieder in Gletsch und bewältigen die Auffahrt zum Furkapass nunmehr zum zweiten Mal. Am frühen Nachmittag sind wir zurück in Andermatt und machen uns auf den Heimweg.

Spezialtipp: Keine Angst vor dem Eisbären!

Fünf Franken Eintritt sind eine lohnende Investition für den Eintritt in

Der hervorragende Ausbauzustand der Sustenpassstraße ist auf diesem Bild deutlich zu erkennen.

 **STRECKENBESCHREIBUNG**

STRECKENVERLAUF	Andermatt – Wassen – Sustenpass – Innertkirchen – Grimselpass – Gletsch – Furkapass – Hospental – St.-Gotthard-Pass – Airolo – Nufenenpass – Ulrichen – Gletsch – Furkapass – Andermatt
GESAMTLÄNGE	222 km
AUSGANGS- UND ENDPUNKT	Andermatt, 1447 m
ANFAHRT ZUM AUSGANGSPUNKT	St.-Gotthard-Autobahn A2, Ausfahrt Göschenen–Andermatt
STRASSENVERHÄLTNISSE	Bei der Auffahrt zum Furkapass Engstellen hinter Gletsch sowie einige enge Haarnadelkehren. Leichtere Belagschäden vor allem im Scheitelbereich. Vorsicht beim Überqueren der Bahngleise am Beginn der Auffahrt hinter Gletsch. Am Nufenenpass leichtere Belagschäden im Scheitelbereich.
HÖCHSTE PUNKTE	Sustenpass, 2224 m, Grimselpass, 2165 m, Furkapass, 2436 m, St.-Gotthard-Pass, 2108 m, Nufenenpass, 2478 m
PASSÖFFNUNGSZEITEN	Sustenpass, offen 15. Juni bis 15. Oktober; Grimselpass, offen 15. Juni bis 15. Oktober; Furkapass, offen 1. Juni bis 31. Oktober; St.-Gotthard-Pass, offen 15. Mai bis 15. November; Nufenenpass, offen 1. Juli bis 31. Oktober
MAUTGEBÜHREN	Keine
SEHENSWÜRDIGKEITEN	**Andermatt:** Wallfahrtskirche Maria Hilf und Suworow-Haus **Wassen:** Kirche St. Gallus **Innertkirchen:** Abstecher Richtung Meiringen zur Aareschlucht **Grimselpasshöhe:** Abstecher zum Oberaarsee (8 km, halbstündlich wechselnder Einbahnverkehr) **Gletsch:** Hotel Glacier du Rhône aus der »Belle Epoque«, Gletscherlehrpfad bei der Englischen Kapelle hinter dem Hotel **Furkapass:** Rhônegletscher mit Gletschergrotte gegenüber dem Hotel Bélvédère auf der Westseite **St.-Gotthard-Passhöhe:** Museum zur Passgeschichte in der »Alten Sus« **Airolo:** Festung (geführte Besichtigung) **Ulrichen:** Ortsbild mit alten Walliser Holzhäusern
SERVICESTELLEN	Altdorf: Honda, Suzuki; Meiringen: Kawasaki, Suzuki; Bellinzona: Honda, Yamaha; Giubiasco: BMW
ÜBERNACHTUNG	Hotel Bergidyll Garni, Gotthardstr. 39, CH-6490 Andermatt, Tel. 00 41/41/8 87 14 55; Hotel Gotthard, CH-6482 Gurtnellen, Tel. 041/8 85 11 10; Hotel Glacier du Rhône, CH-3999 Gletsch, Tel. 00 41/27/973 15 15
KARTE	Generalkarte 1:200000, Schweiz, Blatt 3.

die Eishöhle am Rhônegletscher, kurz unterhalb der Passhöhe auf der Westseite des Furkapasses. Wo sonst kann man gut 100 Meter tief in eine gespenstisch knackende und ächzende Welt aus Eis eintauchen, an deren Ende ein Eisbär auftaucht, der sich zum Glück für schreckhafte Motorradfahrer dann nur als verkleideter Fotograf entpuppt und hübsche Erinnerungsfotos schießt.

22 Vom Oberwallis zum Lago Maggiore

Über den Simplonpass und durch die Tessiner Berge

Ehrlich gesagt, das hätten wir nicht gedacht, dass die Fahrt über den Simplonpass durch die Tessiner Berge hinüber nach Locarno am Lago Maggiore so viel an wechselnden Landschaftsbildern, Fahrteindrücken und Sehenswürdigkeiten bietet und dass wir für die nur gut 110 Kilometer Fahrtstrecke fast einen ganzen Tag benötigen würden. Ist der Simplon doch eigentlich die kürzeste Verbindung zwischen dem Wallis und dem Tessin, weshalb wir ihn uns auch als Fahrtroute ausgesucht haben.

In Brig, dem Hauptort des Oberwallis, sind die drei zwiebelgekrönten Türme des eigenwillig anmutenden Stockalperschlosses nicht zu übersehen. Es erinnert an den großen Walliser Kaufmann Kaspar Jodok von Stockalper, der mit seiner schwungvollen Handelstätigkeit im 17. Jahrhundert mit Frankreich und Italien Aufschwung und Reichtum dieser Stadt begründete. Auch die Hinweisschilder »Simplon« sind nicht zu übersehen. Trotzdem haben wir fast eine ganze Stadtrundfahrt hinter uns, als wir endlich die Auffahrt über den Rieder Berg finden.

Technische Meisterleistung

Über eine weite Schleife zieht die Straße nach oben, bald liegen Brig und das Rhônetal unter uns und über zwei Kurven, einen unbeleuchteten und einen schwach beleuchteten 550 Meter langen Tunnel fahren wir durch die Saltinaschlucht ins Gantertal ein. Wir überqueren das Tal in gut 160 Metern Höhe auf der kühn gespannten, fast 700 Meter langen Europabrücke, wobei unsere Bewunderung über die technische Meisterleistung von den im Hintergrund aufragenden Gletscherbergen der Walliser Alpen ablenkt.

Das kühne Bauwerk wurde übrigens erst im Jahr 1980 in Betrieb genommen. Die bisher breit ausgebaute Straße wird etwas schmäler und hinter Rothwald fahren wir fast ausschließlich durch Lawinengalerien, die bis zum Hotel Bellevue, kurz vor der

Passhöhe, anhalten. Endlich aus dem Halbdunkel heraus müssen sich unsere Augen erst wieder an das Licht gewöhnen, bevor wir die schöne Aussicht über das Rhônetal hinweg zu den Berner Alpen mit dem Monte Leone und dem Fletschhorn richtig genießen können.

Einen etwas längeren Aufenthalt legen wir dann in Simplon ein, das etwas abseits der Hauptstraße liegt und uns mit seinen einheitlichen Steinhäusern anlockt. Die Brotzeit aus feinem Schweizer Alpkäse, Walliser Roggenbrot und luftgetrocknetem Rindfleisch lässt uns noch heute das Wasser im Munde zusammenlaufen. Die Ortschaft Gondo durchfahren wir dagegen schnell – galt der Ort unweit der italienischen Grenze doch noch bis in die siebziger Jahre als Schmugglernest – und halten erst fünf Tunnels, eine Tunnelgalerie und acht Lawinengalerien später in Domodossola wieder an.

Lebendiges Domodossola

Es ist Samstag, Markttag, und der Ort scheint mit Besuchern und Händlern aus allen Nähten zu platzen. Vorwiegend landwirtschaftliche Produkte, billige Textilien, Schuhe, aber auch jede Menge Krimskrams wechseln auf dem Marktplatz der unter Denkmalschutz stehenden Altstadt ihren Besitzer.

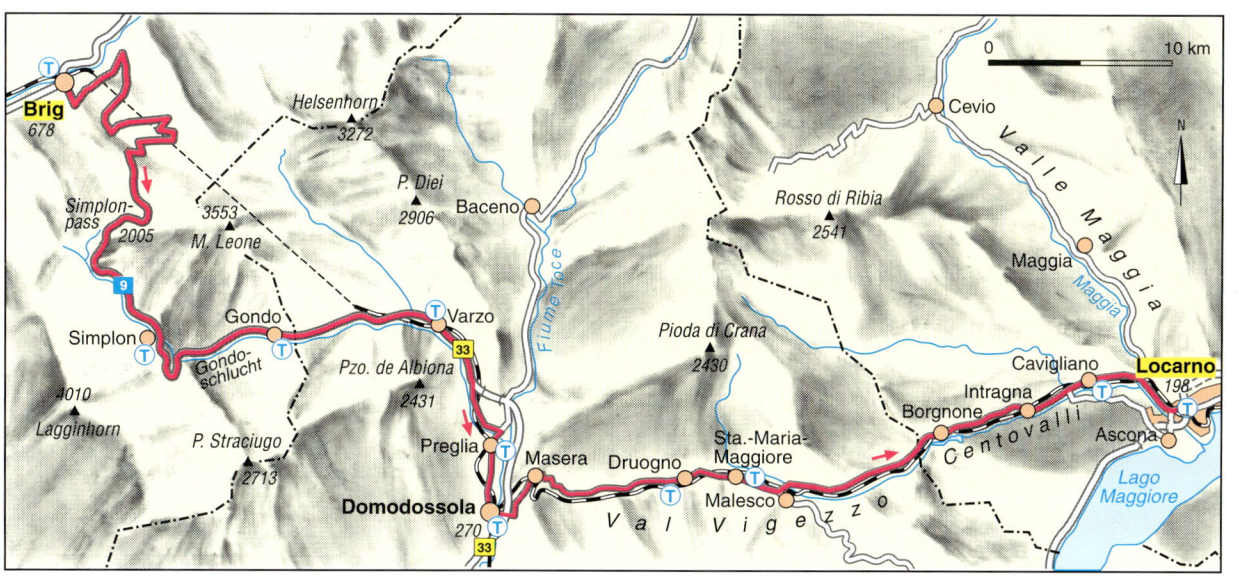

Die Talflanken des Wallis eignen sich, so wie hier oberhalb von Brig, hervorragend zu lohnenden Abstechern.

Bild Seite 92: Nur die schöne Seite zeigt uns dieses Bild von Locarno am Lago Maggiore. Die Hektik und der Verkehr einer Großstadt bleiben uns verborgen.

Auch wir erstehen ein hübsches T-Shirt, können aber, wohl wegen unserer fehlenden Italienischkenntnisse, nur wenige Lire Rabatt herausschlagen. Mittags wird es ruhiger, die Besucher verlassen die Stadt und die Händler bauen ihre Stände ab. Wir werfen noch einen kurzen Blick in die Pfarrkirche »Duomo d'Ossola«, die der Stadt ihren Namen gegeben hat, und fahren dann in östlicher Richtung durch das Val Vigezzo weiter.

Durchs Val Vigezzo

Es ist ein weites Hochtal, das von der sich hier noch zahm und ruhig gebärdenden Melezza durchflossen wird und dessen Ortschaften vorwiegend auf Fremdenverkehr eingerichtet sind. Santa Maria Maggiore ist uns hierbei noch in Erinnerung, zum einen wegen seiner schönen Lage am Fuß der Penninischen Alpen, zum anderen wegen des Denkmals für den »unbekannten Kaminkehrerjungen« am Hauptplatz, zum Gedenken an die Zeiten, als die jungen Männer der Umgebung sich ihr Einkommen als Kaminfeger in anderen Landesteilen sichern mussten.

Auch wir wechseln das Land, und zwar wieder hinüber in die Schweiz, wo wir bei Camedo die Grenze ohne jegliche Formalitäten passieren dürfen. Was sich vorher bereits angedeutet hat, verstärkt sich nunmehr. Das Tal wird enger und enger und

Rast im Schatten des Stockalperschlosses in Brig mit seinen eigenwillig geformten Zwiebeltürmen.

STRECKENBESCHREIBUNG

STRECKENVERLAUF	Brig – Simplonpass – Domodossola – Masera – Malesco – Borgnone – Cavigliano – Locarno
GESAMTLÄNGE	112 km
AUSGANGSPUNKT	Brig, 678 m
ENDPUNKT	Locarno, 198 m
ANFAHRT ZUM AUSGANGSPUNKT	St.-Gotthard-Autobahn A2, Ausfahrt Göschenen – Andermatt – Realp – Furkapass – Gletsch – Brig; oder Autobahn Bern A6, Innertkirchen – Grimselpass – Gletsch – Brig
STRASSENVERHÄLTNISSE	Gut ausgebaute Straßen
HÖCHSTER PUNKT	Simplonpass, 2005 m
PASSÖFFNUNGSZEITEN	Ganzjährig befahrbar
MAUTGEBÜHREN	Keine
SEHENSWÜRDIGKEITEN	**Brig:** Stockalperschloss, Altstadt mit Sebastianskapelle
	Domodossola: Historisches und volkskundliches Museum im Palazzo Silva
	Santa Maria Maggiore: Denkmal für den »unbekannten Kaminkehrerjungen«
	Intragna: Regionalmuseum des Centovalli
	Locarno: Strandpromenade, Piazza Grande, Schloss Civico
SERVICESTELLE	Brig: Yamaha, Suzuki; Locarno: Honda
ÜBERNACHTUNG	Hotel Alex, Furkastr. 88, CH-3904 Naters/Brig, Tel. 00 41/27/9 22 44 88; Albergo Pestalozzi, Via Cattori 4, CH-6601 Locarno 1, Tel. 00 41/91/7 59 95 05;
KARTE	Generalkarte 1:200000, Schweiz, Blatt 4.

Landschaft und Fahren rücken wieder in den Vordergrund. Wir sind im Centovalli, dem »Tal der hundert Täler«, angelangt, das wir aus unserer Sicht aber lieber in »Tal der hundert Kurven« umtaufen möchten, so windungsreich ist der Straßenverlauf. Es ist der letzte Abschnitt dieser Route und wir genießen die stille, ruhige Bergwelt hier oben. Denn in Locarno erwarten uns zwar südliches Flair und Palmen, aber leider auch wieder die Hektik und der Verkehr einer Großstadt.

Wir versuchen diesem zu entfliehen und nehmen die Seilbahn hinauf zur Wallfahrtskirche Madonna del Sasso, die hoch über dem See auf einem Felssporn gelegen ist. Wenn wir dort zwar auch nicht alleine sind, so entschädigt uns doch der herrliche Blick über den See.

Spezialtipp: Buon appetito!

Hungrig nach der langen Fahrt? Besuchen Sie in der Altstadt von Locarno eines der typischen Tessiner Lokale. Diese sind zwar meist einfach ausgestattet, dafür schmeckt der Brasato mit Polenta, ein landestypisch in Rotwein geschmorter Rinderbraten mit goldgelbem Maisbrei, umso besser. Und auch die Preise für diese vorzügliche Mahlzeit halten sich noch in erträglichen Grenzen.

Walliser Tälerfahrt

Erlebnistour im Rhônetal

Das Wallis war für uns bisher nur eine Schnellstraße im Rhônetal, die es auf dem Weg durch die Schweiz nach Frankreich so schnell wie möglich zu überwinden galt. Dabei haben wir einiges versäumt, denn das Wallis, also die Talfurche, die sich vom Furkapass im Osten bis Martigny am markanten Rhôneknie im Westen entlangzieht und dem ganzen Kanton seinen Namen gegeben hat, ist eine unglaublich interessante, vielfältige und geschichtsträchtige Landschaft. Mit ihren zahlreichen Seitentälern, die sich nach Norden in die Berner Alpen und nach Süden in die Hochgebirgswelt der Walliser Alpen hineinziehen, ist sie fast eine Welt für sich, die es hier zu entdecken gilt.

Wir starten zu unserer Entdeckungsreise in Gletsch, noch hoch oben in den Bergen, am Fuß der Passstraßen über den Furka und den Grimsel. Aber schon nach einer kurzen Abfahrt über eine Steilstufe weitet sich das Tal und wir sind im Goms, dem obersten Teil des von der Rhône durchflossenen Tals, die hier noch Rotten genannt wird. Ulrichen mit seinen schönen alten Holzhäusern kennen wir bereits von einer früheren Fahrt über den Nufenenpass. So halten wir erst in Ernen, das als schönstes und besterhaltenes Dorf des Wallis, wenn nicht gar der ganzen Schweiz gilt.

Schönstes Bergdorf im Wallis

Inmitten der alten Bürgerhäuser aus dem 16. und 18. Jahrhundert fühlen wir uns wirklich um Jahrhunderte zurückversetzt, aber am meisten imponieren uns die Fresken aus der Tell-Sage im alten Tell-Haus, dem heutigen Gemeindehaus. An Mörel, etwas weiter talabwärts gelegen, fahren wir achtlos vorbei und erfahren erst später, dass hier die Seilbahn zur Riederalp ihren Ausgang nimmt. Von dort führt eine kurze Wanderung durch Arven- und Lärchenwald hinüber zum Großen Aletschgletscher, dem größten und längsten Eisstrom der Alpen. Über 24 Kilometer Länge, zwei Kilometer Breite und eine Fläche von 87 Quadratkilometern sind schon imponierende Ausmaße.

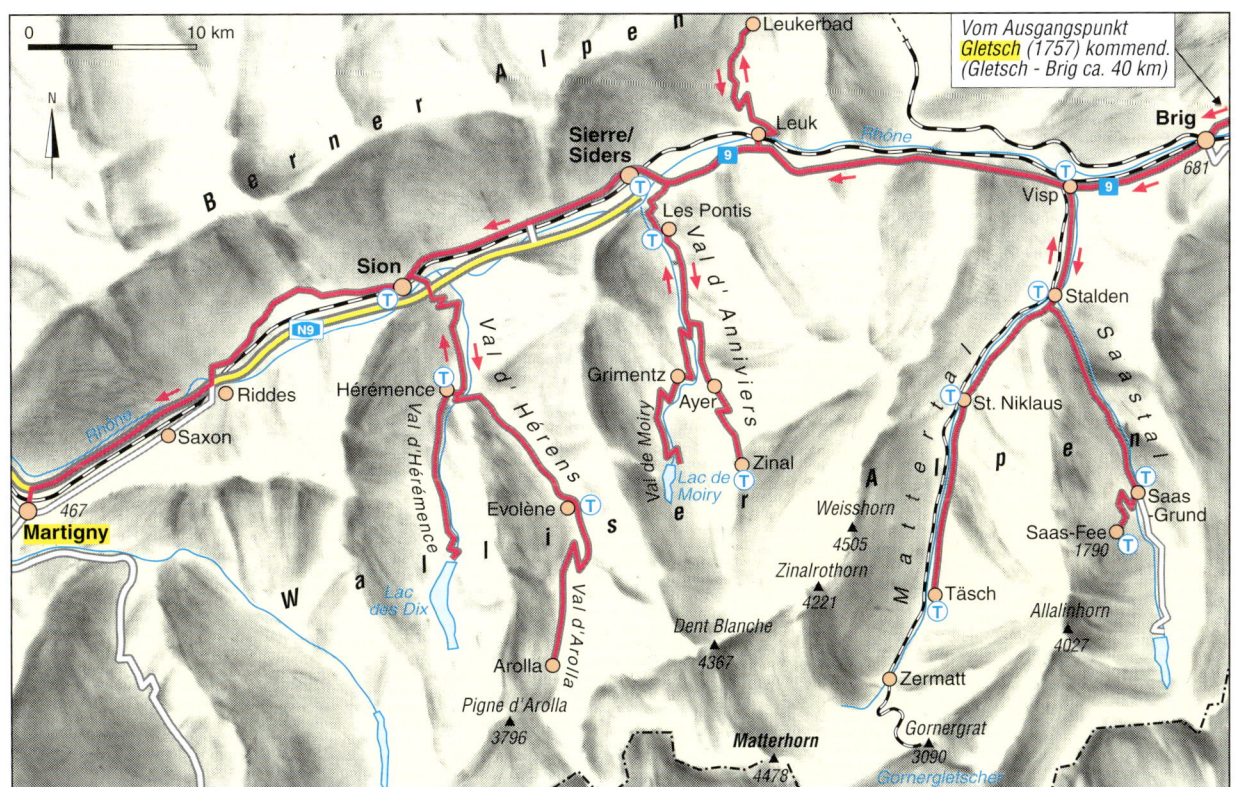

Unser erster Abstecher in die Bergwelt folgt dafür etwas später, nachdem wir das obere Wallis bei Brig verlassen haben und bei Visp ins Vispertal abbiegen. Bei Stalden gabelt sich das Tal und wir wählen zuerst die Auffahrt über das Saaser Tal nach Saas-Fee. So eindrucksvoll sich die vergletscherten Viertausender der Mischabel- und Allalingruppe auch über dem Talschluss präsentieren, halten wir hier nur kurz, denn wir möchten gleich weiter hinüber ins benachbarte Mattertal. Dort aber gibt es erst einmal eine kleine Enttäuschung. Bei Täsch endet die öffentliche Straße und wir müssen den Zug hinauf nach Zermatt nehmen. Dort oben gibt es dann aber keine Enttäuschung, das Matterhorn erhebt sich wirklich so eindrucksvoll, wie wir es von den zahlreichen Abbildungen her erwartet haben.

Außer dem Matterhorn gibt es in Zermatt noch zwei Friedhöfe zu sehen, die ebenfalls eng mit dem Berg verbunden sind. Befinden sich hier doch eine ganze Reihe Gräber von Bergsteigern und Berg-

führern, die ihre Leidenschaft für diesen Berg mit dem Leben bezahlen mussten. Die tragische Geschichte der Erstbesteigung, die diesen Berg so berühmt wie keinen zweiten machte, ist dagegen im Alpinen Museum im Dorfzentrum dokumentiert. Ein Raum ist dem 14. Juli 1865 gewidmet, als beim Abstieg drei der Erstbegeher in den Tod stürzten.

Ins Leukertal

Zurück im Tal suchen wir diesmal die Berge der nördlichen Talseite auf. Zuerst fahren wir durch das Lötschental hinauf nach Falleralp, das zwar wenig an Sehenswürdigkeiten aufweisen kann, dafür aber in seiner Ursprünglichkeit landschaftlich gesehen als eines der schönsten Walliser Seitentäler gilt. Im

Im Saastal ist Rasten fast noch schöner als Fahren.

Linke Seite: Die Gemmiwände bilden den Talschluss von Leukerbad, einem der bekanntesten Thermalbäder im Wallis.

benachbarten Leukertal dagegen kommt der kultur-historisch Interessierte eher auf seine Kosten. Leuk besitzt eine Reihe von gut erhaltenen mittelalter-lichen Bauten etwa, das bischöfliche Schloss aus dem 13. Jahrhundert, die spätgotische Pfarrkirche St. Stephan (15./16. Jahrhundert) oder die etwas außerhalb gelegene Ringacker-Kapelle, vielleicht der schönste Barockbau der Schweiz. Oben in Leukerbad sind wir dann umgeben von riesigen Fels-wänden, unter denen Thermalwasser hervorspru-delt, mit dem nicht nur die Badeanlagen betrieben werden, sondern über eine speziell verlegte Rohr-leitung auch der Platz vor der Kirche im Winter schneefrei gehalten wird.

Im Bikerstress

Langsam kommen wir in Stress, es geht wieder hin-unter und auf der gegenüberliegenden Talseite hin-ein ins Val d'Anniviers, französisch geschrieben deshalb, da ab Sierre/Siders der französischspra-chige Teil des Wallis beginnt. Nach 25 kurvenreichen Kilometern endet die Straße in 1700 Metern Höhe in einem kleinen Talschluss inmitten einer ein-drucksvollen Hochgebirgslandschaft zu Füßen des Zinalrothorns. Bei Sion/Sitten wartet dann mit dem Val d'Hérens und seinem westlichen Arm, dem Val d'Hérémence, im obersten Teil Val des Dix genannt, der letzte Abstecher in die Berge. Schöner und ur-sprünglicher geblieben ist wohl das Val d'Hérens, kurvenreicher dafür die Auffahrt durch das Val d'Hérémence zur Grande-Dixence-Staumauer, mit 285 Metern Höhe eine der höchsten der Welt. Zu-dem kann es mit einer landschaftlichen Besonder-heit aufwarten: die Erdpyramiden bei Hérémence. Zurück im Tal, bis zu dessen Ende in Martigny es nicht mehr weit ist, erholen wir uns bei einer ande-ren Besonderheit des Wallis, einem Gläschen Rot-wein. Nicht zu Unrecht gilt das Wallis als eines der besten Weinanbaugebiete der Schweiz.

Solche Erdpyramiden wie hier im Val d'Hérens bei der Auffahrt nach Arolla sind im Alpenraum nur noch sehr selten anzutreffen.

 **STRECKENBESCHREIBUNG**

STRECKENVERLAUF	Gletsch – Ulrichen – Brig – Visp – Abstecher: Saastal und Mattertal – Leuk – Abstecher: Leukerbad – Sierre/Siders – und Lac de Dix – Abstecher: Annivierstal – Sion – Abstecher: Hérenstal und Hérémencetal – Martigny
GESAMTLÄNGE	465 km
ABSTECHER	Visp – Saastal und Mattertal, hin und zurück 107 km; Leuk – Leukerbad, hin und zurück 35 km; Sierre/Siders – Annivierstal und Lac de Dix, hin und zurück 83 km; Sion – Hérenstal und Hérémencetal, hin und zurück 82 km
AUSGANGSPUNKT	Gletsch, 1757 m
ENDPUNKT	Martigny, 467 m
ANFAHRT ZUM AUSGANGSPUNKT	St.-Gotthard-Autobahn A2, Ausfahrt Göschenen – Andermatt – Realp – Furkapass – Gletsch; oder Autobahn Bern A 6, Innertkirchen – Grimselpass – Gletsch
STRASSENVERHÄLTNISSE	Im Annivierstal einige Engstellen mit Ausweichen. Im unteren Teil der Auffahrt durch das Hérenstal unübersichtlicher Straßenverlauf mit vielen Kurven. Auf der Hérémencetalstraße teilweise Engstellen mit Verkehrsspiegel.
HÖCHSTE PUNKTE	Saastal, 2197 m, Mattertal, 1449 m, Leukerbad,1401 m, Annivierstal, 1700 m, Hérenstal, 2100 m, Hérémencetal, 2300 m
PASSÖFFNUNGSZEITEN	Saastal, offen 1. Juni bis 31. Oktober; Hérémencetal, offen 1. April bis 30. September
MAUTGEBÜHREN	Keine
SEHENSWÜRDIGKEITEN	**Gletsch:** Hotel Glacier du Rhône aus der »Belle Epoque«; Gletscherlehrpfad bei der Englischen Kapelle **Ulrichen:** Ortsbild mit alten Walliser Holzhäusern **Mörel:** Seilbahn zur Riederalp mit Aussicht auf den Großen Aletschgletscher **Mattertal:** Von Zermatt Ausblick auf das Matterhorn
SERVICESTELLEN	Brig: Yamaha, Suzuki; Naters: Honda; Sierre/Siders: Suzuki, Honda, BMW; Sion: BMW, Kawasaki, Suzuki; Martigny: Yamaha, BMW, Honda
ÜBERNACHTUNG	Hotel Alex, Furkastr. 88, CH-3904 Naters/Brig, Tel. 00 41/27/9 22 44 88; Hotel Atlas, Wustenmatten, CH-3910 Saas-Grund, Tel. 027/9 57 45 70; Hotel des Sports Pension, Rue du Forum 15, CH-1920 Martigny, Tel. 00 41/27/7 22 20 78;
KARTE	Generalkarte 1:200000, Schweiz, Blatt 4.

Spezialtipp: Matterhorn bewundern!

Um einen Blick auf das weltberühmte Matterhorn werfen zu können, müssen Sie die Maschine auf dem gebührenpflichtigen Parkplatz in Täsch abstellen und mit der Bahn nach Zermatt hoch fahren. Im Alpinen Museum im Dorfzentrum kann man sich dann über die Eroberungsgeschichte des Berges informieren lassen, die in dem tragischen Unfall des Engländers Edward Whymper und seiner Gefährten am 14. Juli 1865 einen traurigen Höhepunkt fand.

24 In der Französischen Schweiz

Vom Genfer See in die Waadtländer Alpen

»Bonjour, Monsieur, savez Vous peut-être comment on va ici au Col du Pillon? Naturellement, tu vas maintenant vers l'Aigle et la gauche, direction Les Diablerets. Merci beaucoup. S'il vous plait, pas de problème.« Dieser Dialog, den wir mit einem freundlichen Verkehrspolizisten hatten, bei dem wir uns nach dem Weg zum Pillonpass erkundigten, spielte sich nicht etwa in Frankreich ab, sondern in der französischen Schweiz in Montreux am Genfer See, dessen bergiges Hinterland wir erkunden wollten. Mit Pässen wie Col du Pillon, Saanenmöser Sattel, Jaunpass und Col des Mosses, alle so um die 1500 Meter hoch, versprach es ein abwechslungsreicher Nachmittagsausflug zu werden.

Den Vormittag hatten wir mit der Besichtigung von Montreux verbracht. Dabei hatte es uns besonders der Blick von der Uferpromenade über das Schloss Chillon auf die schneebedeckten Savoyer Alpen mit den markanten Dents di Midi angetan. Weniger angetan von diesem Blick mögen einige einstige Bewohner dieses Schlosses gewesen sein, war es früher doch ein Gefängnis. Da ist uns das Schloss von Aigle, das wir nach kurzer Fahrt durch das weite Rhônetal erreichen, doch lieber. Es zeigt mit einem Wein- und Salzmuseum wesentlich angenehmere Dinge. Wir folgen der zum Col du Pillon in die Waadtländer Alpen hochfüh-renden Straße. Das Dia-bleretsmassiv im Süden zeigt uns seine kahlen Felswände, während sich der Ferienort Les Diablerets mit seiner Mischung aus alten Chalets und modernen Hotelbauten präsentiert. Mit der Passhöhe überfahren wir die Kantongrenze zwischen dem Wallis und Bern und auch die Sprachgrenze. Auch die Bauweise der Häuser ist hier anders, wie uns an der mit Malereien und Schnitzereien verzierten Front des Gasthofs Bären im Bauerndorf Gsteig auf-fällt, wo wir einen Imbiss nehmen. Das weiter tal-auswärts gelegene Gstaad, das »Dorf der Millio-näre«, ist uns für eine Rast zu teuer.

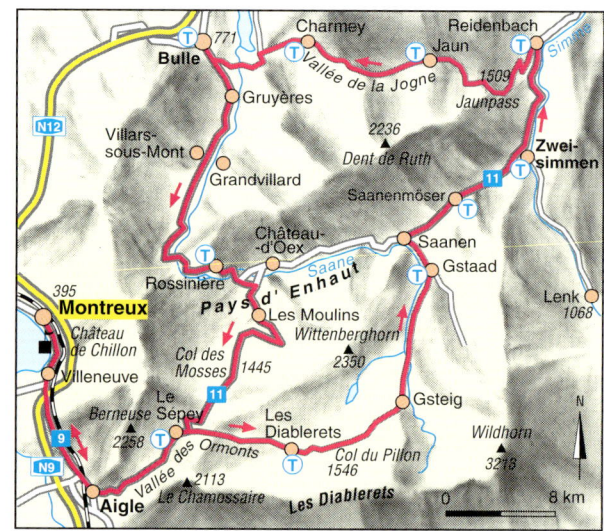

In Saanen wählen wir die Strecke mit der Auffahrt zum Saanenmöser Sattel mit der Rückfahrt über den Jaunpass und das Tal der Saire in der Haute Gruyère. In der folgenden Ortschaft Schönried, bei der Auffahrt zum Saanenmöser Sattel, liegt der weite Kessel mit Saanen bereits gut 200 Meter unter uns. Allenfalls voralpinen Charakter bietet der in einer weiten Wiesenhochfläche gelegene Saanenmöser Sattel, mit nicht einmal 1300 Metern Höhe der niedrigste Pass dieser Tour. Er ist auch die Wasserscheide zwischen den Flüssen Saane und Simme, in deren waldreiches Tal wir nun auf kurviger, aber nur mäßig geneigter Straße abfahren. Das schluchtartige Tal weitet sich erst bei Zweisimmen, wo sich die Kleine Simme, der wir bisher gefolgt sind, mit der Großen Simme aus dem Oberen Simmental vereinigt.

Bei der Auffahrt zum Jaunpass, die wir bei Reidenbach angehen, ist mit Steigungen bis 11% wieder Bergfahren angesagt. Auf der Abfahrt erreicht das Gefälle sogar 14%, dennoch vermittelt auch der Bergzug der Gastlosen im Westen und die sich in unmittelbarer Nähe erhebenden Kalkfelsen nicht mehr als voralpinen Charakter. Die Ortsnamen haben nun wieder französischen Einschlag. Über eine weit gespannte Brücke überwinden wir das Tal der Javro, die tief unter uns in den Stausee von Montsalvens einfließt. Bald verlassen wir den Vorort La Tour-de-Trême und folgen der Route Gruyères im breiten Talboden nach Château-d'Oex. Nun liegt nur noch der 1445 Meter hohe Übergang über den Col des Mosses nach Le Sépey vor uns, bevor wir wieder durchs Rhônetal nach Montreux fahren.

Linke Seite: Im Dunst der Mittagssonne ist der Bergzug der Gastlosen bei der Auffahrt zum Jaunpass nur undeutlich auszumachen.

STRECKENBESCHREIBUNG

STRECKENVERLAUF	Montreux – Aigle – Le Sépey – Pillonpass – Gsteig – Gstaad – Saanen – Zweisimmen – Reidenbach – Jaunpass – Bulle – Gruyères – Les Moulins – Mossespass – Le Sépey – Aigle – Montreux
GESAMTLÄNGE	198 km
AUSGANGS- UND ENDPUNKT	Montreux, 395 m
ANFAHRT ZUM AUSGANGSPUNKT	Autobahn Bern – Lausanne A12 und A9, Ausfahrt Montreux
STRASSENVERHÄLTNISSE	Auf den Passstrecken viele unübersichtliche Kurven, teilweise mit Verkehrsspiegeln. Hier Vorsicht!
HÖCHSTE PUNKTE	Pillonpass, 1546 m, Jaunpass, 1509 m, Mossespass, 1445 m
PASSÖFFNUNGSZEITEN	Ganzjährig befahrbar
MAUTGEBÜHREN	Keine
SEHENSWÜRDIGKEITEN	**Montreux:** Uferpromenade, Schloss Chillon, Altstadt
	Aigle: Schloss mit Weinbau-, Wein- und Salzmuseum
	Gsteig: Fassade des Gasthofs Bären
	Gstaad: Haupt- und Einkaufsstraße, Palacehotel
	Saanen: Mauritiuskirche
SERVICESTELLEN	Lausanne: Honda, Yamaha, BMW, Kawasaki, Suzuki; Martigny: Yamaha, BMW, Honda
ÜBERNACHTUNG	Hotel Bahnhof, Bahnhofstr., CH-3777 Saanenmöser, Tel. 00 41/33/7 44 15 06
KARTE	Generalkarte 1:200000, Schweiz, Blatt 2.

Rund um den Mont Blanc

Am höchsten Berg Europas

Mit seiner Höhe von 4807 Metern ist der Mont Blanc nicht nur der höchste Berg der Alpen, sondern ganz Europas – ein vom Tal aus gesehen eher sanft geschwungenes, von ewigem Eis bedecktes Massiv, dem selbst die dunklen, glatten Felsnadeln wie die Aiguille du Midi, die Grandes Jorasses oder der Dru kein allzu bedrohliches Aussehen verleihen können. Für ambitionierte Bergsteiger ist eine Besteigung des Mont Blanc sicherlich ein Traumziel. Was den Bergsteigern recht ist, ist uns Motorradfahrern nur billig. Allerdings verzichten wir dabei auf die Besteigung und geben uns mit der Umrundung des Massivs zufrieden. Ein Unternehmen, das letztlich der Landschaft und des fahrerischen Anspruchs wegen auch das Prädikat »traumhaft« verdient.

Das Bergmassiv des Mont Blanc. Mit 4807 Metern ist er nicht nur der höchste Berg der Alpen, sondern ganz Europas.

und auch nur auf die Aiguille du Midi, auf deren Spitze diese in 3800 Meter Höhe hinaufführt. Den saftigen Preis und die lange Wartezeit, die wir vorwiegend in Gesellschaft ewig lächelnder und ewig knipsender Japaner verbringen, nehmen wir in Kauf. Endlich geht es dann in Schwindel erregender Auffahrt, teilweise 500 Meter über dem Boden, nach oben. Wir wagen es kaum, nach unten auf das berühmte Vallée Blanche und den Géantgletscher zu sehen, und sind froh, als wir oben auf der Aussichtsplattform wieder festen Boden unter den Füßen haben. Belohnt werden wir dann mit einer unvergleichlichen Aussicht über die Spitzen des Mont-Blanc-Massivs hinweg bis zum Monte Rosa und dem Matterhorn im Schweizer Wallis.

Eigentlich wollten wir in Chamonix nur tanken und dann gleich weiterfahren, aber als wir das gewaltige Bergmassiv vor uns sehen, überlegen wir es uns anders. Wir beschließen doch eine Besteigung des Mont Blanc, allerdings nur mit der Seilbahn

Die Abfahrt ist fast noch aufregender als die Auffahrt. Selten waren wir so froh, den schwankenden Boden der Gondel mit dem stabilen Sitz unserer Maschine vertauschen zu können. Von der Bergwelt geht es gleich darauf in die Unterwelt, nämlich durch den 11,6 Kilometer langen Mont-Blanc-Tunnel hinüber nach Italien. Zehn Minuten brauchen wir für die Tunnelstrecke und halten uns dabei genau an die Richtgeschwindigkeit von 70 km/h. Die folgende Abfahrt hinunter ins Aostatal geht wegen des Schwerlastverkehrs auch nicht schneller vonstatten. So sind wir froh, in Pré-St-Didier mit der Auffahrt zum Kleinen-St.-Bernhard-Pass diesen nicht sehr anspruchsvollen Abschnitt verlassen zu können.

Kurven ohne Ende

Was folgt, ist Fahrspaß pur über eine nicht enden wollende Kurven- und Kehrenstrecke. Landschaftlich bietet die Umgebung nicht allzu viel, mit der Durchfahrung eines kleinen Tunnels nach der ersten Kehrengruppe verschwindet auch der Ausblick auf die felsige Südseite des Mont-Blanc-Massivs, dafür gibt es wenig Verkehr, wenig Ortschaften und umso mehr kann man die wechselnden Schräglagen genießen.

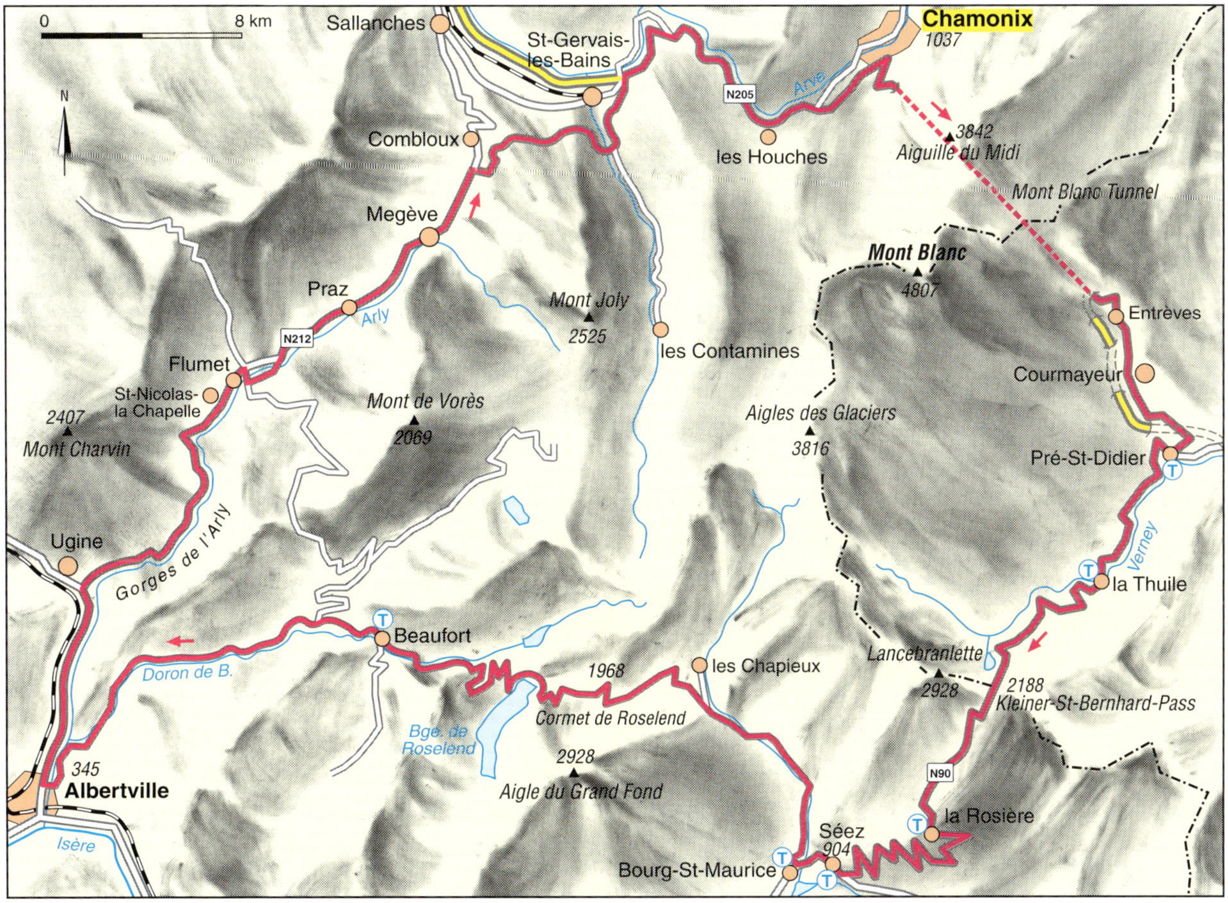

Zelten wie hier am Cormet du Roselend kann manchmal schöner sein als eine Übernachtung im Viersternehotel.

Die Passhöhe kennzeichnen das verfallene Hospiz und eine überlebensgroße Statue des hl. Bernhard von Aosta, des Namensgebers des Passes. Die Abfahrt, nunmehr auf französischem Boden, hinunter ins Tal der Isère, hier Tarentaise genannt, ist zwar merklich kürzer als die Auffahrt, aber nicht weniger kurvenreich. In Séez, im Talboden, angelangt, fahren wir gleich weiter talauswärts nach Bourg-St-Maurice.

Schmale Straßen

Statt nun auf der guten Schnellstraße im Talboden zu bleiben, wählen wir für unseren Weiterweg die Straße über den Cormet de Roselend. So schön die Fahrt über diesen knapp 2000 Meter hohen alpinen Übergang auch ist, langsam fordert die ständige Konzentration auf den teils schmalen, kurvigen und unübersichtlichen Sträßchen ihren Tribut an unsere Kondition. Deshalb verzichten wir darauf, das Geschlängel auf den Col des Saisies hinüber ins Tal der Arly zu verlängern, und wählen die Strecke über Albertville.

Aber nicht der Olympiaort interessiert uns – es steht ohnehin nur noch die Eishalle – sondern die angeschlossene Siedlung Conflans. Dort glauben wir uns ins Mittelalter zurückversetzt, als wir durch die Porte de Savoie die verkehrsfreie Altstadt mit ihren historischen Gebäu-

Die Mont-Blanc-Gruppe mit der Aiguille Verte und der Dru. Im Tal breitet sich Chamonix aus.

104

STRECKENBESCHREIBUNG

STRECKENVERLAUF	Chamonix – Courmayeur – Pré-St-Didier – Kleiner-St.-Bernhard-Pass – Séez – Bourg-St-Maurice – Roselendpass – bei La Pierre – Albertville – Ugine – Flumet – Megève – St. Gervais – Chamonix
GESAMTLÄNGE	199 km
AUSGANGS- UND ENDPUNKT	Chamonix, 1037 m
ANFAHRT ZUM AUSGANGSPUNKT	Autobahn Genf – Mont-Blanc-Tunnel A40, Chamonix, oder Rhônetal-Autobahn A9, Ausfahrt Martigny – Forclazpass – Montetspass – Chamonix
STRASSENVERHÄLTNISSE	Am Kleinen-St.-Bernhard-Pass leichte Belagschäden.
HÖCHSTE PUNKTE	Kleiner-St.-Bernhard-Pass, 2188 m, Roselendpass, 1968 m
PASSÖFFNUNGSZEITEN	Kleiner-St.-Bernhard-Pass, offen 15. Juni bis 31. Oktober; Roselendpass, offen 15. Juni bis 31. Oktober
MAUTGEBÜHREN	Der Mont-Blanc-Tunnel von Chamonix nach Courmayeur ist mautpflichtig; die Mautgebühr für die einfache Fahrt beträgt Euro 16,90; für die Hin- und Rückfahrt Euro 21,20.
SEHENSWÜRDIGKEITEN	**Chamonix:** Musée Alpine, Saussure-Denkmal, Seilbahnfahrt auf die Aiguille du Midi
	Kleiner-St.-Bernhard-Pass: Botanischer Garten beim verfallenen Hospiz und Denkmal des hl. Bernhard
	Albertville: Porte de Savoie in Conflans, Ramus-Turm, Grand Place, Museum im Maison Rouge
	Le Fayet: Zahnradbahn zum Nid d'Aigle (Adlerhorst), 2386 m
SERVICESTELLEN	Martigny: Yamaha, BMW, Suzuki; Grenoble: BMW; Gap: Yamaha, Kawasaki, Suzuki
ÜBERNACHTUNG	Hotel l'Autantic, Route d'Hauteville, F-73700 Bourg-St-Maurice, Tel.0033/ 479 07 01 70
KARTE	Michelin 1:200 000, Rhône-Alpes, Blatt 244.

den betreten. Reges Treiben herrscht in den schmalen Gassen und vor allem an der Grande Place, wo wir auch das Maison Rouge, ein Backsteingebäude aus dem 14. Jahrhundert, in dem nun ein Museum untergebracht ist, finden. Von der Aussichtsterrasse La Grande Roche hinter dem Haus werfen wir noch einen schönen Blick auf das Tal der Isère, bevor wir an der Arly entlang die Weiterfahrt antreten.

In St-Gervais-les-Bains halten wir nochmals an, und wenn wir nicht bereits mit der Seilbahn auf der Aiguille du Midi gewesen wären, würden wir mit der »Tramway du Mont Blanc«, einer Zahnradbahn zum Nid d'Aigle, dem »Adlerhorst« in 2386 Metern Höhe hinauffahren. So aber ziehen wir weiter und sind bald darauf zurück in Chamonix.

Spezialtipp: Schweben Sie zur Aiguille du Midi!

Etwa Euro 35,– kostet die Fahrt von Chamonix mit der Seilbahn zur Aiguille du Midi in 3800 Metern Höhe. Auf fünf Kilometer Länge schwebt man dabei pfeilerlos – an manchen Stellen mehr als 500 Meter über dem Grund. Nicht ganz so spektakulär ist die Seilbahnfahrt von Chamonix auf den Brevent in 2525 Metern Höhe und die Fahrt mit der Zahnradbahn zum Aussichtspunkt Montenvers in 1913 Metern Höhe kann man auch nichtschwindelfreien Personen empfehlen.

Über Öffnungszeiten der Bahnen informiert das Office de Tourisme, F-74400 Chamonix, Tel. 0033/ 4 50 53 00 24, Fax 0033/4 50 53 58 90.

Um das Massiv der Vanoise

Über Iséranpass und Madeleinepass

26

Als wir am Morgen in Moûtiers, im Tal der Isère, gestartet sind, war die Welt noch in Ordnung. Wir wollten das Massiv der Vanoise umrunden und gegen Abend wieder zurück sein. Diese Bergwelt zwischen den oberen Talabschnitten der Isère, Tarentaise genannt, und der Arc, Maurienne genannt, wurde schon 1963 zum Parc National de la Vanoise ausgewiesen und gilt somit als Frankreichs erster Nationalpark. Der gut 330 Quadratkilometer große Park erreicht mit der 3855 Meter hohen Pointe de la Grande Casse seinen höchsten Punkt und ist bekannt für seine reiche Flora und Fauna. Den Alpensteinbock gibt es hier noch. Wer etwas Glück hat, kann sogar einen Steinadler sehen. Den Skifahrern müsste dieses Gebiet gut bekannt sein, befindet sich am westlichen Rand doch das Skigebiet der Trois Vallées mit ihren mehr als 500 Kilometern Skipisten und 200 Liften.

Im oberen Teil der Nordrampe des Iséranpasses, kurz hinter Val d'Isère, wird die Trasse deutlich schlechter.

Ehrlich gesagt gilt unser Hauptinteresse aber nicht dem Park und seiner Bergwelt, sondern den beiden Passstraßen, die eine Umrundung des Massivs ermöglichen: dem Col de l'Iséran im Osten und dem Col de la Madeleine im Westen. Besonders der Iséranpass hat es uns angetan, gilt er mit seiner Höhe von 2770 Metern als zweithöchster für den öffentlichen Verkehr befahrbarer Passübergang in den Alpen. Nur der noch etwas weiter südlich in den französischen Seealpen gelegene Restefond- und Bonettepass ist mit seinen 2802 Metern noch höher. Also verlassen wir Moûtiers auf der Nationalstraße 90 in nördlicher Richtung nach Bourg-St-Maurice und legen etwa auf halbem Weg einen kurzen Stopp in Aime ein. Die Kirche St-Martin ist ein frühromanisches Bauwerk, das auf den Fundamenten zweier früherer Bauten steht, von denen eines noch aus der Römerzeit stammt.

Wechselnde Landschaften

Hinter Bourg-St-Maurice wendet sich die noch breite, gut ausgebaute Straße in weitem Bogen südostwärts, dem Lauf der Isère folgend. Bei Séez mündet die vom Kleinen-St.-Bernhard-Pass herabziehende Straße ein und vor Ste-Foy-Tarentaise erreichen wir die erste Kehrengruppe. Jetzt ändert sich die Landschaft, das bisher breite Becken verengt sich zu einem engen, schluchtartigen Tal, über dem sich drohend die Hängegletscher des Mont Pourri erhe-

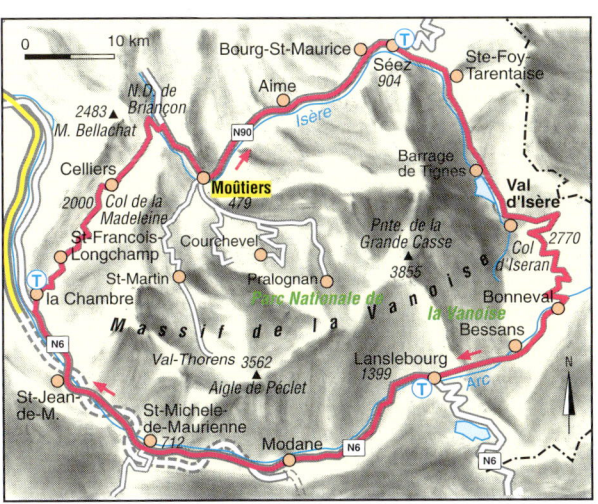

ben. Beim grün schimmernden Stausee von Chevril haben wir die Engstelle hinter uns und nur noch einige Tunnels und Galerien auf ebener Straße trennen uns von Val d'Isère. Und dieses Schlagloch, das

wir in dem unbeleuchteten Tunnel völlig übersehen haben und in welches wir nun ungebremst hineinfuhren. Der Schlag stauchte das Motorrad und uns so zusammen, dass wir schon das Schlimmste befürchteten. Aber eine Inspektion unserer Maschine ergab, dass sich »nur« die Felge im Vorderrad verbogen hatte. Immerhin soweit, dass die Bremsscheibe am Bremssattel streifte. Hilfe, die wir uns in Val d'Isère erhofft hatten, blieb aus, der Wintersportort glich jetzt im Frühsommer trotz der mehr als 23 000 Übernachtungsmöglichkeiten eher einer verlassenen Goldgräberstadt.

Langsam und vorsichtig fuhren wir weiter und bedauerten unser Missgeschick umso mehr, als die Trasse zwar deutlich schmäler wurde, sich aber so geschickt in die Landschaft einfügte, dass sie eine flüssige Fahrweise zugelassen hätte. Also trösteten wir uns mit einem längeren Halt beim Belvédère de

Das Val d'Isère ist vor allem als Skistation ein Begriff; die Seilbahnen dort reichen bis in Höhen von 3656 Metern.

la Tarentaise, einem Aussichtspunkt knapp unterhalb der Passhöhe mit einer Steintafel, auf dem die Berge der Umgebung in Form einer Windrose aufgezeigt sind. Die Passhöhe vermittelte uns deshalb außer der kleinen Kapelle nicht viel Neues und wir machten uns an die Abfahrt. Diese erscheint uns landschaftlich bei weitem schöner als die Auffahrt. Vor allem der Blick auf den Vallonetgletscher mit dem auffälligen Felskopf des Albaron, der sich nach einer kleinen Felsenge bei der Pont de la Neige auftut, zwingt uns zum Schauen und Fotografieren. Völlig unberührt ist die Südrampe, und erst mit Bonneval-sur-Arc am Passende taucht wieder eine Ortschaft auf. Wegen unserer langsamen Fahrweise ist es fast Abend geworden. Deshalb übernachten wir hier notgedrungen und müssen am nächsten Tag gestehen, dass wir noch selten eine solch ruhige Nacht in solch unberührt erscheinender Naturlandschaft verbracht haben.

Schwerlastverkehr

Das ändert sich am nächsten Morgen, je weiter wir talauswärts kommen. Der Mont-Cenis-Pass und der Fréjus-Tunnel schaufeln den Schwerlastverkehr richtiggehend aus Italien herüber und auch die Orte verwandeln sich in graue, reizlose Industriedörfer mit staubigen Häuserfassaden. Wenigstens aber kann man in

Der Mont Pourri erhebt sich über dem Stausee von Chevril auf der Nordseite der Iséranpassstraße.

STRECKENBESCHREIBUNG

STRECKENVERLAUF	Moûtiers – Bourg-St-Maurice – Séez – Iséranpass – Lanslebourg – Modane – La Chambre – Madeleinepass – N. D. de Briançon – Moûtiers
GESAMTLÄNGE	223 km
AUSGANGS- UND ENDPUNKT	Moûtiers, 479 m
ANFAHRT ZUM AUSGANGSPUNKT	Aostatal-Autobahn A5, Pré-St-Didier – Kl.-St.-Bernhard-Pass – Séez – Moûtiers; oder Rhônetal-Autobahn A9, Ausfahrt Martigny – Forclazpass – Montetspass – Chamonix – Le Fayet – Flumet – Ugine – Albertville – Moûtiers
STRASSENVERHÄLTNISSE	Zum Iséranpass vgl. Hinweise Tour 39. Am Madeleinepass bei der Abfahrt teilweise Engstellen mit Ausweichen sowie leichte Belagschäden.
HÖCHSTE PUNKTE	Iséranpass, 2770 m, Madeleinepass, 2000 m
PASSÖFFNUNGSZEITEN	Iséranpass, offen 1. Juli bis 30. September; Madeleinepass, offen 15. Juni bis 31. Oktober
MAUTGEBÜHREN	Keine
SEHENSWÜRDIGKEITEN	**Iséranpass:** Aussichtspunkt Belvédère de la Tarentaise bei der Auffahrt kurz unterhalb und Belvédère de la Maurienne bei der Abfahrt kurz nach der Passhöhe
	Bessans: Kapelle St. Antoine
	Lanslevillard: Kapelle St. Sébastien
SERVICESTELLEN	Turin: Honda, Suzuki, BMW, Kawasaki, Gap: Yamaha, Kawasaki, Suzuki; Grenoble: BMW
KARTE	Michelin 1:200 000, Rhône-Alpes, Blatt 244.

Modane meine Maschine wieder fachmännisch in Gang setzen. Der Schwerlastverkehr begleitet uns noch ein gutes Stück auf der N 6, bis wir diese bei Saint-Avre verlassen und in La Chambre die Rückfahrt über den Madeleinepass beginnen. 27 Kehren führen auf dieser Seite zur Passhöhe. Im oberen Teil nehmen die Aufschriften auf der Straße immer mehr zu, die zeigen, dass sich auch die Radprofis bei der Tour de France über diesen Übergang mühen. Am Pass blicken wir von der Chaîne de Belledonne über die Gletscher der Grande Rousses bis zum Massiv des Ecrins im Südosten, während im Nordosten sogar der Mont Blanc zu erkennen ist. 27 Kilometer Abfahrt mit vielen Kurven und 14 Kehren trennen uns dann vom Isèretal, das wir bei Briançon mit einem Tag Verspätung erreichen.Ein Katzensprung ist es dann nur noch nach Moûtiers, über das sich nicht allzu viel sagen lässt, außer dass es einst Hauptstadt der Tarentaise war. Lediglich die Gassen der Altstadt mögen noch etwas von dem Reiz dieser alten Zeiten erkennen lassen. Ansonsten ist das Städtchen eher Verkehrsknotenpunkt für die Besucher der nahe gelegenen Trois Vallées.

Tipp: Tunnel erfordern Aufmerksamkeit

Die Nordseite des Isèranpasses weist zwischen Séez und Val d'Isère zwei Tunnelgalerien, jeweils 150 und 220 Meter lang, drei Galerien zwischen 40 und 100 Metern Länge sowie acht Tunnels mit einer Länge von fünf bis 300 Metern auf. Alle Bauten sind unbeleuchtet und in teilweise schlechtem Straßenzustand. Angepasste Fahrweise ist hier Pflicht!

27 Die Route Napoléon – 1. Abschnitt

Von Genf nach Grenoble

Es gibt mehrere Möglichkeiten, von der Gegend um den Genfer See Richtung Süden zum Mittelmeer bei Nizza oder Cannes zu gelangen. Die beiden bekanntesten sind jedoch die Route des Grandes Alpes (siehe Touren 38, 39 und 40) und die Route Napoléon. Wer unberührte Landschaften, hohe Passstraßen und einsame Bergtäler vorzieht, wird zweifellos die Route des Grandes Alpes wählen. Wer aber größere Städte nicht scheut, gerne eine Rast zur Besichtigung von Sehenswürdigkeiten einlegt und trotzdem noch Naturschönheiten in Hülle und Fülle genießen will, der ist mit der Route Napoléon besser bedient.

Das Château la Batie liegt in der Nähe von Chambéry und kann leider nur von außen besichtigt werden.

Städte entlang dieser Route, die ihren Namen Napoléon I. verdankt, der nach seiner Flucht von der Insel Elba im März 1815 genau diesen Weg wählte, um nochmals alles zu versuchen, die Welt unter seine Herrschaft zu bringen. Während er dabei von Süden nach Norden vordrang, wählen wir die entgegengesetzte Richtung und legen mit Genf den Ausgangspunkt etwas außerhalb der Route fest.

Tourstart in Genf

In Genf, französisch Genève, erinnert dann auch noch nichts an den großen Korsen. Die Stadt am gleichnamigen See, im französischen allerdings Lac Léman genannt, ist eher mit Männern wie dem Reformator Calvin, dem Philosophen und Moralisten Jean-Jacques Rousseau, 1712 hier geboren, oder Henri Dunant, der 1864 hier das Rote Kreuz gründete, verbunden. Alle Sehenswürdigkeiten Genfs aufzuzählen würde den Rahmen dieser Beschreibung sprengen, deshalb seien das Monument National im Jardin Anglais, die Kathedrale St-Pierre, die Mur des Reformateurs im Parc des Bastions, der Place Neuve mit dem Konservatorium, das Grand-Théâtre, der Palais des Nations und der Jardin Botanique stellvertretend aufgezählt. Nicht versäumen sollte man jedoch, zum Seeufer hinunterzugehen und über die gewaltige 140 Meter hohe Wasser-

Als Route Napoléon bezeichnet man eigentlich die Strecke zwischen Aix-Les-Bains im Norden und Grasse oder Cannes im Süden, die im Wesentlichen einer ausgedehnten Talfurche folgt, die das Hochgebirgsmassiv im Osten von den voralpinen Kalkmassiven im Westen trennt. Chambéry, Grenoble, Gap, Sisteron und Digne sind die bekanntesten

fontäne des Jet d'eau über die Häuserfassaden zu blicken, wo an klaren Tagen im Südosten das Massiv des Mont Blanc zu erkennen ist.

In dieser Richtung verlassen wir auch die Stadt und suchen die Ausfahrt über die D 41, die entlang des

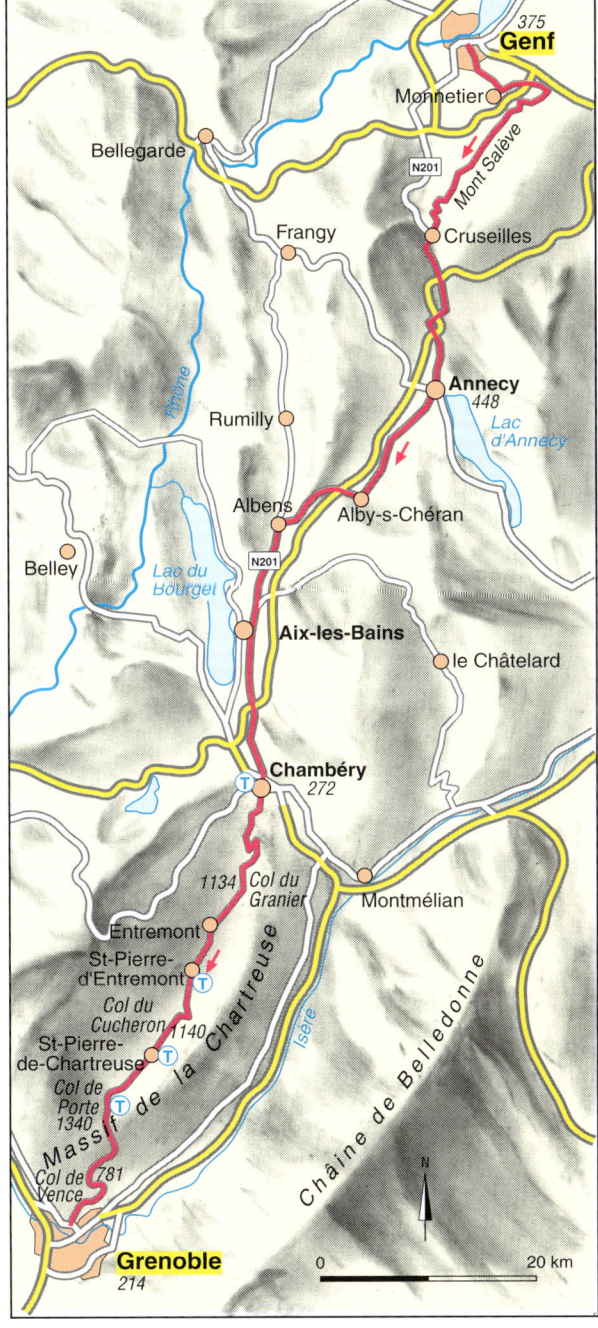

Bergzuges Mont Salève Panoramablicke auf die Stadt, den See und die umgebende Bergwelt eröffnen. 30 abwechslungsreiche und überaus reizvolle Kilometer sind es bis hinüber nach Cruseilles, wo wir wieder auf die Nationalstraße treffen, die uns nach Annecy führt.

Im Zentrum von Aix-les-Bains. Die Stadt bietet noch Reste römischer Bäder sowie den Campanusbogen an der Place Mollard.

Malerisches Annecy

Malerisch am Ufer des tiefblauen, gleichnamigen Stausees, eingebettet zwischen steilwandigen Felsen im Osten und bewaldeten Hügeln im Westen gelegen, besticht die Stadt zuallererst durch ihre Lage, hat aber auch sonst einige Sehenswürdigkeiten zu bieten. Das Schloss etwa, einstige Residenz der Grafen von Genf, oder das Palais de l'Isle aus dem 12. Jahrhundert auf der kleinen Insel im Thiou. Ehemals Gefängnis, Gerichtsgebäude und Münzstätte der Grafschaft Genf, ist heute das Stadtmuseum darin untergebracht.

Kunstsinnigen seien die spätgotische Mauritiuskirche von 1422 empfohlen oder auch die eher düster anmutenden Mauern der Kathedrale St-Pierre. Und wenn Sie zu zweit unterwegs sind und vielleicht gerade frisch verliebt sind, wandern Sie zu den Parkanlagen am Seeufer zur Pont des Amours über den Canal du Vassé hinunter.

Aix-les-Bains

Auch Aix-les-Bains, wo die Route Napoléon beginnt, liegt an einem See, dem Lac du Bourget, dem größten, der sich ganz auf französischem Territorium befindet. Von Napoléon ist auch hier noch nichts zu finden, dafür viel von den Römern, die dort bereits 120 v. Chr. eine Siedlung bauten. Schon damals nützten sie die schwefelhaltigen Quellen, die mit 45 bis 47 °C aus dem Boden sprudeln. Reste der alten römischen Anlagen sind noch im neuen Thermengebäude zu sehen, während gleich gegenüber auf dem Place Maurice Mollard der neun Meter hohe Campanusbogen und unweit davon die Reste eines Diana-Tempels das Erbe aus dieser Zeit sichtbar machen.

Nur ein kurzer Dreh am Gasgriff ist es bis Chambéry im Herzen Savoyens, wo uns das Schild »Centre« zunächst zum Parc du Verney und beim Rathaus in der Rue Farre rechts abbiegend in die Altstadt bringt. Große Baudenkmäler fehlen hier,

Fast könnte man den Lac d'Annecy in den Savoyer Alpen mit einem norwegischen Fjord verwechseln.

 # STRECKENBESCHREIBUNG

STRECKENVERLAUF	Genf/Genève – Monnetier – Cruseilles – Annecy – Aix-les-Bains – Chambéry – Granierpass – Cucheronpass – St-Pierre-de-Chartreuse – Portepass – Vencepass – Grenoble
GESAMTLÄNGE	175 km
AUSGANGSPUNKT	Genf/ Genève, 375 m
ENDPUNKT	Grenoble, 214 m
ANFAHRT ZUM AUSGANGSPUNKT	Autobahn Bern – Lausanne – Genf A1
STRASSENVERHÄLTNISSE	Auf der Chartreuse-Pässestraße zwischen Chambéry und Grenoble viele unübersichtliche Kurven sowie leichte Belagschäden. Hier vorsichtige Fahrweise.
HÖCHSTE PUNKTE	Granierpass, 1134 m, Cucheronpass, 1140 m, Portepass, 1340 m, Vencepass, 781 m
PASSÖFFNUNGSZEITEN	Ganzjährig befahrbar
MAUTGEBÜHREN	Keine
SEHENSWÜRDIGKEITEN	**Genf:** Monument Brunswick, Ile Rousseau mit Denkmal, Kathedrale St-Pierre, Seefontäne Jet d'eau
	Annecy: Heimatmuseum im Schloss, Mauritiuskirche, ehem. Bischofspalast, Le Pont des Amour
	Aix-les-Bains: Thermengebäude mit Resten römischer Bäder, Campanusbogen am Place Maurice Mollard
	Chambéry: Rousseau Wohnhaus, Kathedrale St-François, Musée Savoie im ehemaligen Franziskanerkloster
SERVICESTELLEN	Genf: Honda, BMW, Yamaha, Kawasaki, Suzuki; Grenoble: BMW; Gap: Yamaha, Kawasaki, Suzuki
KARTE	Michelin 1:200 000, Rhône-Alpes, Blatt 244.

und so begnügen wir uns mit einer Besichtigung des herzoglichen Schlosses, dem touristischen Hauptanziehungspunkt der Stadt. Hier treffen wir auch auf die Spur Napoléons, und zwar in Form einer Büste des letzten Savoyenherrschers Victor Amédée III., dem Napoléon 1796 nach kurzem Kampf sein Herzogtum entriss.

Endlich Kurven

Hinter Chambéry verlassen wir die Nationalstraße 6 und wählen den beschwerlicheren, aber für Motorradfahrer so viel schöneren Weg über die Chartreuse-Pässestraße durch das Massif de la Chartreuse nach Grenoble. Auf der direkten Verbindung über die Pässe Granier, Cucheron, Porte und Vence, alle zwischen 1100 und 1300 Meter hoch, können wir dann fahrerisch das nachholen, was der bisherige Streckenverlauf nicht zu bieten hatte: Kurven, Kurven und nochmals Kurven.

Spezialtipp: Tipp für Verliebte

Ein Spaziergang über die Brücke Le Pont des Amours in Annecy soll Glück bringen. Man findet die Brücke, wenn man von der Altstadt dem Canal du Vassé in Richtung See folgt. Sie verbindet nicht nur die Parkanlagen am Seeufer, sondern soll auch für eine lange Verbindung der Verliebten sorgen. Na, probieren geht über studieren …

Die Route Napoléon – 2. Abschnitt

Von Grenoble nach Grasse

Der letzte Streckenabschnitt vor Grenoble über die Chartreuse-Pässestraße täuscht etwas darüber hinweg, aber sicherlich kommt das Motorradfahren auf den gut ausgebauten Nationalstraßen der Route Napoléon etwas zu kurz. Es sind in erster Linie die Städte, aber auch die Landschaft, die dieser Strecke ihre Attraktivität verleihen. Beides bietet uns Grenoble, in einem weiten Talkessel am Zusammenfluss von Drac und Isère gelegen und umgeben von den Bergmassiven der Chartreuse im Norden, der Belledonne im Osten und den Kalkstöcken des Vercors im Westen, in reichem Maße. Und wer glaubt, das Motorradfahren komme zu kurz, dem bleibt ja der Abstecher zum Grand Canyon du Verdon (siehe Tour 29).

Um diese Symbiose zwischen Stadt und Landschaft, wie es in den Alpen eigentlich nur noch das österreichische Innsbruck bieten kann, genießen zu können, parken wir unsere Maschine erst einmal am Quai Stéphane am Isèreufer und fahren mit der Kabinenbahn zum Fort de la Bastille hinauf. Hier kann man sich einen guten Überblick verschaffen.

Ehemalige Olympiastadt

Aus der Vogelperspektive erschließt sich uns nun die Stadt, die 1968 Austragungsort der Olympischen Winterspiele war. Die geometrischen Konturen des Olympiapalastes ragen gut sichtbar aus dem Häusergewirr der Neustadt hervor, welche den Altstadtbereich fast halbkreisförmig umschließen. Dort liegen dann auch die großen Sehenswürdigkeiten der Stadt, die Kirche St-André etwa, im 13. Jahrhundert als Palastkirche der Grafen des Dauphiné erbaut, oder der Palais de Justice, der den Übergang von der Gotik zur Renaissance verdeutlicht.

Das Standbild des Volkshelden Bayard am Place St-André, dem Ritter ohne Furcht und Tadel, neben Henri Beyle einer der bekanntesten Söhne der Stadt. Letzterer wurde allerdings als Schriftsteller unter dem Namen Stendhal weltberühmt. Wer seine

Werke, darunter seine Autobiografie »Das Leben des Henry Brulard«, nicht kennt, kann zumindest sein Geburtshaus an der Rue Jean-Jacques Rousseau Nr. 14 mit dem Musée de la Réstistance aufsuchen. Neben dem Musée de Grenoble, mit seiner Sammlung vorwiegend französischer Meister des 16. bis 20. Jahrhunderts, ist noch ein Besuch der Kirche St-Laurent, nur ein paar Schritte entfernt, fast Pflicht, gehört ihre Krypta doch zu den ältesten Frankreichs.

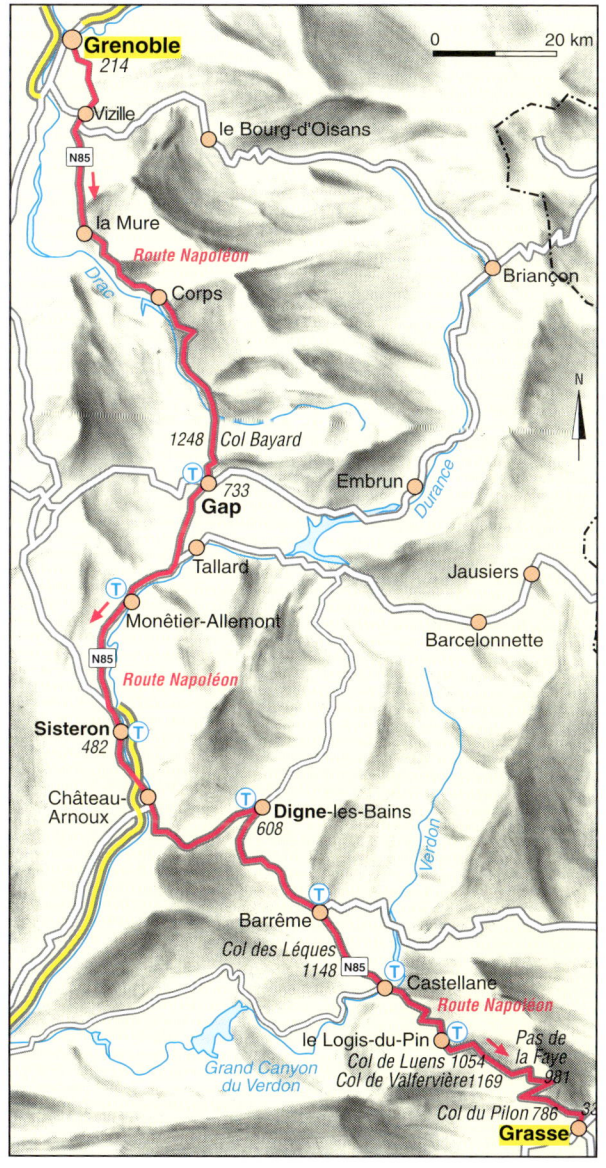

Freiheit für alle Bürger

Wir verlassen Grenoble nur, um wenige Kilometer außerhalb in Vizille schon wieder anzuhalten. Schon von weitem erkennen wir das etwas erhöht gelegene Schloss, das umso schmuckloser wirkt, je mehr wir uns ihm nähern. Erbauer war ein als François de Bonne geborener späterer Herzog von Lesdiguières, aber bekannt wurde es, als hier am 21. Juli 1788 die »Versammlung von Vizille« tagte und gegen die Unterdrückung der Bevölkerung durch Ludwig XVI. protestierte. Dabei forderten die Versammelten persönliche Freiheit für alle Bürger Frankreichs und nahmen damit die wichtigsten Grundsätze der Französischen Revolution vorweg. Genaueres darüber erfährt man in dem 1988 hier eingerichteten Museum zur Geschichte der Französischen Revolution.

Wo aber bleibt Napoléon? Er erscheint uns, nachdem wir hinter einigen mühsam schnaufenden Lastwagen den Anstieg nach Laffrey erkrochen haben, in Form eines Reiterstandbildes auf einer kleinen Anhöhe über dem Grand Lac de Laffrey. Als ihm hier am 7. März 1815 ein Grenobler Batallion den Weg versperrte, sprach er die geschichtsträch-

Der Lac de Serre-Poncon, einer der größten Stauseen der französischen Alpen, liegt östlich von Gap, etwas abseits der Route Napoléon.

Linke Seite: Wenn der Lavendel so wie auf diesem Bild blüht, ist es in der Provence am schönsten.

tigen Worte: »Ich bin euer Kaiser, wenn einer unter euch bereit ist, seinen General zu erschießen, hier bin ich.« Bekanntermaßen folgte keiner diesem Aufruf, was später umso mehr Menschen das Leben kosten sollte.

Hinter Gap fahren wir durch das weite, liebliche Tal der Durance und halten erst wieder in Sisteron, dem Tor zur Provence. Steil ragen zu beiden Seiten des Flusses Felstürme auf, deren Wehrhaftigkeit mit einer Zitadelle unterstrichen wird. Aber auch der ganze Ort wirkt wie eine Festung. Als solche ließ ihn Henri IV. im 16. Jahrhundert durch den Festungsbaumeister Jean Errard auch ausbauen. Einige Kilometer weiter verlässt die Route Napoléon die Durance und folgt stattdessen dem hier einmündenden Flüsschen Bléone nach Digne-les-Bains. Es wird von den pittoresken Felsen der Préalpes de Digne umrahmt und der würzige Duft der Lavendelfelder macht den Reiz der Provence nun förmlich riechbar.

Blick bis zur Verdonschlucht

Wir halten aber erst in Castellane, dem römischen Pietra Castellana, wo auch Napoléon am 3. Mai 1815 kurz Rast eingelegt haben soll. Ob Napoleon auch den gut 180 Meter hohen Felsblock über dem Ort, den Roc mit der Wallfahrtskirche Notre-Dame-du-Roc, bestiegen hat, ist eher nicht anzunehmen. Er hatte vermutlich anderes im Sinn als die schöne

Das wehrhafte Städtchen Sisteron wird auch als Tor zur Provence bezeichnet.

STRECKENBESCHREIBUNG

STRECKENVERLAUF	Grenoble – Gap – Sisteron – Digne-les-Bains – Barrême – Léquespass – Luenspass – Valfervièrepass – Fayepass – Pilonpass – Grasse
GESAMTLÄNGE	302 km
AUSGANGSPUNKT	Grenoble, 214 m
ENDPUNKT	Grasse, 333 m
ANFAHRT ZUM AUSGANGSPUNKT	Autobahn Bern– Lausanne – Genf – Annecy – Chambéry – Grenoble A 41
STRASSENVERHÄLTNISSE	Auf der »Lavendel«-Pässestraße zwischen Barrême und Grasse teilweise wechselnde Fahrbahnbreiten sowie an einigen Stellen leichte Belagschäden.
HÖCHSTE PUNKTE	Col Bayard, 1248 m, Léquespass, 1148 m, Luenspass, 1054 m, Valfervièrepass, 1169 m, Fayepass, 981 m, Pilonpass, 786 m
PASSÖFFNUNGSZEITEN	Ganzjährig befahrbar
MAUTGEBÜHREN	Keine
SEHENSWÜRDIGKEITEN	**Grenoble:** Place St-André mit Standbild Bayards, Maison Stendhal (Geburtshaus von Stendhal), Musée de Grenoble, Kirche St-Laurent, Kloster Ste-Maria d'en Haut, Kabinenbahn Teléphérique zum Fort de la Bastille
	Vizille: Schloss Vizille mit Museum zur Geschichte der Französischen Revolution
	Laffrey: Reiterstandbild Napoléons bei der Prairie de la Rencontre
	Sisteron: Altstadt, Zitadelle mit Burgfried, Stadtmauer
	Castellane: Wallfahrtskirche Notre-Dame-du-Roc, Roc (riesiger Felshügel über der Stadt)
	Grasse: Parfümeriemuseum Fragonard, Volkskundemuseum, Place du Cours, Place du Petit Pay
SERVICESTELLEN	Grenoble: BMW; Gap: Yamaha, Kawasaki, Suzuki; Nizza: Honda, Yamaha, BMW, Kawasaki, Suzuki
KARTE	Michelin 1:200 000, Rhône-Alpes, Blatt 244, und Provence-Côte d'Azur, Blatt 245

Aussicht über die Dächer der Altstadt hinweg bis zum Eingang der Verdonschlucht im Westen zu genießen. Wer wieder kurvige Motorradsträßchen unter die Räder nehmen will, darf den Abstecher zum Grand Canyon du Verdon von hier oder den 20 Kilometer südlich gelegenen Ort La-Palud-sur-Verdon (siehe Tour 29) nicht versäumen. Die Nationalstraße bis zum offiziellen Endpunkt der Route in Grasse gibt in dieser Hinsicht nämlich wenig Grund zur Freude.

Spezialtipp: Wiege der Revolution

Schloss Vizille im gleichnamigen Städtchen gilt als Wiege der Französischen Revolution. Hier protestierten die Abgeordneten bei einer Versammlung am 21. Juli 1788 gegen die Unterdrückung des Parlaments und der Stände durch Ludwig XVI. und forderten persönliche Freiheit für alle Bürger. Das Schlossmuseum kann täglich außer Dienstag von 9.30 bis 12.00 Uhr und 14.00 bis 16.00 Uhr besichtigt werden.

29 Um den Grand Canyon du Verdon

Zur tiefsten Schlucht Europas

Muss man als Motorradfahrer das Provencestädtchen Castellane kennen? Nicht unbedingt, aber dann versäumt man das Eingangstor zu einem der grandiosesten Naturereignisse, das uns der Alpenraum zu bieten hat. Diesmal nicht in Form von hohen Passstraßen, umgeben von noch höheren Bergen, sondern genau dem Gegenteil. Den Grand Canyon du Verdon gilt es zu umrunden, eine Schlucht, die allerdings zu den gewaltigsten und eindrucksvollsten Europas zählt. Mehr als 700 Meter tief hat sich der Verdon in die Hochebene von Canjuers eingeschnitten und damit ein Schluchtensystem geschaffen, das in seiner seltenen Ursprünglichkeit und grandiosen Wildheit in einem Atemzug mit den berühmtesten Canyons Nordamerikas genannt wird. Was er seinen nordamerikanischen Brüdern allerdings voraus hat, ist ein kurviges, aber gut ausgebautes Straßensystem, auf dem man den Canyon nicht nur umrunden, sondern neben einer Vielzahl wechselnder Landschaftseindrücke auch noch jede Menge Fahrspaß haben kann.

Bei Castellane, etwa 60 Kilometer von Grasse entfernt, haben wir unsere Fahrt auf der Route Napoléon unterbrochen und sind auf die D 952 nach Ponte-de-Soleils abgebogen. Weiter geht es auf der D 955 nach Comps-sur-Artuby, wo wir der Beschilderung »Rive gauche« folgend die Tour auf der Südroute, auch Route de la Corniche Sublime genannt, beginnen.

Noch können wir außer dichtem Unterholz links und rechts der grobkörnigen, aber gut in Stand gehaltenen Straße nichts Besonderes entdecken, bevor sich beim Aussichtspunkt Balcon de la Mescla schlagartig der Boden vor uns zu öffnen scheint. Auch wenn das Stahlgitter auf der Aussichtsplattform einen stabilen Eindruck macht, etwas mulmig ist uns schon zumute und wir vermeiden es tunlichst, uns allzu weit nach vorne zu beugen.

Tiefblick in die Verdonschlucht

Völlig senkrecht fallen die glatt geschliffenen Kalkwände vor uns in die Tiefe und geben den Blick auf das grüne Wasser des Verdon frei, der gut 250 Meter tiefer eine scharfe Krümmung beschreibt und sich schäumend mit den Wassern des von Süden einmündenden Flüsschens Artuby vermischt.

Auch dieser hat eine kleine Schlucht geschaffen, die wir wenig später auf der gut 110 Meter langen Artubybrücke überqueren, um bei den Tunnels von Fayette den nächsten Halt einzulegen. Gut 300 Meter unter uns windet sich der Verdon träge durch die engste Stelle der Schlucht, die er im Laufe von 50 Millionen Jahren geschaffen hat. Es ist vielleicht der schönste Tiefblick, der sich entlang der Südroute auftut, wenngleich auch die im weiteren Verlauf eng am Canyonrand entlangführende Trasse immer wieder faszinierende Tiefblicke bietet. Einen Halt legen wir dann noch beim Restaurant an der Falaise des Cavaliers ein, dessen Terrasse fast genau 300 Meter über dem Flussbett senkrecht abbricht, bevor wir bei der Source de Vaumale, in gut 800 Metern Höhe, den höchsten Punkt der Südseite überfahren.

Kurvenreiche Abfahrt

Über die roten Ziegeldächer von Aiguines, mit dem Schloss aus dem 17. Jahrhundert, eröffnet uns eine kurvenreiche Abfahrt den Blick auf die blau schimmernde Wasserfläche des Stausees von Ste-Croix,

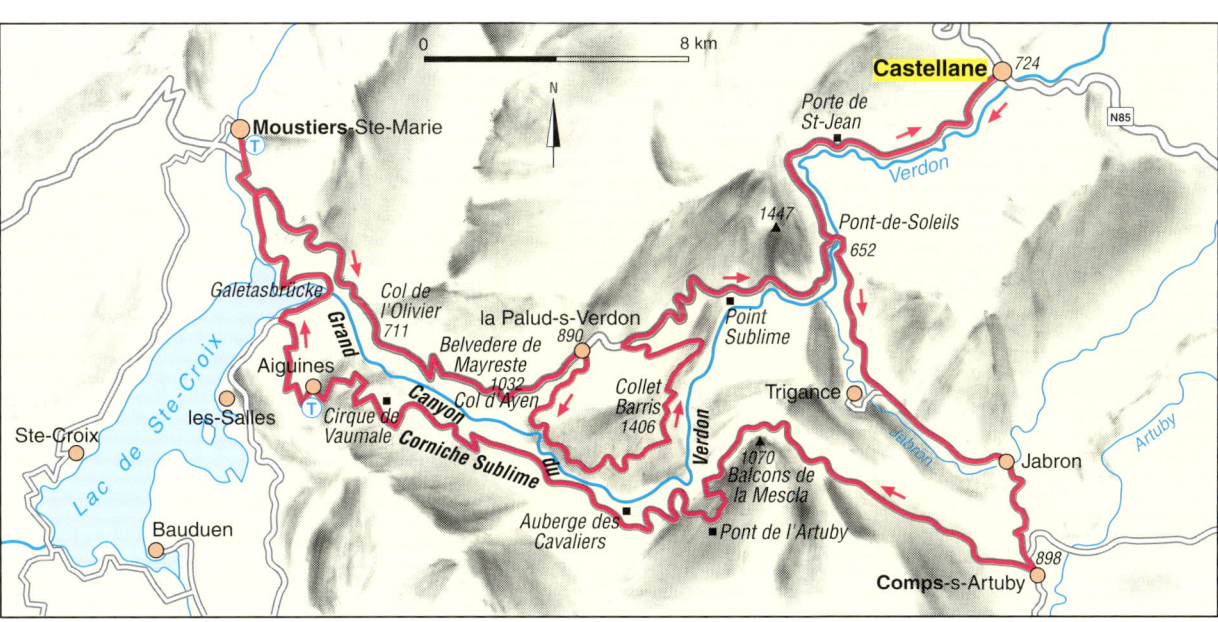

Aus dem 17. Jahrhundert stammt das Schloss von Aiguines, das sich hoch über dem Stausee von Ste-Croix erhebt.

Bild Seite 118: Moutiers-Ste-Marie hat den Ruf, eines der schönsten provenzalischen Städtchen zu sein.

119

den wir bei der Galetasbrücke erreichen. Hier, wo auch der Verdon aus der Schlucht in den See eintritt, mieten wir uns ein Tretboot und fahren einige hundert Meter in die Schlucht hinein. Aber nur bis zur ersten Engstelle, wo die Schluchtwände dicht zusammenrücken und das Wasser deutlich wilder zu fließen beginnt und nur einige Schlauchboot- und Kajakfahrer die Weiterfahrt wagen.

Moustiers-Ste-Marie

Wir fahren lieber auf zwei Rädern nach Moustiers-Ste-Marie, dessen altprovenzalische Häuser sich zu Füßen bizarrer Felsklippen am Rande des Canyons ausbreiten und das den Ruf, eines der schönsten provenzalischen Städtchen zu sein, sicherlich nicht zu Unrecht trägt. Besonders die hübschen Keramikwaren, die hier verkauft werden, haben es uns angetan, aber sie stellen sich dann doch als zu groß und zu zerbrechlich für unseren Tankrucksack dar. Deshalb begnügen wir uns mit einem Besuch des Musée de la Fayence, das uns anschaulich über die Keramikmanufaktur informiert.

Das Schönste zum Schluss

Noch aber wartet bei La Palud-sur-Verdon der landschaftlich großartigste Teil der Strecke auf uns. Hier nimmt mit der erst 1973 eröffneten Route des Crêtes, eine 23 Kilometer

Gut 50 Millionen Jahre hat es gedauert, bis sich der Verdon seinen Weg durch diese Felsen gebahnt hat.

STRECKENBESCHREIBUNG

STRECKENVERLAUF	Castellane – Pont-de-Soleils – Comps-sur-Artuby – Pont de l'Artuby – Auberge des Cavaliers – Aiguines – Galetasbrücke – Moustiers – St-Marie – Col d'Ayen – La Palud-sur-Verdon – Abstecher: Kamm-Ringstraße – Point Sublime – Pont-de-Soleils – Castellane
GESAMTLÄNGE	150 km
ABSTECHER	La-Palud-sur-Verdon – Collet Barris – La-Palud-sur-Verdon (Kamm-Ringstraße) 23 km
AUSGANGS- UND ENDPUNKT	Castellane, 724 m, an der Route Napoléon
ANFAHRT ZUM AUSGANGSPUNKT	Nizza – Grasse-Castellane
STRASSENVERHÄLTNISSE	Gut ausgebaute Straßen
HÖCHSTE PUNKTE	Col d'Ayen, 1032 m, Collet Barris, 1406 m
PASSÖFFNUNGSZEITEN	Ganzjährig befahrbar mit Ausnahme der Kamm-Ringstraße (offen 1. April bis 15. November)
MAUTGEBÜHREN	Keine
SEHENSWÜRDIGKEITEN	**Moustiers-St-Marie:** Fayencenmuseum, Kapelle Notre-Dame-de-Beauvoir
SERVICESTELLEN	Grenoble: BMW; Gap: Yamaha, Kawasaki, Suzuki; Nizza: Honda, Yamaha, BMW, Kawasaki, Suzuki
KARTE	Michelin 1:200 000, Provence-Côte d'Azur, Blatt 245.

lange Ringstraße ihren Ausgang, die in teilweise Schwindel erregender Lage in die Felsen der nördlichen Talseite gesprengt wurde und dabei Aussichtspunkt um Aussichtspunkt eröffnet.

Kletterabenteuer

Besonders angetan hat es uns dabei der Belvédère des Trescaire, wo sich die Kletterer in die Tiefe abseilen, um sich dann an den glatten Wänden wieder mehr oder weniger mühsam hochzuarbeiten. Uns fällt fast das Herz in die Hose, als wir sehen, wie einer dieser verwegenen Burschen an einer offenbar besonders kniffligen Stelle abrutscht und ins Seil stürzt. Er lässt sich davon aber überhaupt nicht beeindrucken und versucht es sofort ein zweites Mal. Als es ihm dann auch tatsächlich gelingt, diese Stelle zu meistern, ist unsere Freude darüber nicht weniger groß als seine.

Auch wir arbeiten uns wieder nach La Palud zurück und treffen, vorbei an der mehr als 2000 Jahre alten Römerbrücke von Tusset, bei Pont-de-Soleils wieder auf unsere Anfahrtsroute, der wir nach Castellane folgen.

Spezialtipp: Der Grand Canyon du Verdon

Ausdauer und Trittsicherheit sind gefragt, wenn man die Verdonschlucht zu Fuß erkunden will. Bei der Auberge du Point Sublime auf der D 952, östlich von La-Palud-sur-Verdon, zweigt ein als GR 4 markierter Weg hinunter zur Source du Merlet ab. Von dort geht es am Hang über dem Verdon entlang zur Baume aux Chiens und durch unbeleuchtete Tunnels weiter zum Chalet de la Maline. Gut sechs Stunden Gehzeit sind für Hin- und Rückweg aber zu veranschlagen.

Am Ende der Alpen

Turinipass, Lombardepass und Tendapass

Wer glaubt, dass man dort, wo die Alpen mit ihren letzten Ausläufern im Mittelmeer zu versinken scheinen, nur Baden kann, irrt, und zwar ganz gewaltig. Das Hinterland der Côte d'Azur eignet sich mit seinen kurvigen und verschwiegenen Sträßchen in solch traumhafter Art und Weise zum Motorrad fahren, dass man sie eigentlich extra schaffen müsste, wenn es sie nicht bereits gäbe. Der Col de Turini, letztes Teilstück der Rallye Monte Carlo und gleichsam als Scharfrichter dieser Veranstaltung bekannt, deutet das sportliche Vergnügen bereits an, das uns dort erwartet. Aber mit dem Lombardepass und der alten, teilweise noch unbefestigten Straße über den Tendapass warten weitere Strecken, die ersterem in nichts nachstehen.

Ausgangspunkt unserer Reise ist das Städtchen Menton, unweit der italienischen Grenze, wo wir die Ausschilderung zum Col de Turini erst einmal vergeblich suchen. Nach einem Blick auf die Karte folgen wir deshalb der Beschilderung »Sospel« und fahren unter den Pfeilern der Autobahn hindurch in ein mit üppiger Vegetation bewachsenes Tal. Kurvenreich geht es nach oben, einzelne Kehren eröffnen den Blick auf die Dächer von Menton und das Meer. Der uns bisher völlig unbekannte Col de Castillon ist ausgeschildert. Nach einem gut 40 Meter langen, unbeleuchteten Felstunnel, der offenbar die Passhöhe andeutet, geht es auf guter, zweispuriger Straße hinunter in den Talkessel von Sospel, wo unser nächstes Ziel mit »Moulinet/Col de Turini« endlich beschildert ist. Noch hält sich die Straße mäßig ansteigend im Talboden der Bévera, langsam rücken die Felswände in der Pianschlucht zusammen, dann windet sich die Straße durch schönen Wald in zahllosen Kurven nach oben. Es macht Spaß, hier zu fahren, die Steigung übersteigt 10% nicht, der Belag ist griffig und es gibt fast keinen Verkehr. Nur zwei Radler treffen wir und einen Porschefahrer, der uns mit Vollgas überholt und mit schlingerndem Heck und quietschenden Reifen offenbar für die Rallye Monte Carlo zu trainieren scheint.

Ein Schild »8 Lacet« zeigt den Beginn der letzten Kehrengruppe an, dann sind wir auf der Passhöhe, die uns allerdings eher an einen Verkehrsknotenpunkt erinnert und auch ein Passschild suchen wir hier vergebens. Aussicht bietet sich hier ebenfalls keine, dazu müssten wir der bergaufwärts zum Pointe de Tres Communes abzweigenden D 68 folgen, wo sich unserer Reisebeschreibung zufolge eine fantastische Aussicht über den Mercantour-Nationalpark eröffnen würde.

Rallye Monte Carlo

Wir sind aber zu gespannt, was uns auf der Abfahrt über die Nordwestseite des Col de Turini erwartet, und fahren gleich weiter. Es kommt uns vor, als sei das Kurvengeschlängel hier etwas flüssiger zu fahren, es gibt weniger Kehren, dafür links mehr Ab-

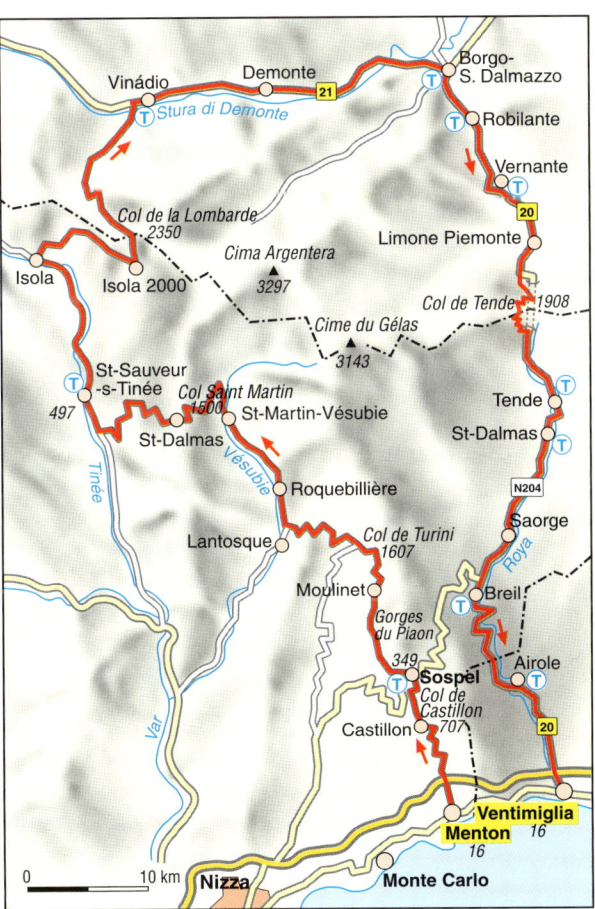

grund und rechts mehr Felswand. Es braucht nicht viel Vorstellungskraft, wie die PS-Boliden bei der Rallye Monte Carlo hier um die Ecken driften, haarscharf am Fels oder an den Steinmauern der Böschungsbegrenzung vorbei. Nur der kleinste Fahrfehler und zumindest die Karosserie wird unmittelbar in Mitleidenschaft gezogen. Wir begraben von vornherein jegliche Rennambitionen und tasten uns langsam und sicher ins Tal. Dort folgen wir der D 2565 entlang Vésubie nach St-Martin-Vésubie, einem malerischen ligurischen Bergstädtchen. Die Rue du Docteur-Cagnoli, die Hauptstraße des Ortes, ist von einigen spätmittelalterlichen Häusern gesäumt und wird zudem von einem Stadtbach, »gargouille« genannt, durchflossen. Von einem Kranz eindrucksvoller Berggestalten umgeben, lädt es richtig zu einem längeren Urlaub ein. Wir gönnen uns nur einen Café au lait und fahren über den Col St-Martin hinunter ins Tal der Tinée, das sich völlig reizlos vom Bonettepass bis Nizza zieht. In Isola verlassen wir es deshalb recht gerne mit der Auffahrt zum Lombardepass. In einem engen Tal wechseln wir über mehrere Kehrengruppen ein paarmal die Talseiten. Das Fahren auf der überraschend gut ausgebauten Trasse gestaltet sich recht kurzweilig, auch wenn sich kaum Aussicht bietet. Hinter Isola 2000, einem Retortenskiort, überqueren wir die Grenze, die Straße wird schmäler und zieht sich durch Geröllhänge zur Passhöhe. Ein Restaurant suchen wir hier vergeblich, dafür bietet sich die Aussicht auf den Mercantour-Nationalpark im Süden und die Cottischen Alpen im Norden an.

Wildromantische Abfahrt

Die Abfahrt über die Nordseite gestaltet sich noch eine Spur wildromantischer als die Auffahrt und die Trasse ist in deutlich schlechterem Zustand. Nach 21 Kilometern haben wir uns die gut 1400 Höhen-

48 unbefestigte Kehren weist die Südrampe der alten Tendapassstraße auf etwa neun Kilometern Länge auf.

Linke Seite: Die unbefestigten Bergstraßen, wie hier in der Umgebung des Tendapasses, sind ausschließlich für Endurofahrer geeignet.

 **STRECKENBESCHREIBUNG**

STRECKENVERLAUF	Menton – Castillionpass – Sospel – Turinipass – St-Martin-Vésubie – St-Sauvier-s-Tinée – Isola – Isola 2000 – Lombardepass – Vinadio –Borgo San Dalmazzo – Tendapass – Ventimiglia
GESAMTLÄNGE	261 km
AUSGANGSPUNKT	Menton, 16 m
ENDPUNKT	Ventimiglia, 16 m
ANFAHRT ZUM AUSGANGSPUNKT	Autobahn Genua – Nizza A10, Ausfahrt Ventimiglia – Menton
STRASSENVERHÄLTNISSE	Die Lombardepassstraße ist im obersten Bereich der Auffahrt sowie bei der Abfahrt überwiegend schmal mit erheblichen Belagschäden. Die Abfahrt vom Tendapass ist unbefestigt und weist 48 Kehren auf. Es ist eine feste Endstraße, die nur in den Kehren etwas ausgewaschen ist und kleinere Schlaglöcher aufweist. Bei guten Wetterverhältnissen und angepasster Fahrweise ist sie gut zu befahren. Bei Nässe und schlechten Witterungsverhältnissen sollte aus Sicherheitsgründen die Tunnelstrecke benutzt werden.
HÖCHSTE PUNKTE	Castillionpass, 707 m, Turinipass, 1607 m, Lombardepass, 2351 m, Tendapass, 1871 m
PASSÖFFNUNGSZEITEN	Lombardepass, offen 15. Juni bis 31. Oktober; Grenze geschlossen 22.00 bis 7.00 Uhr; Tendapass, offen 15. Mai bis 31. Oktober
MAUTGEBÜHREN	Keine
SEHENSWÜRDIGKEITEN	**Turinipasshöhe:** Abstecher von der Passhöhe auf der D 68 zu den Aussichtspunkten von L'Anthion und Pointe des Tres Communes, 2082 m, mit Aussicht über den Mercatour-Nationalpark **Tende:** Altstadt, Kirche Maria Himmelfahrt
SERVICESTELLEN	Nizza: Honda, Yamaha, BMW, Kawasaki, Suzuki
KARTE	Michelin 1:200 000, Provence Côte d'Azur, Blatt 245.

meter hinunter nach Vinádio gebremst und fahren talauswärts Richtung Cuneo. Noch trennt uns ein fahrerischer Leckerbissen von unserem Ausgangspunkt: die Südrampe des alten Tendapasses mit ihren 48 kunstvoll übereinander gelegten Kehren. Es ist eine feste Erdstraße, nur in den Kehren etwas ausgewaschen und mit kleineren Schlaglöchern, die von den zuständigen italienischen Straßenbauämtern fast liebevoll in Stand gehalten wird. Wie oft haben wir diese Kehrenstrecke schon auf Abbildungen bewundert und genießen die neun Kilometer nun umso mehr. Das Mittelmeer erreichen wir dann durch das Royal bei Ventimiglia.

Spezialtipp: Heißer Tipp für Endurofahrer

ist die Ligurische-Alpen-Grenzkamm-Höhenstraße. Mit 80 Kilometern Länge ist sie die längste Grenzkammstraße der Alpen. Sie verläuft zwischen Pigna, nahe dem italienischen Badeort Ventimiglia, unmittelbar an der französischen Grenze und der Tendapasshöhe. Auf etwa 60 Kilometern Länge bewegt man sich dabei auf steinigen Erdstraßen mit teilweise grobem, losem Schotter. Genaues Kartenstudium ist unerlässlich. Empfohlen wird die Karte des Istituto Geografico Centrale, Torino 1:50 000, Blatt 14 und 8.

Linke Seite: Immer wieder trifft man auf reizvolle Schluchten, wie diese hier bei Saorge im Royatal.

Die Ostalpen-Durchquerung

1. Abschnitt: Von Wien ins Ennstal

Den Winter haben wir nicht nur mit dem Studium von Motorradzeitschriften verbracht, sondern auch hin und wieder in Bergsteigerheften geblättert. Wir haben uns vorgenommen, die Alpen zu durchqueren, nicht mit Pickel, Seil und Haken über eisige Gletscherfelder und steile Felswände, sondern auf zwei Rädern über die Bergstraßen und Pässe des Alpenraums. Dabei haben wir herausgefunden, dass man die Alpen in einen östlichen und einen westlichen Teil, also in die Ostalpen und die Westalpen, einteilt. Die Trennung beruht auf zwei charakteristischen Unterschieden dieser beiden Alpenteile. So weisen etwa die Ostalpen eine andere Symmetrie im geologischen Querschnitt auf, da dem Urgestein des Zentralalpenkamms Kalkalpen vorgelagert sind; zum anderen haben sich die Landmassen der Ostalpen bei der Gebirgsbildung weniger stark zusammengedrängt als der westliche Teil und sind somit niedriger. Trennungslinie zwischen Ost- und Westalpen ist das Rhein- und Hinterrheintal vom Bodensee bis zum Splügenpass und die gedachte Linie weiter hinunter bis zum Comer See.

Mit diesem Wissen im Hinterkopf starten wir am Beginn einer längeren Schönwetterperiode in Wien zu einer Durchquerung der Ostalpen, für deren Dauer wir fünf Tage veranschlagt haben. Ein guter Vormittag vergeht dabei mit der Besichtigung der Wiener Altstadt, bevor wir endlich den ersten Pass in Angriff nehmen können. Was uns dabei von Wien noch im Gedächtnis geblieben ist? Nun, der Stephansdom natürlich, von den Wienern kurz »Steffl« genannt, eines der bedeutendsten Bauwerke der Hoch- und Spätgotik und mit einer Höhe von gut 136 Metern neben dem Ulmer Münster und dem Kölner Dom dritthöchste Kirche der Welt. Die Fiaker vor dem Dom mit ihren zweispännigen Pferdefuhrwerken die das Bild des Doms fast genauso mitprägen wie dessen Fassade. Die Hofburg am Michaelerplatz, wo von 1283 bis 1918 die Habsburger residierten. Die Kapuzinerkirche fällt uns noch ein mit der Kaisergruft, in der nicht weniger als 144 Mitglieder des Kaiserhauses Habsburg ihre letzte Ruhestätte gefunden haben. Und der Prater, ein ausgedehnter Vergnügungspark im 2. Bezirk, dessen 54

Meter hohes Riesenrad die Stadtsilhouette fast genauso prägt wie der Turm des Stephansdoms. Darüber hinaus aber auch noch der Strafzettel, den wir wegen Parkens auf dem Bürgersteig erhalten haben – aber reguläre Parkplätze waren einfach keine frei – sowie der starke Verkehr und das verwirrende Straßengeflecht, in welchem wir nun versuchen, uns in Richtung Süden, nach Mödling, zurechtzufinden. Als wir die hoch über der Stadt gelegene Kirche St. Othmar erkennen, die nach ihrer Zerstörung durch die Türken um das Jahr 1535 im 17. Jahrhundert im barocken Stil wieder aufgebaut wurde, wissen wir noch vor dem Ortsschild, dass wir richtig sind. Langsam fahren wir durch den Ort, vorbei an schönen alten Wohnhäusern, die überwiegend noch aus dem 16. und 17. Jahrhundert stammen, und erkennen oberhalb der Ortschaft die mittelalterliche Burg Liechtenstein, die Fürst Johann I. von Liechtenstein hier im 19. Jahrhundert

errichten ließ. Wir wundern uns über die ausgedehnten Föhrenbestände zu Füßen der gezackten Kalkfelsen der Umgebung und erfahren bei der Seegrotte im Ortsteil Hinterbrühl, zu der uns ein Hinweisschild gelockt hatte, dass der Fürst hier den Naturpark Mödlinger Föhrenberge anlegen ließ. Die Seegrotte dagegen war ein ehemaliges Gipswerk, in welches 1912 über 20 Millionen Liter Wasser einbrachen

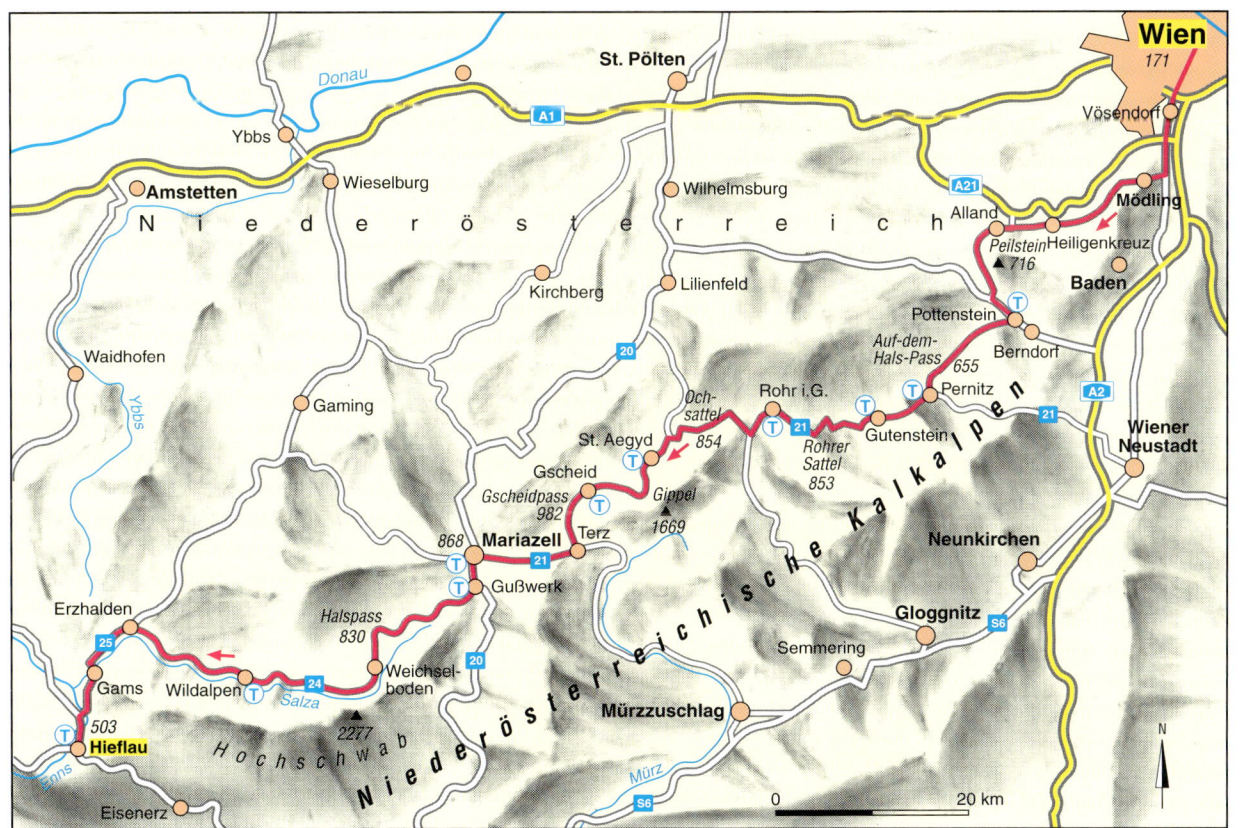

Im Gasthof Kalte Kuchl auf der Ostseite des Ochsattels gibt es selbstverständlich auch eine sehr gute warme Küche.

Linke Seite: Das Tal der Salza, für Wanderer, Wildwasserfahrer und Motorradfahrer gleichermaßen ein Erlebnis.

127

und das nach dem Zweiten Weltkrieg zu einem Schaubergwerk ausgebaut wurde.

Endlich Fahren

Hinter Pottenstein ist aber endlich Fahren angesagt und in Pernitz liegt der erste Pass hinter uns. Auf-der-Hals lesen wir in der Karte nach, denn ein Passschild konnten wir auf diesem eher unbedeutenden Sattel nirgends erkennen. Diese sind dafür auf dem folgenden Rohrer Sattel und dem Ochsattel – immerhin schon 854 Meter hoch und fahrerisch etwas anspruchsvoller – aufgestellt. Der vierte Pass, der Gscheidpass, schwingt sich dagegen schon fast in eine Höhe von 1000 Metern hinauf, genau 982 Meter sind auf seinem Passschild vermerkt, bevor er sich wieder über seine Südseite ins Halltal nach Mariazell absenkt. Die bedeutendste Wallfahrtsstätte Österreichs kennen wir bereits von einer früheren Tour über die Österreichische Eisenstraße (siehe Tour 1) und so belassen wir es bei einem Blick auf die Wallfahrtskirche von außen und fahren gleich über die vier Kehren am Ortsausgang hinunter nach Gußwerk. Der landschaftlich schönste Teil des heutigen Tages liegt noch vor uns, als wir hier in das Tal der Salza einbiegen. Zwischen den Berg-

Rauschend fließt die Enns durch das 16 Kilometer lange Engtal der Gesäuseberge. Mit welcher Gewalt sich die Enns hier ihren Weg bahnt, ist auf dem Bild gut zu erahnen. Der Gesäuseeingang gilt deshalb auch als anspruchsvolle Wildwasserstrecke.

STRECKENBESCHREIBUNG

STRECKENVERLAUF	Wien – Vösendorf – Mödling – Heiligenkreuz – Alland – Pottenstein – Auf-dem-Hals-Pass – Pernitz – Gutenstein – Rohrer Sattel – Rohr im Gebirge – Ochsattel – St. Aegyd im Neuwalde – Gscheidpass – Terz – Mariazell – Gußwerk – Halspass – Wildalpen – Erzhalden – Hieflau
GESAMTLÄNGE	225 km
AUSGANGSPUNKT	Wien, 171 m
ENDPUNKT	Hieflau, 503 m
ANFAHRT ZUM AUSGANGSPUNKT	Autobahn München – Salzburg – Linz, Wien A1
STRASSENVERHÄLTNISSE	Gut ausgebaute Straßen
HÖCHSTE PUNKTE	Auf-dem-Hals-Pass, 655 m, Rohrer Sattel, 853 m, Ochsattel, 854 m, Gscheidpass, 982 m, Halspass, 830 m
PASSÖFFNUNGSZEITEN	Ganzjährig befahrbar
MAUTGEBÜHREN	Keine
SEHENSWÜRDIGKEITEN	**Wien:** Dom St. Stephan, Fiaker am Domplatz, Hofburg, Kapuzinerkirche, Prater
	Mödling: Burg und Schloss Liechtenstein, Seegrotte mit Schaubergwerk
	Heiligenkreuz: Zisterzienserstift Heiligenkreuz
	Mariazell: Wallfahrtskirche mit Gnadenkapelle und Schatzkammer
SERVICESTELLEN	Wien: Honda, BMW, Kawasaki, Yamaha, Suzuki
ÜBERNACHTUNG	Tourotel Mariahilferstraße, Mariahilfer Str. 156, A-1150 Wien, Tel. 00 43/1/8 92 33 35; Hotel Schwarzer Adler, Hauptplatz 1, A-8630 Mariazell, Tel. 00 43/38 82/28 63
KARTE	Generalkarte 1:200 000, Österreich, Blatt 2.

massiven des Hochschwab im Süden und der Kräuterin im Norden hat sich der Fluss ein Tal geschaffen, dessen Ursprünglichkeit durch die Ausweisung als Naturschutzgebiet erhalten geblieben ist. Schon bald nach der Einfahrt bleibt die Salza unter uns zurück, die Straße schwingt sich kurvenreich hoch zum Halspass, von dort hinunter in den Talkessel von Weichselboden, dann türmen sich die Felswände auf und durch die Engstelle bei der Presceny-Klause geht es nach Wildalpen, der einzigen größeren Ansiedlung. Bei Palfau verlassen wir das Tal der Salza, wechseln über die Radstatthöhe ins Ennstal über und suchen in Hieflau Quartier.

Spezialtipp: Einer der größten unterirdischen Seen Europas!

Ein beliebtes und auch sehr interessantes Ausflugsziel ist die Seegrotte im Mödlinger Ortsteil Hinterbrühl. In einem ehemaligen Gipsbergwerk befindet sich heute einer der größten unterirdischen Seen Europas. Er ist stimmungsvoll beleuchtet und kann während der Führungen sogar mit dem Motorboot befahren werden. Lohnend ist zudem der etwa halbstündige Fußmarsch auf bezeichnetem Wanderweg am Rande des Naturschutzgebiets Föhrenberge dorthin, der im Ortszentrum von Mödling beginnt.

Die Ostalpen-Durchquerung

2. Abschnitt: Vom Ennstal zum Millstätter See

Wir haben Hieflau, das sich mit seinen verstreuten Bergbauernhöfen in den grünen Wiesen zu Füßen des Dürrn-kogels erstreckt, nicht ohne Grund als Ausgangsort des zweiten Tagesabschnitts gewählt. Ist es doch das östliche Eingangstor zum Gesäuse, wie man den 16 Kilometer langen, schluchtartigen Abschnitt der Enns zwischen Gstatter-boden im Osten und dem Gesäuseausgang bei der Haindlmauer im Westen nennt. Gesäuse deshalb, weil das Wasser sich den Weg durch die Kalkbarriere der Ennstaler Alpen nicht still und leise, sondern unter beträchtlichem Getöse und Gesause sucht.

Einfahrt ins Gesäuse. Diese Talverengung in den Ennstaler Alpen wird von der Enns durchbrochen.

In Hieflau ist davon aber noch nichts zu spüren. In der Nacht hat es geregnet, Nebelschwaden ziehen aus dem Bachbett neben der Straße und verstärken so den eher düsteren Eindruck, den das dunkle, bewaldete Tal hier auf uns ausübt. Die Häuser von Gstatterboden scheinen sich mit ihren dunklen Holzschindeln der Umgebung anzupassen, die Straße wechselt auf die südliche Talseite und steigt langsam zur Bushaltestelle Johnsbach an. Hier zweigt eine Straße ins elf Kilometer lange Johns-bachtal ab. Bei schönem Wetter sicher überaus loh-

nenswert, denn das Tal zu Füßen der Hochtorgruppe gestaltet sich umso freundlicher, je weiter man zu den drei Gasthäusern und den verstreuten Bauernhöfen am Talschluß vordringt. Heute sind die Berge in dichte Wolken gehüllt und verdecken so ihre gefährliche Seite, von der die Gedenktafel auf dem Bergsteigerfriedhof von Johnsbach mit mehr als 450 seit 1810 hier ums Leben gekommenen Bergsteigern einiges zu erzählen weiß.

Tosende Enns

Wir kehren um und sind schon fast am Gesäuseausgang, als die Geräusche des Fahrtwinds unter unserem Helm tatsächlich von einem anderen Geräusch überlagert werden. Wir halten an, nehmen den Helm ab und vernehmen tatsächlich das laute Rauschen des Wassers, das durch die Felswände verstärkt jedes andere Geräusch hier übertönt.

Wenig später fließt die Enns schon wieder ruhig im weiten Wiesental vor Admont, das sich mit den beiden spitzen Türmen der Stiftskirche ankündigt. Inzwischen ist auch die Sonne herausgekommen. Bis diese die letzten Regenreste von der Straße getrocknet hat, werfen wir einen Blick in das Benediktinerstift mit der Stiftskirche, der Bibliothek und den angeschlossenen Museen mit der Schatzkammer und einer naturhistorischen Sammlung. Aber es ist vor allem die barocke, beinahe 70 Meter lange Bibliothek mit ihren fast 150 000 Bänden, die unsere Aufmerksamkeit in Anspruch nimmt, obwohl die meisten in altertümlicher Handschrift geschrieben sind und so von uns gar nicht gelesen werden könnten. Wenngleich die Straße nun abgetrocknet ist, gehen wir die lang gezogenen Kurven Richtung Liezen dennoch verhalten an und betrachten lieber die Wallfahrtskirche Frauenberg, die sich einen eindrucksvollen Platz auf einem bewaldeten Hügel über dem Talboden gesucht hat. Hinter der Bezirkshauptstadt Liezen nimmt der Verkehr im Ennstal

zu, grimmig wendet uns der 2351 Meter hohe Grimming seine lawinendurchfurchte Ostseite zu. So sind wir doppelt froh, bei Gröbming das Tal verlassen und wieder eine Passstraße in Angriff nehmen zu können.

Für den Übergang vom Ennstal hinüber ins Tal der Mur haben wir den 1790 Meter hohen Sölkpass, auch Erzherzog-

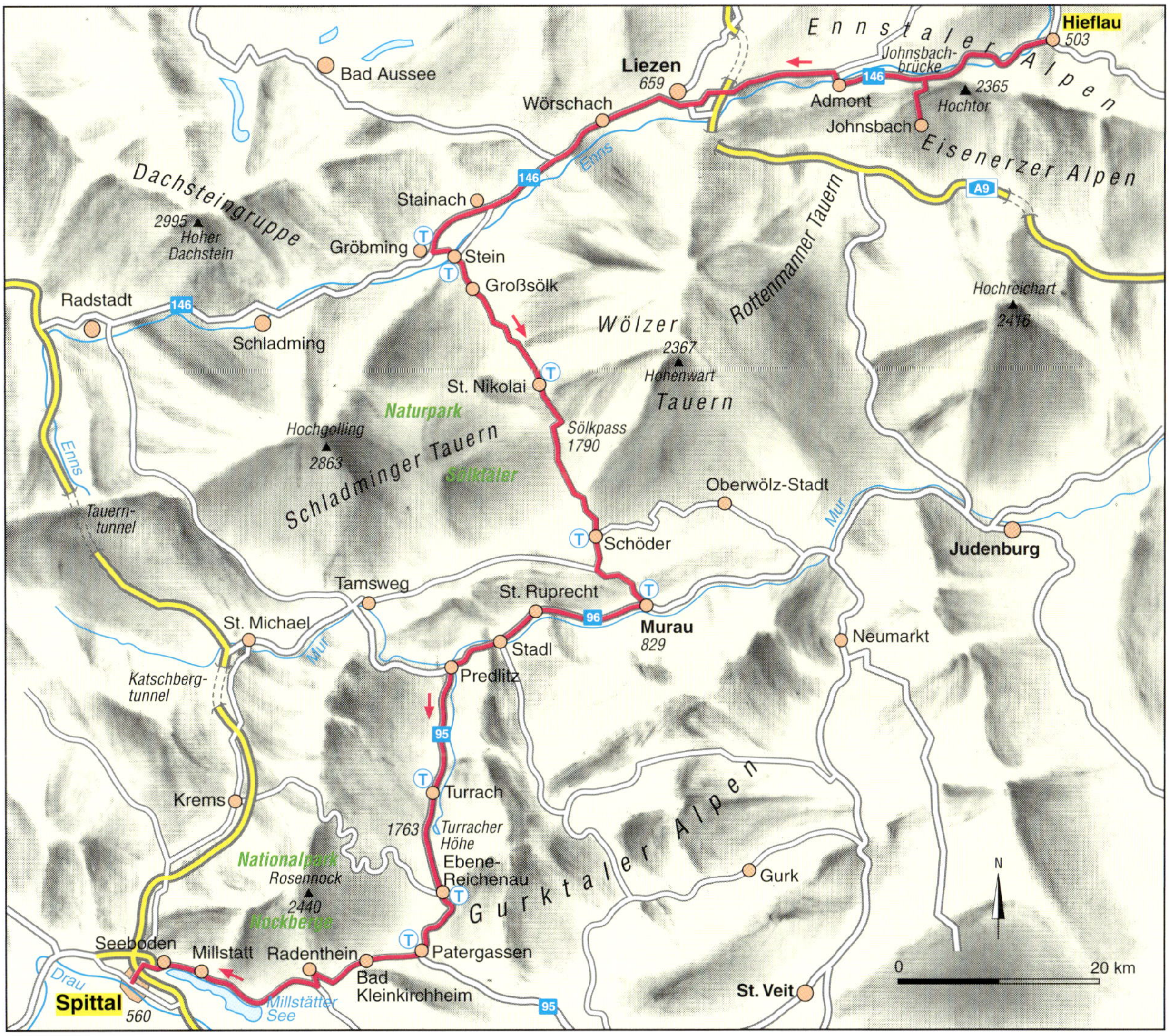

Watschallerkapelle nennt sich dieses kleine Kirchlein auf einer Anhöhe etwas oberhalb der Ortschaft Predlitz in der Steiermark.

Aus dem 11. Jahrhundert stammt das ehemalige benediktinerkloster in Millstatt am gleichnamigen See.

Johann-Straße genannt, gewählt. Er bietet die landschaftlich und fahrerisch schönste Verbindung durch die Niederen Tauern an, verläuft ein Großteil seiner Strecke doch durch den Naturpark Sölktäler. Lange zieht sich die Straße durch das Großsölktal, erst bei St. Nikolai beginnt die eigentliche Steigungsstrecke mit Spitzen bis 12%. Die Passhöhe selbst bietet wenig Aussicht, über Kehrengruppen senkt sich die Südseite zur Kreutzerhütte hinab und durch das enge Tal des Katschbaches hinunter nach Schöder. Eigentlicher Endpunkt der Passstrecke ist Murau, wo wir murauwärts fahren, um bei Predlitz den Gang über die Turracher Höhe anzutreten, der uns aus dem Gebirge in die Kärntner Seenland-

 **STRECKENBESCHREIBUNG**

STRECKENVERLAUF	Hieflau – Johnsbachbrücke – Abstecher: Johnsbach – Admont – Liezen – Gröbming – Sölkpass – Murau – Predlitz – Turracher Höhe – Patergassen – Radenthein – Millstatt – Seeboden – Spittal an der Drau
GESAMTLÄNGE	239 km
ABSTECHER	Johnsbachbrücke – Johnsbach, hin und zurück 10 km
AUSGANGSPUNKT	Hieflau, 503 m
ENDPUNKT	Spittal an der Drau, 560 m
ANFAHRT ZUM AUSGANGSPUNKT	Autobahn Linz – Wien A1, Ausfahrt Enns, Steyr – Großraming – Altenmarkt bei St. Gallen – Hieflau
STRASSENVERHÄLTNISSE	Am Sölkpass teilweise Engstellen mit Ausweichen. Die Abfahrt von der Turracher Höhe gilt mit ihrem Gefälle bis 23% auf etwa 1,5 km Länge als Österreichs steilste Alpenstraße.
HÖCHSTE PUNKTE	Sölkpass, 1790 m, Turracher Höhe, 1763 m
PASSÖFFNUNGSZEITEN	Sölkpass, offen 15. Mai bis 31. Oktober
MAUTGEBÜHREN	Keine
SEHENSWÜRDIGKEITEN	Johnsbachtal: Pfarrkirche mit Bergsteigerfriedhof, Wasserfall beim Wolfbauern
	vor Admont: Gesäuseschlucht
	Admont: Benediktinerstift mit Stiftskirche und Bibliothek
	Spittal an der Drau: Schloss Porcia mit Heimatmuseum, Bauern- und Bergbaumuseum im Rathaus
SERVICESTELLEN	Spittal an der Drau: BMW, Suzuki
ÜBERNACHTUNG	Hotel Sonnhof, Hofmanning 203, A-8962 Gröbming, Tel. 00 43/36 85/2 21 01;Bauernhaus Stampfer, St. Lorenzen 182, A-8861 St. Georgen/Murau, Tel. 00 43/35 37/6 25;Pension Riedl, Im Schwalbengrund 2, A-9871 Seeboden/Millstätter See, Tel. 00 43/47 62/8 13 45
KARTE	Generalkarte 1:200 000, Österreich, Blatt 4 und 6.

schaft bringen soll. Ein 100 Meter langer Tunnel führt uns in den Predlitzwinkel, wie das Tal der Turrach hier genannt wird. Schwach besiedelt und auch schwach befahren ist die Straße, die durch die neue Tauernautobahn viel von ihrer einstigen Verkehrsbedeutung verloren hat. Erst hinter Turrach steigt die Straße nennenswert an, einer Kehre beim Gasthof Badwirt folgt noch eine zweite, dann sind wir auf der Passhöhe, wo man um das Sporthotel Turracher Höhe am gleichnamigen See ein reizvolles Erholungsgebiet ausgebaut hat.

Badestopp im Millstätter See

Forsch beginnen wir die Abfahrt, um gleich darauf voll in die Bremsen zu steigen. 23 % beträgt der Neigungswinkel auf der Südseite und lässt somit eine verhaltene Fahrweise angeraten erscheinen. Bei Ebene Reichenau haben wir die Steilstücke hinter uns und überlegen kurz, ob wir zur Nockalm-Höhenstraße abbiegen sollen (siehe Tour 3). Reizvoll wäre es schon, aber wir entscheiden uns dagegen und baden wenig später im angenehm warmen Millstätter See.

Die Ostalpen-Durchquerung

3. Abschnitt: Vom Millstätter See in die Dolomiten

Die »Adria Kärntens« wird die Umgebung des Millstätter Sees des milden Klimas wegen auch genannt. Deshalb starten wir nicht, ohne nochmals ein ausgiebiges Bad im warmen Wasser des drittgrößten Sees des Bundeslandes genommen zu haben. Auch Spittal an der Drau statten wir noch einen Besuch ab, allerdings nur um zu tanken, da uns die Stauferstadt noch von unserem letzten Besuch über die Nockalm-Höhenstraße (siehe Tour 3) in bester Erinnerung ist.

Vier Tunnels und sechs Galerien machen den Plöckenpass wintersicher.

Wenig Aufregendes, vom starken Verkehr vielleicht einmal abgesehen, bietet uns das obere Drautal, welches wir taleinwärts bis Oberdrauburg fahren. Über den Gailbergsattel und den Plöckenpass möchten wir nun hinüber ins italienische Friaul, mitten durch die Karnischen Alpen, die sich hier als Grenzbarriere auftürmen. Ein unüberwindliches Hindernis scheinen sie nicht zu sein. Breit und gut ausgebaut präsentiert sich die Nordseite des Gail-

bergsattels und die Kehren lassen bei großem Radius und geringer Steigung erhebliche Schräglagen zu. Die Abfahrt hinunter nach Kötschach-Mauthen hat zwar nur vier Kehren zu bieten, ist dafür mit Gefälle bis 10% etwas steiler, aber genauso gut ausgebaut wie die Nordrampe.

Schnell sind wir unten im weiten Talboden, der von der Gail durchflossen wird und in seiner östlichen Fortsetzung Oberes Gailtal heißt. Wir erwähnen dies deshalb, weil es uns unwillkürlich an die Gailtalerin erinnert, die vom österreichischen Liedermacher Wolfgang Ambros in seinem Liederwerk »Der Watzmann ruft« einem größeren Publikum ins Gedächtnis gerufen wird. Die beiden kunsthistorisch sehenswerten Kirchen Unsere liebe Frau, eine dreischiffige Hallenkirche aus spätgotischer Zeit in Kötschach, und die Pfarrkirche des hl. Markus, ursprünglich romanisch, später gotisiert, im Ortsteil Mauthen, lenken uns von diesem Thema wieder ab.

Die ehemalige Alpenfront

Auf keine sehr guten Gedanken bringt uns dann aber das Museum der Karnischen Front im Rathaus, dessen 30 Fotowände an ein sehr dunkles Kapitel erinnern, das sich hier während des Ersten Weltkriegs abgespielt hat. Leider spielte dabei auch der vor uns liegende Plöckenpass eine unrühmliche Rolle, war er doch eines der am heißesten umkämpften Gebiete der Alpenfront. Vom Parkplatz am Plöckenhaus, gut zwei Kilometer unterhalb der Passhöhe, führt ein Weg zu den restaurierten Frontstellungen des Ersten Weltkriegs mit Maschinengewehrstellungen, Laufgräben, Unterkunftsstellungen und Schautafeln mit ausführlicher Schilderung der Kriegstechniken. Da ich mich trotz meiner 15-monatigen Bundeswehrzeit nicht für dieses Geschehen erwärmen kann, fahren wir gleich zur Passhöhe, die wie ein Adlerhorst auf einem Bergkamm liegt und über nicht enden wollende Kurven und Kehren auf deutlich schlechter werdender Straße hinunter Richtung Tolmezzo führt.

Anspruchsvolle Strecke

Aber schon auf halber Strecke zwischen Paluzza und Sútrio biegen wir Richtung Santo Stefano di Cadore ins obere Piavetal ab, wo uns auf der gut 50 Kilometer langen Strecke von unübersichtlichen Biegungen, scharfen S-Kurven, Spitzkehren, Engstellen und Hinweisschildern mit Schleuder-, Steinschlag und Murengefahr so ziemlich alles geboten wird, was das Fahren im Alpenraum an Anspruchsvollem zu bieten hat.

Trotzdem sind wir ganz froh, als wir bei der Einmündung in das Ansieital diesen Abschnitt hinter uns haben. Wir erholen uns etwas in Auronzo di Ca-

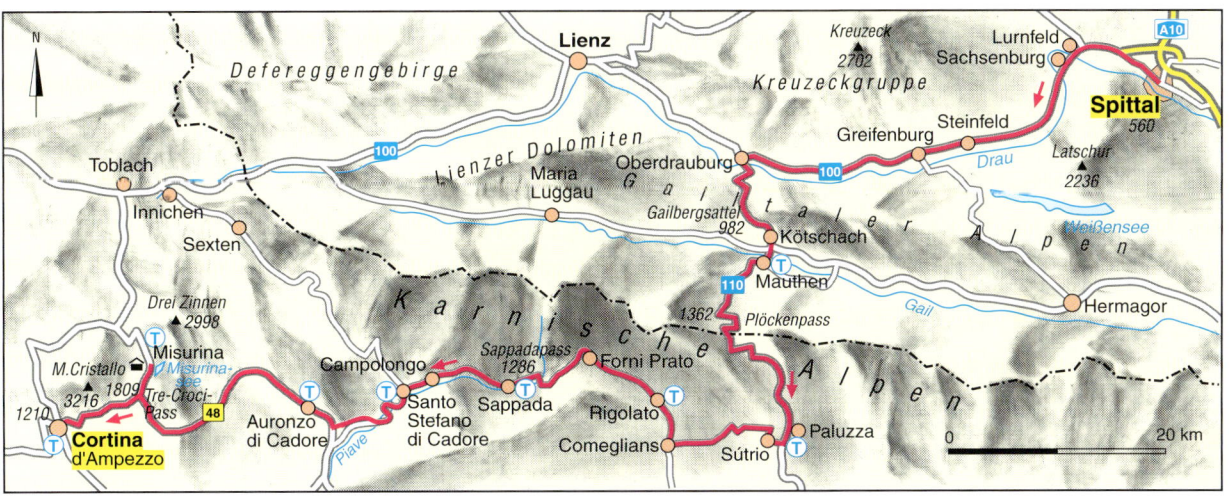

Der Misurinasee ist nicht allzu groß und kann mit dem Boot leicht überquert werden.

135

dore, einem kilometerlangen Straßendorf am Lago di Santa Caterina, bevor wir der kaum ansteigenden Straße ins dicht bewaldete Ansieital folgen. Je weiter wir vordringen, desto beeindruckender werden die Ausblicke auf die Berge der Gruppo delle Marmarole und der Sorapisgruppe auf der südlichen Talseite. Bevor hinter den Häusern von San Marco der mächtige Felsklotz des Dito di Do den Weiterweg zu versperren scheint, biegt die Straße nunmehr mit 10% Steigung nach Norden zum Hotel Cristallo ab.

Panoramablick

Wir genießen den Rundblick auf die Cristallogruppe im Nordwesten, die Sorapis- und Marmarolegruppe im Süden und die Cadinigruppe im Nordosten und stoppen wenig später bereits wieder an der Straßengabelung Misurina/Cortina d'Ampezzo. Hier bietet sich uns zwar keine Aussicht, aber rechts locken die Hochfläche von Misurina und die Auffahrt über die Straße zum Rifugio Auronzo am Fuße der Drei Zinnen, die sich von dieser Seite aber eigentlich mehr als Zwei Zinnen präsentieren. Den kurzen Abstecher zum Misurinasee nehmen wir noch mit, aber auf die Auffahrt zum Rifugio Auronzo verzichten wir diesmal, zum einen wegen der Mautgebühr, zum anderen aus Zeitgründen, denn um die berühmten Nordwände der

Die beiden Kehrentunnels im oberen Bereich auf der Südseite des Plöckenpasses erfordern Vorsicht.

STRECKENBESCHREIBUNG

STRECKENVERLAUF	Spittal an der Drau – Greifenburg – Oberdrauburg – Gailbergsattel – Kötschach-Mauthen – Plöckenpass – Abzweiger zwischen Paluzza und Sútrio – Sella Valcalda – Comeglians – Rigolato – Sappadapass – Campolongo – Santo Stefano di Cadore – Auronzo di Cadore – Kreuzung Misurina/Tre-Croci-Pass – Abstecher: Misurinasee – Tre-Croci-Pass – Cortina d'Ampezzo
GESAMTLÄNGE	199 km
ABSTECHER	Kreuzung Misurina/Tre-Croci-Pass – Misurina, hin und zurück 5 km
AUSGANGSPUNKT	Spittal an der Drau, 560 m
ENDPUNKT	Cortina d'Ampezzo, 1210 m
ANFAHRT ZUM AUSGANGSPUNKT	Autobahn Salzburg – Villach A 10 (Tauernautobahn), Ausfahrt Spittal/Millstätter See
STRASSENVERHÄLTNISSE	Bei der Abfahrt vom Plöckenpass im oberen Bereich zwei enge Kehrentunnels. Hier erhöhte Vorsicht. Zudem einige Engstellen sowie leichtere Belagschäden.
HÖCHSTE PUNKTE	Gailbergsattel, 982 m, Plöckenpass, 1362 m, Sappadapass, 1286 m, Tre-Croci-Pass, 1809 m
PASSÖFFNUNGSZEITEN	Durchgehend befahrbar
MAUTGEBÜHREN	Keine
SEHENSWÜRDIGKEITEN	**Spittal an der Drau:** Schloss Porcia mit Heimatmuseum, Bauern- und Bergbaumuseum im Rathaus
	Kötschach-Mauthen: Museum der Karnischen Front im Rathaus
	Plöckenpass: Freilichtmuseum Plöckenpass mit restaurierten Frontstellungen des Ersten Weltkriegs (Ausgangspunkt beim Parkplatz am Plöckenhaus)
	Cortina d'Ampezzo: Pfarrkirche und Glockenturm, Fossilien- und Mineraliensammlung im Ortsmuseum
SERVICESTELLEN	Spittal an der Drau: BMW, Suzuki
ÜBERNACHTUNG	Gasthof Brugger, Dellach 7, A-9872 Millstatt, Tel. 00 43/47 66/250 60; Bergbauernhof Alpenblick, Nischelwitz 3, A-9640 Kötschach-Mauthen, Tel. 00 43/47 15/6 13; Hotel Impero, Via Cesare Battisti 66, A-32043 Cortina d'Ampezzo, Tel. 00 43/4 36/42 46
KARTE	Generalkarte 1:200 000, Österreich, Blatt 6 und Südtirol/Dolomiten.

Drei Zinnen zu sehen, müssten wir noch einen Fußmarsch zum Paternsattel einplanen (siehe Tour 12). Stattdessen fahren wir zurück und lassen uns von der Aussicht vom Tre-Croci-Pass nach Westen auf die Ampezzaner Dolomiten für das Versäumte entschädigen. Eine schöne Abfahrt noch hinunter nach Cortina d'Ampezzo, wo wir nächtigen wollen. In herrliches Licht taucht die untergehende Sonne dabei die fast einzigartige Bergwelt rund um das Ampezzaner Becken. Bekannte Namen wie Tofanen, Cristallo, Pelmo und Civetta sind genauso darunter wie die skurril geformten Cinque Torri oder die mauergleiche Croda da Lago. Noch berühmter machte die Stadt allerdings die Winterolympiade von 1956, bei der der österreichische Skirennläufer Toni Sailer drei Goldmedaillen gewann.

Die Ostalpen-Durchquerung

4. Abschnitt: Von den Dolomiten in den Vinschgau

Es war gar nicht so leicht, im Olympiaort Cortina d'Ampezzo ein Zimmer für eine Nacht zu finden, welches unsere Reisekasse nicht in allzu großem Maße belastete. So verbrachten wir einige Zeit mit der Suche nach einer einigermaßen günstigen Herberge. Wir fanden sie etwas außerhalb der Ortschaft, schon auf der Auffahrt zum Falzáregopass Richtung Pocol gelegen. Leider nahm man dort nicht allzu viel Rücksicht auf das Ruhebedürfnis eines müden Motorradfahrers, mit anderen Worten: Es herrschte fast die halbe Nacht ein Mordslärm, so dass wir anderntags dem Olympiaort etwas müde und nicht gerade in bester Laune den Rücken kehrten. Dies aber sollte sich bald ändern, immerhin lag mit der großen Dolomitenstraße, die über die Pässe Falzárego, Pordoi und Karer hinüber nach Bozen führt, einer der schönsten und großartigsten Streckenteile der gesamten Reise vor uns.

Über eine Kehrengruppe beginnen wir die Auffahrt zum Falzáregopass, nach einem kurzen Felstunnel bleibt das Ampezzaner Becken hinter uns, dafür zeigen sich vor uns die glatten, gelben Wände der Tofanen wie herausgeputzt im Licht der ersten Morgensonne. Weitere nummerierte Kehren ermöglichen ein fast müheloses Höherschwingen und schon bald stehen wir nach der 21sten und damit auch letzten Kehre auf der Passhöhe. Ruhig liegt diese so früh am Morgen noch da und wir nehmen das Panorama der Bergspitzen rings um uns herum auf, aus denen sich die Gletscher der Marmolada im Westen fast fremdartig ausnehmen. So ruhig und friedlich war es hier oben jedoch nicht immer. Im Ersten Weltkrieg zählte der Pass zu den berüchtigsten Schauplätzen der Hochgebirgsfront.

Am »Blutberg«

Vor allem der Col di Lana, im Westen gut zu erkennen, erlangte als »Blutberg« traurige Berühmtheit, nachdem sein Gipfel von den Italienern mit fünf Tonnen Dynamit mitsamt den dort oben stationierten Österreichern in die Luft gejagt wurde. Aber auch der Kleine Lagazuoi direkt nördlich der Passhöhe wurde nicht verschont. Wer der zum Valparo-lapass hochführenden Straße folgt, kann gut die hellen Abbruchflächen und riesigen Steinlawinen am Wandfuß erkennen. Auf der von hier nur gut einen Kilometer entfernten Passhöhe steht zudem noch ein altes Sperrfort.

Bei der Abfahrt über die Westseite macht die 3342 Meter hohe Marmolada ihrem Namen immer mehr Ehre. Marmolada, auf Ladinisch auch Marmoléda genannt, bedeutet so viel wie die »Schimmernde« oder »Glänzende« und so zeigt sie sich auch mit ihren fast drei Kilometer langen Eisfeldern. Abgelenkt werden wir dabei nur von einem 50 Meter langen Kehrentunnel und kopfsteingepflasterten Kehren im obersten Streckenbereich sowie von der Burg Andraz, deren Turmruine aus den Wäldern der nördlichen Passseite aufragt.

An einer Abzweigung bei Kehre Nr. 1 fahren wir geradeaus weiter ab und gelangen in das Buchenstein, italienisch Livinallongo, wie das Tal des obersten Cordevole bezeichnet wird. Das stark bewaldete Tal, das sich am Bergfuß des Col di Lana entlangzieht, bietet wenig Aussicht und nur im Süden ist kurz die gewaltige Nordostwand der Civetta zu erkennen, während Buchenstein, der Hauptort des nur schwach besiedelten Landstrichs, den Blick auf den Monte Pelmo eröffnet.

Eine einzige Kurve

In Arabba liegt das Buchenstein hinter und die Ostseite des Pordoijochs mit genau 33 Kehren vor uns. Eine Kehre reiht sich dabei fast unmittelbar an die andere und so erscheint die Auffahrt beinahe wie eine einzige Kurve, bei der das Aufrichten auf den kurzen Geraden willkommene Abwechslung ist. Solchermaßen schwindlig gefahren brauchen wir auf der Passhöhe etwas Zeit, um uns zurechtzufin-

Bei der Abfahrt über die Ostseite des Pordoijochs rücken die Ampezzaner Dolomiten ins Blickfeld.

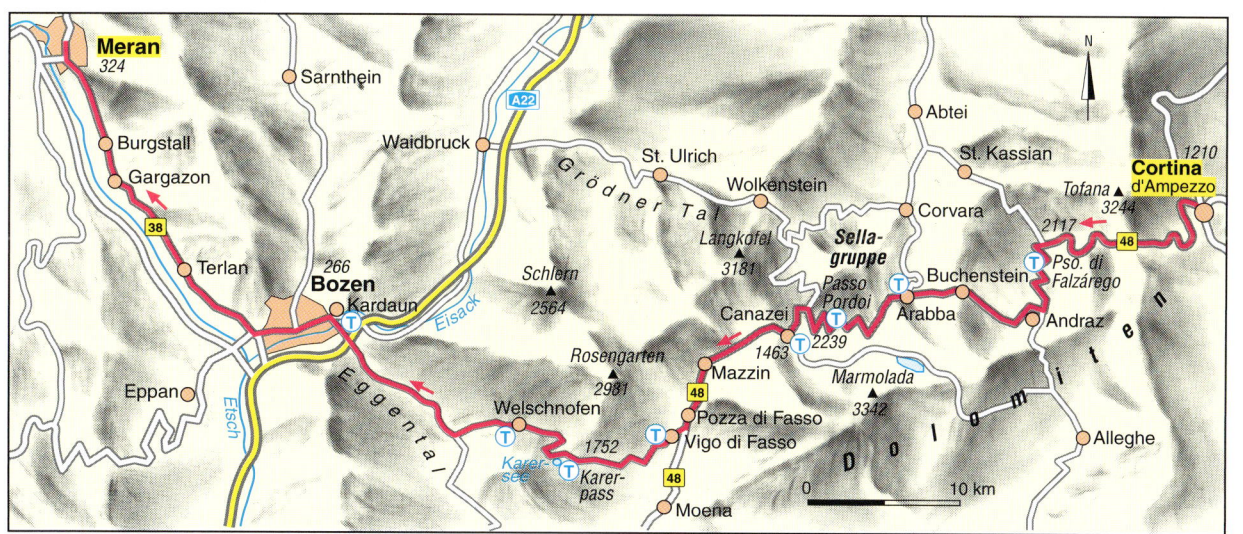

Linke Seite: Das Pordoijoch liegt auf 2239 Metern Höhe.

den. Dann sehen wir die Talstation der Seilbahn zum Sass Pordoi, lösen eine Karte und schweben in nur vier Minuten zum Gipfel, wo uns ein überwältigendes Panorama erwartet, das fast über die gesamten Dolomiten bis hin zum Ortler und zu den Julischen Alpen im Westen reicht.

Jede Menge Kurven und Kehren erwarten uns dann wieder bei der Abfahrt über die Westseite des Pordoijochs hinunter nach Canazei, wo wir ohne anzuhalten gleich das Fassatal auswärts fahren. Erst in San Giovanni gehen wir wieder vom Gas, um die Abzweigung zum Karerpass nicht zu übersehen. Mit »Pso. di Costalunga« ist er hier ausgeschildert. Nach einer eher reizlosen Auffahrt sind wir von dem Wiesensattel der Passhöhe, die schön eingebettet zwischen der Rosengartengruppe im Norden und dem Latemarmassiv im Süden liegt, fast etwas überrascht.

Es soll nicht die einzige Überraschung bleiben, denn noch liegen der Karersee, der, eingebettet zwischen dunkle Tannenwälder und überragt von den hellen Felsspitzen der Latemargruppe, als schönster Dolomitensee gilt, und die bedrückende Enge der Eggentaler Schlucht vor uns, bevor wir das breite Bozener Becken erreichen. Die verkehrsreiche Hauptstadt Südtirols lassen wir links liegen und fahren noch das Etschtal aufwärts nach Meran.

Der Karersee, in dem sich die Spitzen der Latemargruppe spiegeln, gilt als schönster Dolomitensee.

 **STRECKENBESCHREIBUNG**

STRECKENVERLAUF	Cortina d'Ampezzo – Falzáregopass – Andraz – Arabba – Pordoijoch – Canazei – San Giovanni – Karerpass – Kardaun – Bozen – Meran
GESAMTLÄNGE	141 km
AUSGANGSPUNKT	Cortina d'Ampezzo, 1210 m
ENDPUNKT	Meran, 324 m
ANFAHRT ZUM AUSGANGSPUNKT	Brennerautobahn A22, Ausfahrt Bressanone,Brixen – Bruneck – Toblach – Schluderbach – Cortina d'Ampezzo
STRASSENVERHÄLTNISSE	Bei der Abfahrt vom Falzáregopass kurz unterhalb der Passhöhe ein unbeleuchteter Kehrentunnel sowie einige kopfsteingepflasterte Kehren. Bei Nässe hier erhöhte Vorsicht.
HÖCHSTE PUNKTE	Falzáregopass, 2117 m, Pordoijoch, 2239 m, Karerpass, 1752 m
PASSÖFFNUNGSZEITEN	Ganzjährig befahrbar
MAUTGEBÜHREN	Keine
SEHENSWÜRDIGKEITEN	**Cortina d'Ampezzo:** Pfarrkirche und Glockenturm, Fossilien- und Mineraliensammlung im Ortsmuseum
	Falzáregopass: Burgruine Andraz auf der Westseite des Falzáregopasses
	Pordoijoch: Seilbahn auf den Sass Pordoi, 2950 m, Ehrenmal für die Opfer des Gebirgskriegs, etwa 1,5 km östlich der Passhöhe
	Vigo di Fássa: Johanniskirche, Giulianakirche und Talmuseum;
	Karerpass: Karersee und Eggentaler Schlucht auf der Westseite
	Bozen: Denkmal für Walther von der Vogelweide im Dom, Stadtmuseum, Burg Runkelstein
	Meran: Landesfürstliche Burg, Zenoburg, Laubengasse
SERVICESTELLEN	Bozen: Honda, Yamaha, BMW, Kawasaki; Meran: Honda, Yamaha, BMW, Kawasaki
ÜBERNACHTUNG	Hotel Evaldo, I-32020 Arabba, Tel. 00 39/0436/7 91 09;Hotel Residence, I-32020 Arabba, Tel. 00 39/04 36/7 91 35; Hotel Savoia, Passo Pordoi, I-38032 Canazei, Tel. 00 39/04 62/60 17 17; Hotel Sole, Via Cotura, I-38039 Vigo di Fassa, Tel. 00 39/04 62/76 40 42; Gasthof Pardeller, Romstr. 18, I-39056 Welschnofen, Tel. 00 39/04 71/61 31 49
KARTE	Generalkarte 1:200 000, Blatt Südtirol/ Dolomiten.

Spezialtipp: Sonnenuntergang am Karersee

Fast Pflicht für jeden Motorradfahrer ist ein Stopp am Karersee auf der Westseite des Karerpasses, auch wenn der Parkplatz gebührenpflichtig ist. Die Schönheit des Sees erschließt sich dabei jedoch nur zu ganz bestimmten Tageszeiten und idealen Lichtverhältnissen. Besonders am späten Nachmittag, wenn sich die von der tief stehenden Sonne beleuchteten Spitzen der Latemargruppe im dunklen Wasser spiegeln, ist er am stimmungsvollsten und romanischsten.

Die Ostalpen-Durchquerung

5. Abschnitt: Vom Vinschgau nach Graubünden

Als Startpunkt der fünften und letzten Etappe unserer Ostalpendurchquerung haben wir nicht Meran gewählt.

So verlockend sich der Kurort mit seinen malerischen Altstadtgassen, den Laubengängen und eleganten Kurprome-

naden am Passerufer auch anbieten möchte, wir hatten gute Gründe, diesen weiter etschaufwärts ins Vinschgau

zu verlegen. Zum einen lag mit dem Stilfser Joch, dem Umbrailpass, dem Ofenpass und dem Flüelapass hinüber ins

schweizerische Graubünden nach Davos noch einiges an Strecke vor uns; entscheidender aber war, dass wir das

Stilfser Joch so früh am Morgen wie möglich angehen wollten. Auch wenn man es fast nicht glauben möchte, aber

nach dem Brennerpass gilt das Stilfser Joch als meistbefahrene Passstrecke Italiens. Es war nicht unsere erste Fahrt.

Aus Erfahrung wußten wir, dass hier immer mit großem Verkehrsaufkommen zu rechnen ist, und vor allem, wenn

zu Hauptreisezeiten viele Wohnmobile unterwegs sind, an Fahrspaß überhaupt nicht mehr zu denken ist.

So nervten wir die freundliche Zimmerwirtin im Unteren Vinschgau mit unserem Wunsch, das Frühstück schon um sieben Uhr früh einnehmen zu können, und bogen wenig später schon bei Spondinig Richtung Stilfser Joch ein. Unsere Rechnung scheint aufzugehen: Nur einige Einheimische, wohl auf dem Weg zur Arbeit, kommen uns entgegen, als wir durch Prad ins Trafoier Tal einfahren. Die Touristen scheinen noch zu schlafen, als wir hinter Gomagoi die erste Kehre mit der Numerierung 48 angehen. Noch etwas steif winkeln wir die Maschine herum und stellen fest, dass sie trotz des engen Radius und des großen Steigungswinkels recht gut zu handhaben ist. Unsere Fahrweise wird flüssiger und es bleibt sogar Zeit dem Ortler mit seinen Eisströmen etwas Aufmerksamkeit zu widmen, die dieser hinter Trafoi zu Tal schickt.

Spitzwinklige Straßenführung

Dies sollte sich bei der Franzensfeste – benannt nach Kaiser Franz I. von Österreich – ändern. Die letzten 21 Kehren hinauf zur Passhöhe liegen vor uns und diese sind von ganz anderem Kaliber als die bisherigen. Waren diese noch wenigstens einigermaßen rund zu befahren, ist das bei den folgenden nicht mehr möglich. Spitzwinklig, fast ohne jede Rundung wurden sie in den Berg getrieben, mit dem einzigen Zweck, der Trasse so eine Richtungsänderung zu geben.

Auf fahrerische Belange wurde dabei wenig Rücksicht genommen und so bleibt uns nichts anderes übrig, als uns Spitzkehre um Spitzkehre höher zu schwindeln. Schlaglöcher und Risse im Betonband der Straße tragen ebenfalls nicht viel dazu bei, Vertrauen in die Fahrstrecke zu entwickeln. Wir behalten unsere vorsichtige Fahrweise bei und lassen uns auch nicht davon abbringen, als uns immer mehr später gestartete Motorradfahrer überholen.

Oben angekommen unterhalten wir uns mit einigen von den Motorradfahrern über ihre Fahreindrücke und bekommen von der Bewertung »einmalig« bis »abartig« so ziemlich alles zu hören. Als sich die Passhöhe immer mehr mit Touristen zu füllen beginnt, fahren wir wenige Kilometer bis zur Straßenkreuzung bei der Cantoniera IVa, einem verfallenen Straßenwärterhäuschen, ab und stehen wenig später vor der italienischen Grenzstation. Der Schweizer Zoll folgt, dann geht es auf teilweise unbefestigter, aber durchaus gut zu befahrender Naturstraße kehrenreich über die Nordseite des Umbrailpasses ins freundliche grüne Münstertal nach Sta. Maria.

Durch den Nationalpark

Scharf müssen wir am Ortseingang abbremsen, dicht drängen sich die Häuser zusammen und spitzwinklig zweigt die Straße in der Ortsmitte nach links zum Ofenpass ab. So eng die Ortschaft sich auch zeigt, so weit ist das Tal und so viel Platz bleibt für die Straße, die nur durch wenige Kehren unterbrochen zur Passhöhe hinaufführt. Der landschaftlich schönere Teil ist dann aber die Abfahrt über die

Blick auf die Passhöhe des Stilfser Jochs. Im Hintergrund die Bergwelt der Ortleralpen.

*Linke Seite:
Fast unmittelbar neben der Straße erhebt sich Burg Kastelbell im Vinschgau.*

Westseite mitten durch den Schweizer Nationalpark, durch den nur diese einzige Straße führt und die Natur ansonsten sich völlig selbst überlassen bleibt.

In Punt la Drossa, etwa in der Mitte des Nationalparks, überlegen wir kurz, ob wir dem hier ins italienische Zollfreigebiet von Livigno führenden Munt-la-Schera-Tunnel folgen sollen, entscheiden uns dann aber dagegen. Zwar ist das Benzin dort recht billig, aber zum einen ist unser Tank noch halb voll und zum anderen müssen wir bei der Rückfahrt damit rechnen, von den Schweizer Zöllnern daraufhin gefilzt zu werden, ob wir nicht Spirituosen, Zigaretten oder andere Genußmittel eingeschmuggelt haben. Da fahren wir lieber gleich nach Zernez weiter und sehen uns das kleine Museum im Nationalparkhaus an, bevor wir dem Lauf des Inns nach Susch folgen, das nicht nur die Trennlinie zwischen Ober- und Unterengadin, sondern auch den Ausgangspunkt zum Flüelapass darstellt.

Alte Handelswege

Die alten Festungstürme des Ortes fallen uns auf, die noch aus der Zeit stammen, als Erz und Salz über diesen alten Handelsweg transportiert wurden. Holpriges Kopfsteinpflaster begleitet uns noch bis zum Ortsausgang, dann aber lassen uns schöne

Die Ortschaft Susch ist nicht nur die Trennlinie zwischen dem Ober- und Unterengadin, sondern auch Ausgangspunkt zum Flüelapass.

STRECKENBESCHREIBUNG

STRECKENVERLAUF	Meran – Spondinig – Stilfser Joch – Umbrailpass – Sta. Maria im Münstertal – Ofenpass – Zernez – Susch – Flüelapass – Davos
GESAMTLÄNGE	167 km
AUSGANGSPUNKT	Meran, 324 m
ENDPUNKT	Davos, 1560 m
ANFAHRT ZUM AUSGANGSPUNKT	Brenner-Autobahn A22, Ausfahrt Bozen-Süd, Meran
STRASSENVERHÄLTNISSE	Zum Stilfser Joch vgl. Hinweise Tour 15. Zum Umbrailpass vgl. Hinweise Tour 16.
HÖCHSTE PUNKTE	Stilfser Joch, 2757 m, Umbrailpass, 2503 m, Ofenpass, 2149 m, Flüelapass, 2383 m
PASSÖFFNUNGSZEITEN	Stilfser Joch, offen 1. Juni bis 31. Oktober; Umbrailpass, offen 15. Mai bis 15. November; die Grenzstation ist zwischen 1. Juli und 30. September nur zwischen 6.00 und 22.00 Uhr geöffnet
MAUTGEBÜHREN	Keine
SEHENSWÜRDIGKEITEN	**Meran:** Landesfürstliche Burg, Zenoburg, Laubengasse
	Ofenpass: Schweizer Nationalpark
	Zernez: Museum im Nationalparkhaus
	Davos: Altes Pfrundhaus mit Heimatmuseum, Ernst-Ludwig-Kirchner-Museum in Davos-Platz
SERVICESTELLEN	Meran: Honda, Yamaha, BMW, Kawasaki; Samedan: Honda, Suzuki; Celerina: Kawasaki; Chur: Honda, Yamaha, BMW, Kawasaki, Suzuki
ÜBERNACHTUNG	Hotel Westend, Speckbacherweg 9, I-39012 Meran, Tel. 00 39/04 73/44 76 54; Pension Restaurant Hirschen, CH-7534 Lü/Val Müstair, Tel. 00 41/81/8 58 51 81; Hotel Heiss, Obere Straße 11, CH-7270 Davos-Platz, Tel. 00 41/81/4 13 62 48
KARTE	Generalkarte 1:200 000, Blatt Südtirol/Dolomiten und Schweiz, Blatt 3

Kehrengruppen viel zu schnell die Passhöhe erreichen. Gut ausgebaut und breit ist auch die Straße auf der Westseite hinunter in den Ferien- und Höhenluftkurort Davos, wo wir unsere Reise durch die Ostalpen recht unspektakulär beenden.

Spezialtipp: Sehenswerte gotische Fresken

Wer sich vom langen Sitzen auf der Maschine etwas erholen möchte, dem sei eine leichte Wanderung zum bekannten Schloss Tirol bei Meran empfohlen. Sehenswert sind hier vor allem die romantischen Portale von Palas und Burgkapelle sowie die gotischen Fresken in der Kapelle.

Ausgangspunkt für die Wanderung ist die Kirche in Gratsch bei Meran, 375 m, weiter über die Ortschaft St. Peter zum Schloss, 647 m. Als reine Gehzeit für Auf- und Abstieg sind zwei Stunden zu veranschlagen.

Die Westalpen-Durchquerung

1. Abschnitt: Von Graubünden in die Zentralschweiz

Als Ausgangspunkt unserer Westalpen-Durchquerung haben wir, aufgrund der besseren Erreichbarkeit, Chur gewählt. Ihrer zentralen Lage wegen wird die Stadt ohnehin als »Tor zu Bündner Pässen und Gebirgen« bezeichnet. Sie gilt zudem als älteste Stadt der Schweiz, denn Spuren menschlicher Besiedelung wurden hier schon über einen Zeitraum von 5000 Jahren nachgewiesen. Wenn sich die Stadtsilhouette mit ihren Betonbauten bei der Anfahrt auch noch wenig einladend zeigt, ändert sich dies bei einem Bummel durch die Altstadt.

Dunkle Gewitterwolken brauen sich über der Ortschaft Aquila im Bleniotal zusammen.

zu. Am Martinsplatz mit der spätgotischen St. Martinskirche sehen wir wieder schöne alte Bürgerhäuser, darunter das Zunfthaus der Schneider und das Haus Buol mit dem Rätoromanischen Museum. Die Bischofsstadt, den so genannten Churer Hof, die ehemalige bischöfliche Residenz mit der Marienkathedrale, die etwas erhöht auf einem Felsen liegt, betrachten wir nur von unten und wandern durch die Süsswinkelgasse und die Reichsgasse zurück zum Postplatz. Ein kurzer Druck auf den Startknopf und unsere Maschine springt zuverlässig wie gewohnt an. Weil wir wegen fehlender Vignette die Autobahn nicht benutzen dürfen, vergeht etwas Zeit, bis wir die Landstraße nach Reichenau gefunden haben. Dort zieht die Autobahn ohnehin nach Süden ins Hinterrheintal, während wir die Weiterfahrt durch das Vorderrheintal Richtung Oberalppass wählen. Nichts deutet mehr darauf hin, dass hier in der Späteiszeit gewaltige Felsmassen von den Hängen der Glarner Alpen abbrachen und zu Tale donnerten. Wald bedeckt das Gebiet, geht kurz vor der Skiarena von Flims-Laax zurück, von wo sich die Trasse wieder in den geschützten Talkessel von Ilanz absenkt.

Der Fremdenverkehrsverband hat sich etwas ganz Besonderes einfallen lassen und zwei Stadtrundgänge mit roten bzw. grünen Fußspuren markiert, denen wir nur zu folgen brauchen. Sie beginnen am Hauptverkehrsplatz, dem Postplatz, und führen vorbei an repräsentativen Graubündner Herrenhäusern zum gotischen Rathaus mit der Markthalle im Erdgeschoß. 1803 stimmte hier der Große Rat dem Beitritt Graubündens in die Eidgenossenschaft

Zwei Gebäude heben sich dort deutlich ab: die Casa Gronda mit ihrem Turmhelm, ein altes Patrizierhaus, das nunmehr das Talmuseum beherbergt, und die Pfarrkirche mit ihrem frei stehenden Glockenturm, den man üblicherweise als Campanile bezeichnet und vorwiegend in Italien findet. Kurz hinter Ilanz grüßt die Pfarrkirche Waltensberg von den Hängen der rechten Talseite herab, in deren Inneren frühgotische Fresken freigelegt wurden, die zu den bedeutendsten der Schweiz gehören. Wer zu ihnen hochfahren will, bekommt den Schlüssel zur Kirche im Restaurant Post oder im Postamt.

Zum Lukmanierpass

Disentis wird ganz vom mächtigen Benediktinerkloster beherrscht. Im Vorbeifahren lenkt uns die beeindruckende Fassade aus dem 17. Jahrhundert mit den beiden selbstbewusst wirkenden Tür-men der Klosterkirche vom Hinweisschild ab. Fast hätten wir so die Abzweigung zum Lukmanierpass übersehen. Allzu schlimm wäre dies nicht gewesen, auch der Oberalppass führt nach Andermatt, aber wir ziehen es vor, die Strecke mit dem Umweg über

Die Ortschaft Airolo im Tessin ist Ausgangs- bzw. Endpunkt der Route über den St.-Gotthard-Pass.

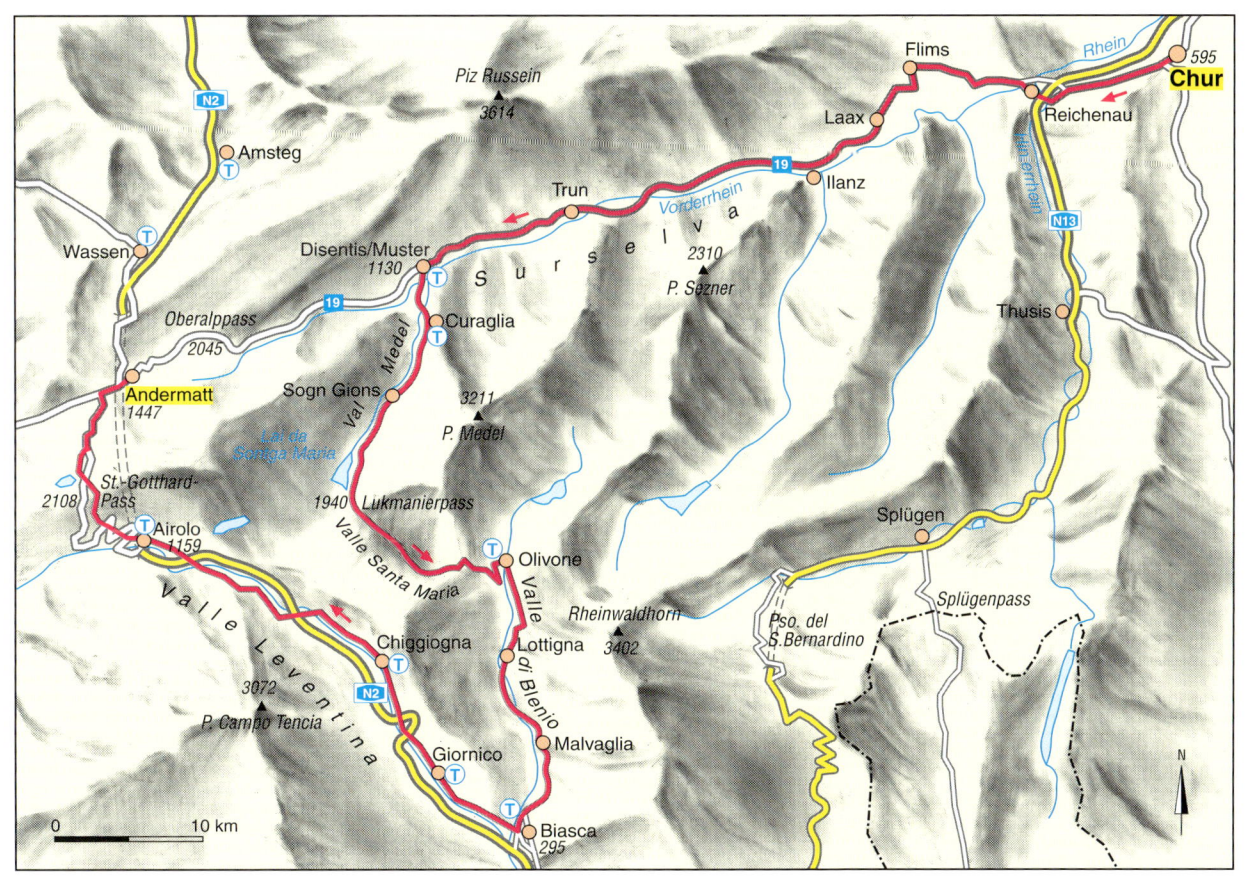

den Lukmanierpass und vor allem den St.-Gotthard-Pass landschaftlich und fahrerisch zu bereichern.

Der Lukmanier bildet dazu aber nur den Auftakt. Nach einer kurzen Abfahrt bringt uns eine Schlucht wieder aus dem Talboden des Vorderrheins über mehrere Tunnels und eine lange Galerie nach oben. Hinter Curaglia weitet sich das Tal, die Umgebung wird felsiger und der schüttere Bewuchs lässt nichts mehr davon erkennen, dass der Pass seinem Namen – Lucus magnus heißt großer Hain – der einstigen dichten Bewaldung verdankte. Die gut 100 Meter hohe Betonmauer des Lai da Sontga Maria wird sichtbar, eine lange Lawinengalerie nimmt uns die Sicht, bis an deren Ende das Hospezi San Marie mit der Passhöhe sichtbar wird.

Galerien & Kopfsteinpflaster

Zwei 100 Meter lange Tunnels, eine kurze Galerie und fünf Kehren zählen wir auf der 43 Kilometer langen Abfahrt hinunter nach Biasca, von der es sonst nicht viel zu berichten gibt. Von der Südrampe der St.-Gotthard-Passstraße, die wir bei Airolo angehen wollen und die mit ihren 24 engen, kopfsteingepflasterten Haarnadelkehren durch das Val Tremola, das »Tal des Zitterns«, gleichsam den Höhepunkt dieser Etappe bilden sollte, dagegen schon. Sie war nämlich durch eine Schranke

Kurzer Fotostopp auf der Strecke: Tiefblick auf die reißenden Wasser des Vorderrheins bei Flims.

STRECKENBESCHREIBUNG

STRECKENVERLAUF	Chur – Tamins – Flims – Laax – Disentis/Muster – Lukmanierpass – Biasca – Airolo – St.-Gotthard-Pass – Andermatt
GESAMTLÄNGE	179 km
AUSGANGSPUNKT	Chur, 595 m
ENDPUNKT	Andermatt, 1447 m
ANFAHRT ZUM AUSGANGSPUNKT	Autobahn Bodensee – Chur A13, Ausfahrt Chur-Süd
STRASSENVERHÄLTNISSE	Die Auffahrt zum St.-Gotthard-Pass über die alte Straße durch das Val Tremola mit ihren 24 engen, teilweise kopfsteingepflasterten Kehren kann nur bei trockenen und guten Wetterverhältnissen unternommen werden. Ansonsten die gut ausgebaute neue Umgehungsstraße benutzen.
HÖCHSTE PUNKTE	Lukmanierpass, 1940 m, St.-Gotthard-Pass, 2108 m
PASSÖFFNUNGSZEITEN	Lukmanierpass, offen 15. Mai bis 30. November; St.-Gotthard-Pass, offen 15. Mai bis 15. November
MAUTGEBÜHREN	Keine
SEHENSWÜRDIGKEITEN	**Chur:** Bischöfliches Schloss, Kirche St. Martin, Rathaus, Altes Gebäude **Disentis/Muster:** Benediktinerabtei mit Barockkirche und Klostermuseum **Airolo:** Festung (geführte Besichtigung) **St.-Gotthard-Passhöhe:** Museum zur Passgeschichte in der Alten Sus **Andermatt:** Wallfahrtskirche Maria Hilf und Suworow-Haus
SERVICESTELLEN	Chur: Honda, Yamaha, BMW, Kawasaki, Suzuki; Bonaduz: Yamaha; Ilanz: Honda, Suzuki
ÜBERNACHTUNG	Hotel Bellaval, Via Falera, CH-7031 Laax, Tel. 00 41/81/9 21 47 00; Hotel Bellavista, Oberalpstr. 220c, CH-7180 Disentis, Tel. 00 41/81/9 47 52 73; Hotel Bergidyll Garni, Gotthardstr. 39, CH-6490 Andermatt, Tel. 00 41/41/8 87 14 55
KARTE	Generalkarte 1:200000, Schweiz, Blatt 3.

gesperrt und ein Straßenarbeiter klärte uns darüber auf, dass bei einem Unwetter vor wenigen Tagen ein Felssturz zu Tal gegangen war und einen Teil der Strecke verschüttet hatte. Es würde noch einige Tage dauern, bis die wieder befahrbar sei. Solchermaßen wieder auf die Gefahren des Hochgebirges aufmerksam gemacht, weichen wir auf die neue Straße aus, deren Befahrung zwar nicht so reizvoll ist, die uns dafür aber sicher über den Pass nach Andermatt bringt.

Spezialtipp: Highlight für Pässefahrer
Die alte Passstraße durch das Val Tremola, das »Tal des Zitterns«, zwischen der St.-Gotthard-Passhöhe und Airolo, mit 24 kopfsteingepflasterten Haarnadelkehren ist ein Highlight für Pässefahrer. Bei guten Wetterverhältnissen ist die Befahrung, auch problemlos möglich. Bei Regen oder Nebel ist von einer Befahrung abzuraten. Im ehemaligen Hospiz auf der Passhöhe erinnert ein Museum an die Gefahren, denen Reisende früher hier ausgesetzt waren.

Die Westalpen-Durchquerung

2. Abschnitt: Von der Zentralschweiz ins Wallis

Der kürzeste Weg, der von Andermatt hinüber ins Rhônetal führt, ist der über den Furkapass. Aber nur wer es auch wirklich eilig hat, sollte diesen Übergang wählen. Wer lieber, so wie wir, die Bergwelt noch etwas länger genießen will, sollte den Umweg über den Sustenpass und den Grimselpass vorziehen. Gut 50 Kilometer mehr stehen dann zwar auf dem Tacho, aber dies sind in erster Linie 50 Kilometer mehr Kurven und Fahrvergnügen.

Also verlassen wir Andermatt in nördlicher Richtung, den St.-Gotthard-Pass abwärts. Durch einen kurzen Felstunnel, das »Urner Loch«, lassen wir das weite Hochtal hinter uns und fahren in die Schöllenenschlucht ein, deren dunkle Granitwände bedrückend eng zusammenrücken. Gar nicht bedrückend eng ist dagegen die Straße, die breit und gut ausgebaut, teilweise durch Galerien geschützt, mit etwa 10% Gefälle abwärts verläuft. Rechts an der Felswand erkennen wir kurz eine rote Zeichnung, die den Teufel darstellen soll, der mit einer Gabel auf eine Ziege einsticht. Hier etwa muss die alte Teufelsbrücke gestanden haben, bei deren Bau derselbige mit im Spiel gewesen sein soll. Zum Lohn sollte er die erste lebende Seele erhalten, die über die Brücke ging. Die schlauen Schweizer schickten eine Ziege hinüber und prellten so den Teufel um seinen Lohn. Heute würde dies bestimmt die Tierschützer auf den Plan rufen, denken wir und übersehen dabei den Parkplatz, von dem aus noch die Nachfolgerin dieser alten Brücke zu erkennen ist.

Nicht zu übersehen ist dagegen das Kirchlein St. Gallus von Wassen, weithin sichtbar auf einem Granithügel gelegen, dessen drei Altäre aus der Meisterwerkstatt der Oberwalliser Künstlerfamilie Ritz stammen. Bekannt ist das Kirchlein aber noch aus einem anderen Grund. Vom Hügel hat man einen schönen Blick auf die Bogenbrücken und Kehrentunnels der St.-Gotthard-Bahn, die sich in drei Kreisbahnen um das Dorf herum nach oben windet.

Wir folgen der Sustenstraße durch die enge Mündungsschlucht der Meienreuss, die uns überraschend in ein weites, blumenübersätes Hochtal entlässt. Die Straße ist gut ausgebaut, nirgends gibt es Ecken oder Kanten, die erhöhte Konzentration erfordern würden. So können wir die immer hochgebirgiger werdende Umgebung ausreichend betrachten. Im Schlussanstieg fällt uns vor allem das Sustenhorn auf, dessen Nordwestflanke dem Matterhorn durchaus nicht unähnlich ist.

Gletscherblick

Die Passhöhe selbst unterfahren wir in einem 325 Meter langen Scheiteltunnel und setzen die Abfahrt über die Westseite fort, deren Panorama sich nochmals um eine Stufe steigert. Beeindruckend ist der Blick vom Hotel Steingletscher auf die vom Gwächtenhorn herabziehenden Eisströme. Ein Halt drängt sich hier förmlich auf. Auch die Westrampe ist gut ausgebaut und lässt das Fahren keineswegs in Arbeit ausarten, so dass wir frisch und voller Tatendrang in Innertkirchen ankommen.

Bevor wir nun die lange Auffahrt durch das Haslital zum Grimselpass angehen, machen wir noch einen kurzen Abstecher Richtung Meiringen zur Aareschlucht. Die Aare hat hier seit der letzten Eiszeit

Die Aareschlucht, die in der letzten Eiszeit entstand, ist eine der Hauptsehenswürdigkeiten des Berner Oberlandes.

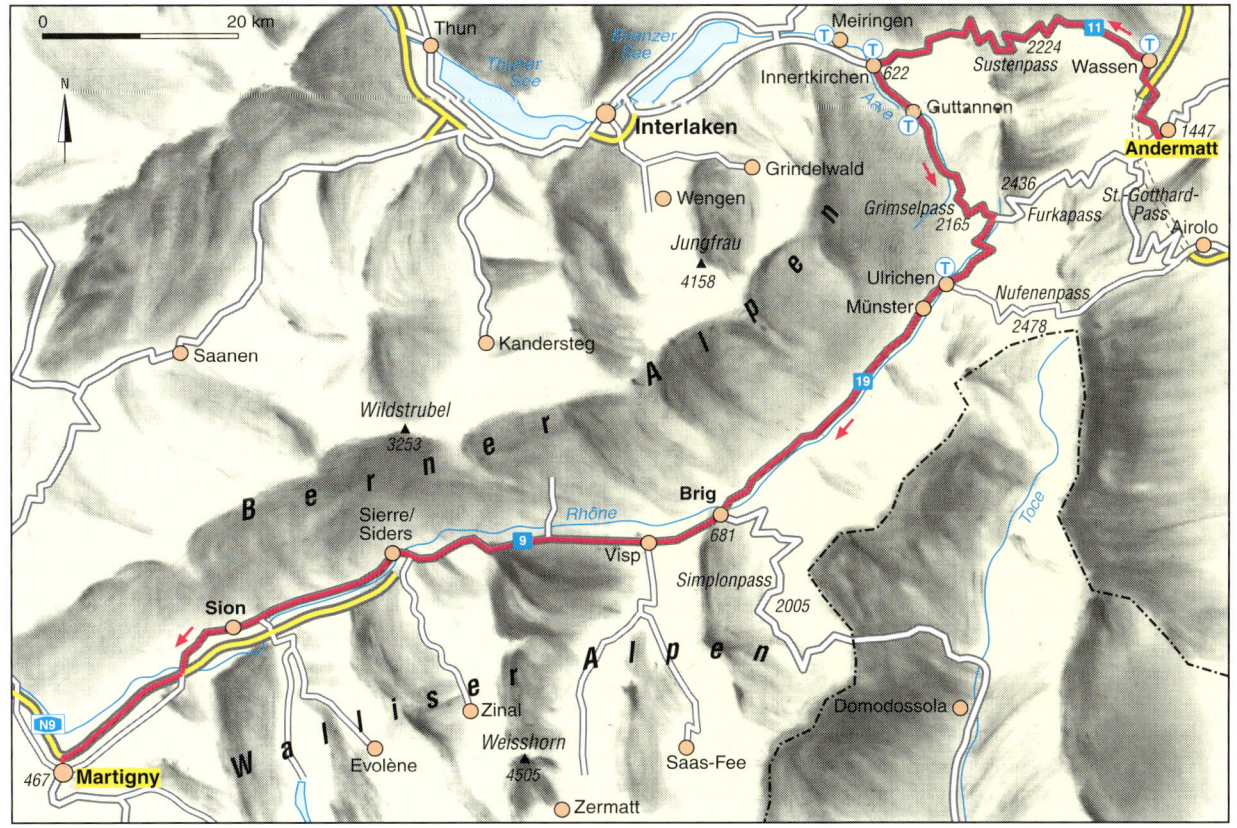

Linke Seite: Brig im Rhônetal mit seinem Wahrzeichen, dem Stockalperschloss, ist durchaus eine Stadtrundfahrt wert.

eine 200 Meter tiefe und fast einein- halb Kilometer lange Schlucht geschaffen, die mit ihren zahllosen Nischen, Grotten, Gewölben und Einbuchtungen über Steige gefahr- los zu begehen und zu einer der Hauptsehenswürdigkeiten des Ber- ner Oberlandes geworden ist.

Nicht einmal eine Stunde später ste- hen wir oben auf der Grimselpass- höhe und blicken über eine Welt aus Granit, Eis und gewaltigen Stauseen auf einen Teil der Auffahrtsstrecke zurück. Still und friedlich liegt auch der kleine Totensee hier oben vor uns. Wir möchten es kaum glauben, dass er seinen makabren Namen von den Toten erhalten haben soll, die 1799 bei den Kämpfen zwischen Österreichern und Franzosen im See bestattet worden sein sollen.

Sechs weit geschwungene Kehren führen über die Südseite hinunter nach Gletsch und noch ein paar en- gere Kehren über eine Steilstufe hin- aus ins oberste Rhônetal, das hier Goms genannt wird. Hier oben ist es noch recht ruhig und ursprünglich geblieben, was sich aber, je weiter man talauswärts fährt, ändert. Vor allem ab Brig, wo die Simplonroute einmündet, wird es verkehrsreich. Die Schönheiten, die dieses frucht- bare Tal, das dem ganzen Kanton sei- nen Namen gegeben hat, dennoch bereithält, sind vom Talboden aus allenfalls zu erahnen. Um diese wirk- lich kennenzulernen, müsste man schon die gut ausgebaute, zwei-

Rast im Café Sustenbrüggl auf der Ost- seite des Sustenpasses.

STRECKENBESCHREIBUNG

STRECKENVERLAUF	Andermatt – Wassen – Sustenpass – Innertkirchen – Grimselpass – Gletsch – Ulrichen – Brig – Sierre/Siders – Sion – Martigny
GESAMTLÄNGE	216 km
AUSGANGSPUNKT	Andermatt, 1447 m
ENDPUNKT	Martigny, 467 m
ANFAHRT ZUM AUSGANGSPUNKT	St.-Gotthard-Autobahn A2, Ausfahrt Göschenen – Andermatt
STRASSENVERHÄLTNISSE	Gut ausgebaute Straßen
HÖCHSTE PUNKTE	Sustenpass, 2224 m, Grimselpass, 2165 m
PASSÖFFNUNGSZEITEN	Sustenpass, offen 15. Juni bis 15. OktoberGrimselpass, offen 15. Juni bis 15. Oktober
MAUTGEBÜHREN	Keine
SEHENSWÜRDIGKEITEN	**Wassen:** Kirche St. Gallus
	Innertkirchen: Abstecher Richtung Meiringen zur Aareschlucht
	Grimselpasshöhe: Abstecher zum Oberaarsee (8 km, halbstündlich wechselnder Einbahnverkehr)
	Gletsch: Hotel Glacier du Rhône aus der »Belle Epoque«, Gletscherlehrpfad bei der Englischen Kapelle hinter dem Hotel
	Ulrichen: Ortsbild mit alten Walliser Holzhäusern
	Brig: Stockeralpschloss, Altstadt mit Sebastianskapelle
	Martigny: Museum Fondation Pierre Gianadda mit Funden aus der Römerzeit, Kunstausstellung und Oldtimer-Automobilmuseum
SERVICESTELLEN	Meiringen: Kawasaki, Suzuki; Brig: Yamaha, Suzuki; Naters: Honda; Sierre/ Siders: Suzuki, Honda, BMW; Sion: BMW, Kawasaki, Suzuki; Martigny: Yamaha, BMW, Honda
ÜBERNACHTUNG	Hotel Zum Weissen Rössli, CH-6487 Göschenen, Tel. 00 41/41/8 86 80 10; Hotel Casino, Av. Général Guisan 19, CH-3960 Sierre, Tel. 00 41/27/4 51 23 93
KARTE	Generalkarte 1:200 000, Schweiz, Blatt 3 und 4.

spurige Kantonstraße verlassen und in die Seitentäler ausweichen, die wir bereits von einem früheren Besuch kennen und in Tour 23 ausführlich beschrieben haben. So begnügen wir uns diesmal mit einem Blick auf die zahlreichen Burgen, die meist auf Hügeln oder Geländeterrassen liegend das Tal bis zu unserer Ankunft in Martigny zu bewachen scheinen.

Spezialtipp: Autos, Kunst, Konzerte

Oldtimerfreunde besuchen das Museum Fondation Pierre Gianadda in Martigny. Hier sind Automobile aus den Jahren 1897 bis 1939 ausgestellt. Bugatti, Daimler-Benz, Rolls-Royce stehen hier neben weniger bekannten wie Turicum, Sigma oder Pic Pic. In dem angeschlossenen Kulturzentrum finden Kunstausstellungen und Konzerte statt.

38 Die Westalpen-Durchquerung

3. Abschnitt: Über den Großen und Kleinen St. Bernhard

Zwei Pässe und zwei Grenzübertritte liegen heute vor uns. Der Große St. Bernhard soll uns aus der Schweiz nach Italien bringen und der Kleine St. Bernhard, nach einem eher kurzen Abstecher durch das Aostatal, von Italien hinüber nach Frankreich. Dies bedeutet noch einmal Grenzformalitäten und so legen wir unsere Ausweise ganz oben in den Tankrucksack.

Obwohl wir schon recht gespannt sind, was uns erwartet – vor allem der Große St. Bernhard mit seinen legendären Bernhardinerhunden regt unsere Fantasie an – starten wir nicht, ohne der Fondation Pierre Gianadda in Martigny einen Besuch abgestattet zu haben. In dem modernen Museumsbau ist unter anderem auch eine Oldtimerausstellung untergebracht. Leider sind keine Motorräder dabei, aber den Interessierten erfreuen auch Automarken von Alfa Romeo über Bugatti und Daimler-Benz bis zu Schweizer Fabrikaten wie Pic Pic oder Turicum.

Zurück bei unserer Maschine wird uns augenfällig, wie weit die Technik seitdem fortgeschritten ist. Lange halten wir uns mit diesen Überlegungen aber nicht auf und verlassen Martigny auf einer Allee von Ahornbäumen. Zwischen Mischwald und Weinbergen gewinnt die Trasse nur gemächlich an Höhe und uns fällt der gute Ausbauzustand und der starke Verkehr auf, der mit uns ins Val d'Entremot einfährt. Hinter Orsières wird die Straße etwas enger, ein langer, unbeleuchteter Tunnel

nimmt uns auf und hinter Bourg-St-Pierre leiten uns Galerien in die Zufahrt zum Nordportal des Scheiteltunnels.

Fast hätten wir die Ausfahrt zur alten Passstraße übersehen und wären um ein Haar in der 5828 Meter langen, mautpflichtigen Tunnelröhre gelandet, aber gerade noch haben wir die Schilder mit den Aufschriften »Col« und »Super-St-Bernhard« entdeckt. Kurvenreich steigt die schmale Straße nun in ein immer öder werdendes Hochtal an, über vier weitere Kehren, deren Steinböschungen sich kaum von der Umgebung unterscheiden, überwinden wir die Combe des Mortes und sehen uns unvermittelt dem Hospiz auf der Passhöhe gegenüber.

Die Schweiz und ihre Bernhadiner

Die Bernhardinerhunde sehen wir nur in Form von Plüschhunden, die an Souvenirständen in jeder Größe feilgeboten werden, aber im Hospiz sollen noch ein gutes Dutzend untergebracht sein. Der berühmteste unter ihnen hieß Barry I., der zwi-

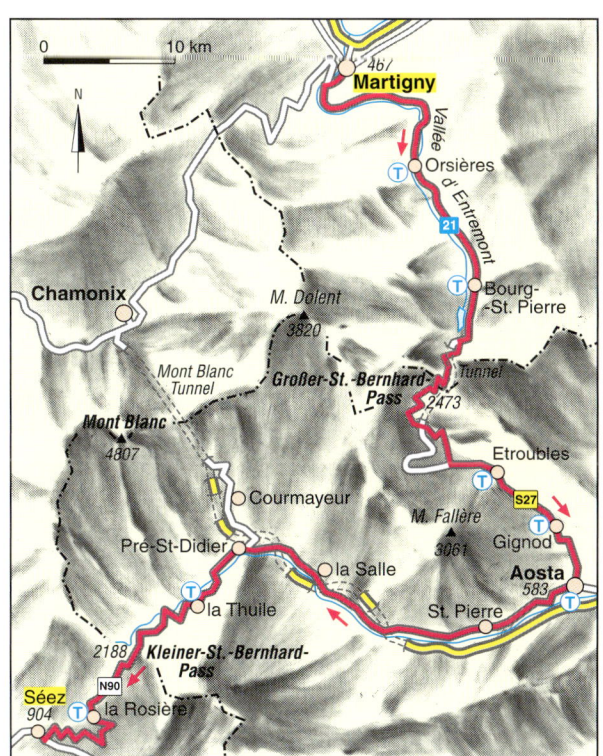

schen 1800 und 1812 etwa 40 Menschen, die sich nach Wetterstürzen hier verirrten oder von Lawinen begraben wurden, das Leben gerettet haben soll. Nach seinem Tod wurde er ausgestopft und ist seither im Historischen Museum in Bern zu besichtigen. Im Museum des Hospizgebäudes sind dagegen die Taten berühmter Männer der Weltgeschichte zu bewundern, etwa Kaiser Karls des Großen und Napoleons, die einige Jahre vor uns, nämlich um 800 und 1800, ebenfalls diesen Pass überquert haben. Der karthagische Feldherr Hannibal soll mit seinen Elefanten übrigens auch da gewesen sein, was unter Historikern allerdings noch als umstritten gilt.

Über die Kehren der Südseite fahren wir nunmehr auf italienischem Gebiet ab und treffen hinter St-Rhémy wieder mit den Tunnelfahrern zusammen. Hinter Gignod nimmt nicht nur die Vegetation, sondern auch der Verkehr immer mehr zu und die letzten Kilometer vor Aosta staut sich eine lange Autoschlange, an der wir uns vorsichtig vorbeischmuggeln. Dem Verkehrspolizisten, der die Einfahrt unten im Ort regelt, scheint dies nicht zu gefallen, aber er lässt es bei einem mahnenden Heben des Zeigefingers.

Laster und Touristen

Viel mehr Zeit hätte er sich für uns aber auch gar nicht nehmen können, denn der Schwerlastverkehr, der sich hier mit den Touristenströmen durch

Nur noch eine Kurve, dann ist die Passhöhe des Kleinen-St.-Bernhard-Passes mit dem verfallenen Hospiz und der Statue des hl. Bernhard erreicht.

*Linke Seite:
Die Schnellstraße im Aostatal lässt kaum Zeit für einen Blick auf die schönen alten Kirchen und Burgen der Umgebung.*

die Stadt wälzt, übersteigt fast jedes vernünftige Maß. So sehenswert die Altstadt mit ihren reichen Zeugnissen aus römischer Vergangenheit auch wäre, wir verzichten auf einen Stadtbummel und fahren gleich weiter das Aostatal aufwärts. In Pré-St-Didier verabschieden wir uns leichten Herzens vom Schwerlastverkehr, der hier etwas später im Mont-Blanc-Tunnel verschwindet, und gehen die Auffahrt zum Kleinen-St.-Bernhard an. Als klein würden wir ihn bei einer Höhe von 2188 Metern und einer Länge von gut 52 Kilometern eigentlich nicht bezeichnen, im Verhältnis zum Großen-St.-Bernhard ist er allenfalls etwas kleiner. Fahrerisch ist er dafür um ein Vielfaches schöner, was vor allem an seiner äußerst geringen Verkehrsdichte zumindest außerhalb der Feriensaison liegt.

Was wir fahrerisch bisher versäumt haben, holen wir also hier nach und halten gut gelaunt beim kleinen Restaurant Pesca alla Trotta, etwa auf halber Auffahrtsstrecke gelegen, an. Ein halbes Dutzend dort geparkter Maschinen mit einheimischen Kennzeichen signalisieren uns, dass Motorradfahrer offenbar bestens verköstigt werden. Nach dem Genuß eines schmackhaften Fischgerichts können wir diesen Eindruck nur bestätigen. Die nächste Verpflegungsmöglichkeit bietet sich dann erst wieder auf der Passhöhe, wo unsere Aufmerksamkeit aber dem verfalle-

Die Passhöhe des Großen St. Bernhard mit dem berühmten Hospiz, das um 1049 vom hl. Bernhard von Menton gegründet wurde.

156

 **STRECKENBESCHREIBUNG**

STRECKENVERLAUF	Martigny – Großer-St.-Bernhard-Pass – Aosta – Pré-St-Didier – Kleiner-St.-Bernhard-Pass – Séez
GESAMTLÄNGE	160 km
AUSGANGSPUNKT	Martigny, 4467 m
ENDPUNKT	Séez, 904 m
ANFAHRT ZUM AUSGANGSPUNKT	Autobahn Bern – Lausanne – Martigny A12 und A9, Ausfahrt Martigny
STRASSENVERHÄLTNISSE	Auf der alten Passstraße über den Großen-St.-Bernhard-Pass sowohl bei der Auffahrt als auch bei der Abfahrt teilweise erhebliche Belagschäden. Am Kleiner-St.-Bernhard-Pass leichtere Belagschäden im Scheitelbereich.
HÖCHSTE PUNKTE	Großer-St.-Bernhard-Pass, 2473 m, Kleiner-St.-Bernhard-Pass, 2188 m
PASSÖFFNUNGSZEITEN	Großer-St.-Bernhard-Pass, offen 1. Juni bis 15. Oktober; Tunnelstraße ganzjährig befahrbar; Kleiner-St.-Bernhard-Pass, offen 15. Juni bis 31. Oktober
MAUTGEBÜHREN	Die Tunnelstraße über den Großen-St.-Bernhard-Pass ist ganzjährig befahrbar und kostenpflichtig; die Gebühr beträgt 15 sfr (E 10,10) für die einfache Fahrt, Hin- und Rückfahrt 20 sfr (E 13,50).
SEHENSWÜRDIGKEITEN	Martigny: Museum Fondation Pierre Gianadda mit Funden aus der Römerzeit, Kunstausstellung und Oldtimer-Automobilmuseum
	Großer-St.-Bernhard-Passhöhe: Hospiz mit Museum und Bernhardinerzucht
	Aosta: Augustus-Triumphbogen, römisches Theater und römisches Forum
	Kleiner-St.-Bernhard-Passhöhe: Botanischer Garten beim verfallenen Hospiz und Denkmal des hl. Bernhard
SERVICESTELLEN	Martigny: Yamaha, BMW, Honda; Sion: BMW, Kawasaki, Yamaha; Vouvry: Kawasaki; Charvensod: Suzuki; Turin: Honda, Kawasaki
ÜBERNACHTUNG	Hotel Transalpin, Rue du Gd.-St-Bernhard, CH-1921 Martigny-Croix, Tel. 00 33/27/7 22 16 68
KARTE	Michelin 1:200 000, Rhône-Alpes, Blatt 244.

nen Hospizgebäude und der überlebensgroßen Statue des hl. Bernhard von Aosta gilt, die auf einer von den Römern errichteten Steinsäule steht.

Nachdem bei jeder der bisherigen Fahrten über den Kleinen-St.-Bernhard unsere Ausweispapiere von den Zöllnern genauestens geprüft wurden, wundern wir uns etwas, als wir diesmal anstandslos durchgewunken werden und genießen die nicht enden wollenden Kehren hinunter nach Séez umso mehr.

Spezialtipp: Für Bernhardinerfans

Im Hospiz auf der Großen-St.-Bernhard-Passhöhe ist ein kleines Museum zur Passgeschichte untergebracht. Dort findet man noch etwa ein Dutzend der legendären Bernhardinerhunde. Vormittags sind sie mit ihren Betreuern meist in der Umgebung unterwegs. Doch nicht mehr zum Auffinden verirrter Reisender, da der Rettungsdienst nach Eröffnung des 5828 Meter langen Mauttunnels bedeutungslos geworden ist.

39 Die Westalpen-Durchquerung

4. Abschnitt: Über die zweithöchste Passstraße der Alpen

In Séez soll irgendwo noch ein römischer Meilenstein stehen, der daran erinnert, dass hier einst die Konsularstraße zwischen Mailand und Lyon verlief. Auch der Ortsname selbst deutet darauf hin, denn er leitet sich vom lateinischen »Sextus« ab, womit der sechste Meilenstein gemeint war. Lange halten wir uns mit der Suche nach dem Meilenstein aber nicht auf, wartet doch etwas viel Interessanteres auf uns: nämlich der Iseranpass, dessen Nordseite hier ihren Ausgang nimmt und der mit seiner Höhe von 2770 Metern nur noch vom 2802 Meter hohen Restefond-/Bonettepass übertroffen wird und somit als zweithöchster für den öffentlichen Verkehr befahrbarer Alpenübergang gilt.

Ein Gruppenfoto auf dem Iseranpass darf in keinem Fotoalbum fehlen.

Ganz unbekannt ist er uns nicht, wir haben ihn bereits kennengelernt, als wir das Massiv der Vanoise umrundeten (siehe Tour 26) und dabei noch in etwas unangenehmer Erinnerung. Allerdings wissen wir, dass uns auf den ersten Kilometern der noch gut ausgebauten Straße keinerlei Gefahr droht. Auch im weiteren Verlauf wird die Straße zwar schmäler, aber die Fahrbahndecke ist in recht gutem Zustand und auch der Streckenverlauf weist keine besonderen Schwierigkeiten, etwa in Form von Engstellen oder unübersichtlichen Kurven, auf. Gefahr droht dagegen von den Tunnels zwischen dem Lac de Chevril und Val d'Isère, wie wir wissen, weil wir uns in einem gemeinen Schlagloch dort dereinst eine Felge verbogen hatten. Entsprechend vorsichtig gehen wir deshalb diesen Abschnitt an und erreichen auch unbeschadet Val d'Isère. Was im Winter die Skifahrer sind, scheinen jetzt im Sommer die Mountainbiker zu sein, die das Ortsbild mit ihren dickbereiften Gefährten und den bunten Trikots erfrischend beleben. Einige wagen sich auch auf die Straße zur Passhöhe hoch, die von hier noch knapp zwölf Kilometer entfernt ist. Bei der Table d'Orientation, etwa zwei Kilometer unterhalb der Pass-

höhe, unterhalten wir uns mit einem von ihnen und erfahren, dass seine Maschine 21 Gänge hat und nur wenig mehr als zehn Kilogramm wiegt. Wir staunen nicht schlecht, als wir ihn wenig später wieder auf der Passhöhe treffen, wo er nur kurz nach uns eintrifft. Wir erfüllen seinen Wunsch nach einem Erinnerungsfoto vor der steinernen Passtafel gerne und folgen dann dem darunter angebrachten Hinweisschild Richtung Bonneval-s-Arc und Lanslebourg.

Auch die Weiterfahrt ist uns vertraut: der herrliche Blick vom Pont de la Neige auf den Vallonetgletscher mit dem Felskopf des Albaron, die kehrenreiche Abfahrt hinunter nach Bonneval-s-Arc und auch der Ort selbst, wo wir bereits einmal übernachtet haben. Auch der immer mehr zunehmende Verkehr und die immer reizloser werdende Land-

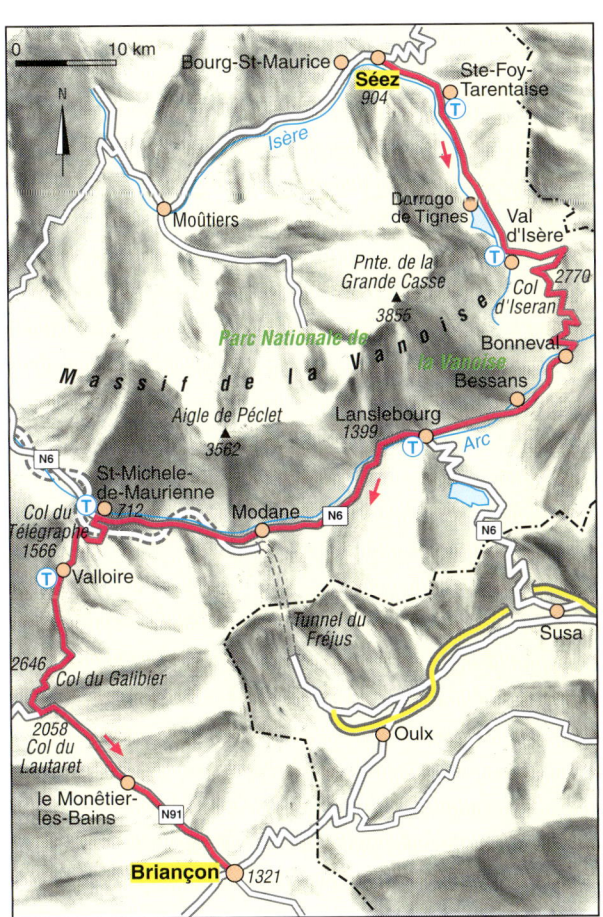

schaft überraschen uns nicht. In Modane erkennen wir sogar die kleine Werkstatt wieder, wo man uns damals die kaputte Felge gerichtet hat.

In St-Jean-de-Maurienne dagegen betreten wir Neuland. Hier zweigt die Straße zum Galibierpass ab, der immerhin auch 2646 Meter hoch und somit nur unwesentlich niedriger ist als der vorhergehende Iseranpass. Trotz dieser beeindruckenden Zahlen finden wir nirgends ein entsprechendes Hinweisschild und folgen deshalb den Hinweisschildern »Col du Télégraphe«. Diese führen uns zuerst in die Rue du Télégraphe, dann auf eine Holzbrücke über die Arc und nach einem schmalen Eisenbahntunnel in weitläufigen, gut ausgebauten Kehren zum Télégraphepass.

Zum Télégraphe-Pass

Der aussichtslose Übergang verdankt seinen Namen dem kleinen Fort du Télégraphe in den Wäldern etwas oberhalb und seine Bezeichnung Pass der Tatsache, dass sich die Trasse nunmehr etwa fünf Kilometer lang bis Valloire wieder absenkt. Hier in dem kleinen Wintersportort beginnt die eigentliche Passroute mit einer geradlinig und bis auf 12 % ansteigenden Ausfahrt aus dem Ort. Bald wird das Tal einsamer, die Umgebung karger und kurven- und kehrenreich gewinnt die Trasse durch geRölldurchsetzte Hänge langsam an Höhe. Weiter oben werden bereits die Kehren sichtbar, die sich über die Ostschulter des vom Regen ausgewaschenen Gipfel-

Was ist hier der größere Blickfang – die Meije im Hintergrund oder die Moto Guzzi mit Beiwagen vorne?

hangs am Grand Galibier hochziehen. Der Scheiteltunnel, der die Passhöhe hier unterquerte, wurde bereits seit langem stillgelegt, aber das verschlossene Portal ist gut zu erkennen.

Grandiose Aussicht

Wenig später stehen wir auf der Passhöhe, die zwar kaum Platz, dafür aber eine grandiose Aussicht bietet. Vor allem nach Süden auf das Ecrinsmassiv mit der majestätischen Meije, von der sich gewaltige Gletschermassen mit Furcht einflössenden Abbrüchen zu Tale wälzen. Wenig Furcht flößt uns dagegen die Abfahrt auf der Südseite ein, die Kurven sind recht übersichtlich und auch die Fahrbahn ist trotz der exponierten Lage in ausreichend gutem Zustand. Beim Restaurant vor dem ebenfalls verschlossenen Südportal halten wir nochmals an und parken direkt vor einer Steinsäule, die zu Ehren von Henri Desgrange hier errichtet wurde, dem »Erfinder« der Tour de France, des wohl größten Radsportspektakels der Welt. Traditionell wird dabei auch der Galibierpass befahren und irgendwo haben wir gelesen, dass die Profis bei den Abfahrten Geschwindigkeiten bis zu 100 km/h erreichen.

Davon ist die Geschwindigkeit, mit der wir zum Lautaretpass hinabfahren, weit entfernt. Schneller geht es dann wieder über die Ostseite des

Abfahrt über die Südseite des Iseranpasses mit Blick auf die Gletscherfelder um den Albaron.

 **STRECKENBESCHREIBUNG**

STRECKENVERLAUF	Séez – Iseranpass – Bessans – Lanslebourg – St-Michel-de-Maurienne – Télégraphepass – Valloire – Galibierpass – Lautaretpass – Briançon
GESAMTLÄNGE	190 km
AUSGANGSPUNKT	Séez, 904 m
ENDPUNKT	Briançon, 1321 m
ANFAHRT ZUM AUSGANGSPUNKT	Aostatal – Autobahn A5 – Pré-St-Didier – Kleiner-St.-Bernhard-Pass – Séez
STRASSENVERHÄLTNISSE	Bei der Auffahrt zum Iseranpass vor Val d'Isère unbeleuchtete Tunnels mit teilweise erheblichen Belagschäden. Belagschäden gibt es auch bei der weiteren Auffahrt zur Passhöhe. Am Galibierpass im oberen Bereich sowohl bei der Auffahrt als auch bei der Abfahrt teilweise erhebliche Belagschäden.
HÖCHSTE PUNKTE	Iseranpass, 2770 m, Télégraphepass, 1566 m, Galibierpass, 2646 m, Lautaretpass, 2058 m
PASSÖFFNUNGSZEITEN	Iseranpass, offen 1. Juli bis 30. September; Galibierpass, offen 15. Juni bis 15. Oktober
MAUTGEBÜHREN	Keine
SEHENSWÜRDIGKEITEN	**Iseranpass:** Aussichtspunkt Belvédère de la Tarentaise bei der Auffahrt kurz unterhalb und Belvédère de la Maurienne bei der Abfahrt kurz nach der Passhöhe
	Bessans: Kapelle St-Antoine
	Lanslevillard: Kapelle St-Sébastien
	Galibierpass: Denkmal Henri Desgranges (Erfinder der Tour de France) am Parkplatz vor dem Chalet Galibier-Süd
	Lautaretpasshöhe: Botanischer Garten
	Briançon: Porte Pignerol, Maison Jean Prat in der Grand Rue Nr. 37 mit Renaissancefassade, Zitadelle
SERVICESTELLEN	Turin: Honda, Suzuki, BMW, Kawasaki; Gap: Yamaha, Kawasaki, Suzuki; Grenoble: BMW
KARTE	Michelin 1:200 000, Rhône-Alpes, Blatt 244.

Lautaretpasses hinunter nach Briançon, denn diese ist recht breit, gut ausgebaut und weist nur wenig Neigung und Kurven auf. Steil und kurvig wird es dann erst wieder im Ort selbst.

Spezialtipp: Die schönsten Blicke auf die Berge

Etwas abweichend von der Norm bietet am Iseranpass nicht nur die Passhöhe selbst die schönste Aussicht, sondern zwei Aussichtspunkte jeweils knapp unterhalb der Passhöhe. Am Belvédère de la Tarentaise auf der Nordseite, etwa dreieinhalb Kilometer unterhalb der Passhöhe, ist eine Orientierungstafel in Form eines runden Tisches angebracht, welche die Bergspitzen der Umgebung aufzeigt. Auf der Südseite genießt man am Belvédère de la Maurienne den schönsten Blick auf die Bergwelt über dem Mauriennetal.

Die Westalpen-Durchquerung

5. Abschnitt: Über die höchste Passstraße der Alpen

Kann es nach den vorangegangenen Abschnitten eigentlich nochmals eine Steigerung geben? Es kann. Mit dem Restefond-/Bonettepass, der 2802 Meter hoch ist, liegt immerhin die höchste für den öffentlichen Verkehr befahrbare Alpenstraße vor uns. Aber auch in landschaftlicher Hinsicht setzen die Cottischen Alpen und die Seealpen mit dem Regionalpark von Queyras und dem Mercantour-Nationalpark nochmals Akzente, die sich freilich grundlegend von dem vergletscherten Hochgebirge des bisherigen Streckenverlaufs abheben.

Lärchenwälder prägen das Bild des Izoardpasses im Queyras-Nationalpark.

Am Vorabend sind wir noch durch die Stadt Briançon geschlendert, die, auf 1321 Meter Meereshöhe gelegen, als höchstgelegene Stadt Europas gilt und einem Fremdenverkehrsprospekt zufolge mehr als 300 Sonnentage im Jahr aufweist. Den Ausbau zur Festungsstadt verdankt sie allerdings seiner strategisch günstigen Lage am Schnittpunkt dreier Passstraßen, nämlich Lautaret, Montgenèvre und Izoard sowie einem Brand im Jahr 1692, nach dem König Ludwig XIV. diesen Grenzposten durch seinen genialen Baumeister Vauban als Festung wieder aufbauen ließ. Vor allem die Zitadelle in der Oberstadt,

Kern der Befestigungsanlagen, beeindruckt uns. Angesichts der massigen Mauern können wir uns gut vorstellen, dass es im August 1815 einem österreichisch-savoyischen Heer trotz 20facher Überlegenheit nicht gelang, diese einzunehmen. Anderntags verlassen wir die Stadt in östlicher Richtung über eine großzügig angelegte Kehre mit einer Steigung bis 12% und werfen dabei noch einen letzten Blick auf die Befestigungsanlagen. Dann nimmt uns das Tal der Cerveyrette auf, und in Cervières, einem kleinen, fast verlassen erscheinenden Bergdörfchen, folgen wir der südlich abknickenden Straße, die nunmehr an der Izoard entlangführt. Durch schütteren Lärchenwald geht es nach oben, am Refuge Napoléon können wir die Passhöhe bereits erkennen und wenig später stellen wir unsere Maschine dort oben unter einem Monument ab, welches zu Ehren der Straßenbauer, französischen Gebirgsjägern, errichtet wurde.

Spitze Felsnadeln

Bei der Abfahrt erscheint die Landschaft plötzlich wie ausgewechselt. Spitze Felsnadeln wachsen aus den geröllbedeckten Berghängen hervor und verbreiten eine fast gespenstisch anmutende Atmosphäre. Wir sind in der Casse Déserte, der zerklüfteten, zerhackten Wüste, wie dieser im gesamten

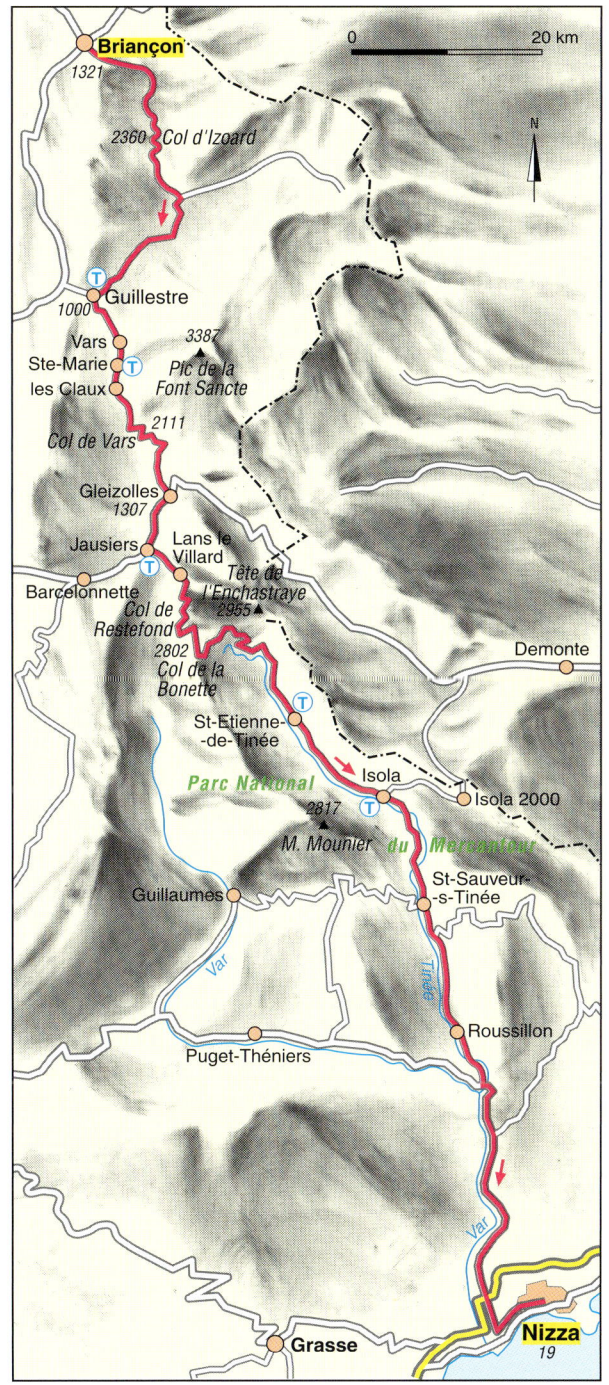

Alpenraum einmalige Landstrich genannt wird. Knapp zwei Kilometer nur, ein kurzer Gegenanstieg, die Fels- und Geröllwüste liegt hinter uns und vor uns zeigt sich wieder das für den Queyras-Regionalpark typischere Landschaftsbild des starken Lärchenbewuchses. Im Talboden der Guil folgen wir dieser durch eine enge Klamm, die uns in die Hochfläche von Guillestre entlässt.

Die verfallenen Kasernenanlagen von Restefond sind Überreste aus dem vorigen Jahrhundert. Kaiser Napoleon III. ließ sie zur Sicherung der Straße errichten.

»Demoiselles Coiffées«

Nun liegt nur noch der Varspass vor uns und der mit Spannung erwartete Bonettepass. Der recht gute Ausbauzustand erlaubt uns ein zügiges Vorankommen und da nichts besonders Sehenswertes die Aufmerksamkeit ablenkt, haben wir bald die Passhöhe, einen Wald- und Wiesensattel mit zwei kleinen Seen, überfahren. Auch die Abfahrt bietet keine Probleme und nur die Erdpyramiden, die wir etwa auf halber Höhe gleich neben der Straße entdecken, verlocken uns zu einem Halt. Es sind groteske Gebilde aus Moränenschutt, von der Erosion frei gelegt, wie wir sie vom Hérémencetal im Wallis und vom Südtiroler Ritten her bereits kennen. Dort tragen sie jedoch einen »Hut«, also einen abgeflachten Stein, auf der Spitze, den wir hier nirgends entdecken können. Das Erdreich ist hier offenbar widerstandsfähiger, so dass dieses Dach zum Schutz gegen Schnee und Regen nicht notwendig ist. Wir spazieren kurz zwischen diesen vom Volksmund »Demoiselles Coiffées«, also versteinerte Feen, bezeichneten Gebilden umher und sehen dann zu,

endlich Jausiers, den Ausgangspunkt zum Bonettepass, zu erreichen.

Unübersehbar ein Schild am Ortseingang, das nicht nur den Weg zu einem kleinen Erholungsgelände, sondern auch die Aufschrift »Col de la Bonette 2804 mètres, plus haut Col d'Europe« trägt. Gespannt folgen wir, vorbei an einem Erholungsgelände, der gut ausgebauten Straße. Wir überqueren den Ubaye, folgen der Kehrenstrecke über einen breiten Hang nach Lans, wo nicht nur die Besiedelung endet, sondern auch der gute Ausbauzustand der Straße.

Karge Landschaft

Die verläuft nun kurvig und kehrenreich in eine immer karger und steiniger werdende Landschaft. Wenn das Sträßchen auch schmal und die Fahrbahndecke manchmal in recht holprigem Zustand ist, lässt es sich jedoch überraschend gut befahren. Große Geschwindigkeiten sind freilich nicht zu erzielen, aber die Straße selbst hat genügend Platz und verläuft so übersichtlich und ohne Engstellen oder störende Ecken und Kanten. Wenig Verkehr herrscht zudem und nur hin und wieder wird unsere Konzentration vom schrillen Pfiff eines Murmeltiers abgelenkt, das unsere Anwesenheit weitergibt. Plötzlich tauchen Häuser vor uns auf, aber es sind nur die verfallenen Kasernenanlagen von Restefond. Wenig später halten wir in einem

Am Varspass ist geruhsames Fahren in landschaftlich harmonischer Umgebung angesagt.

 **STRECKENBESCHREIBUNG**

STRECKENVERLAUF	Briançon – Izoardpass – Guillestre – Varspass – Jausiers – Restefond-/Bonettepass – St-Etienne-de-Tinée – Plan-du-Var – Nizza
GESAMTLÄNGE	230 km
AUSGANGSPUNKT	Briançon, 1321 m
ENDPUNKT	Nizza, 19 m
ANFAHRT ZUM AUSGANGSPUNKT	Autobahn Turin A 32, Ausfahrt Montgenévrepass-Briançon
STRASSENVERHÄLTNISSE	Am Izoardpass teilweise erhebliche Belagschäden im Scheitelbereich. Am Varspass leichtere Belagschäden im Scheitelbereich. Restefond-/Bonettepass bei der Auffahrt auf den ersten sieben km gut ausgebaute Straße, dann kurvenreiche, teilweise schmale Straße mit Belagschäden.
HÖCHSTE PUNKTE	Izoardpass, 2360 m, Varspass, 2111 m, Restefond-/Bonettepass, 2802 m
PASSÖFFNUNGSZEITEN	Izoardpass, offen 15. Juni bis 15. Oktober; Restefond-/Bonettepass, offen 15. Juni bis 31. September
MAUTGEBÜHREN	Keine
SEHENSWÜRDIGKEITEN	**Briançon:** Porte Pignerol, Maison Jean Prat in der Grand Rue Nr. 37 mit Renaissancefassade, Zitadelle
	Izoardpass: Casse Déserte, Geröllwüste kurz nach der Passhöhe, Demoiselle Coiffées, Erdpyramiden auf halber Strecke der Abfahrt über die Südseite
	Varspasshöhe: Bergzoo
	Restefond-/Bonettepass: Verfallene Kasernenanlagen von Restefond bei der Auffahrt über die Nordseite, kurzer Anstieg (Viertelstunde) von der Passhöhe zur Cime de la Bonette mit Panoramatafel
	Nizza: Altstadt, Heimatmuseum im Palast Lascaris, Fischmarkt auf der Place St-Francois, Promenade des Anglais
SERVICESTELLEN	Turin: Honda, Suzuki, BMW, Kawasaki; Briançon: BMW, Yamaha; Grenoble: BMW; Gap: Yamaha, Kawasaki, Suzuki; Nizza: Honda, Yamaha, BMW, Kawasaki, Suzuki
KARTE	Michelin 1:200 000, Rhône-Alpes, Blatt 244, und Provence-Côte d'Azur, Blatt 245

Einschnitt auf einem Bergrücken. Es handelt sich hierbei um die eigentliche Passhöhe des Restefondpasses in 2678 Metern Höhe. Wir folgen der an dem Bergkegel rechts vor uns hochführenden Straße und stehen wenig später am höchsten Punkt, den eine Tafel an einem riesigen Felsbrocken mit 2802 Meter Höhe ausweist. Wir genießen es, auf dem höchsten Alpenpass zu stehen und haben es gar nicht eilig, die letzten gut 100 Kilometer bis Nizza zurückzulegen.

Spezialtipp: die versteinerten Feen

Vergessen Sie nicht bei der Abfahrt vom Varspass über die Südseite hinunter ins Ubayetal die versteinerten Feen zu besuchen. Etwa auf halber Passhöhe erkennen Sie links, unweit der Straße, eine Gruppe Erdpyramiden, wie sie im Alpenraum nur noch selten anzutreffen sind. Im Volksmund werden diese von der Erosion geformten Gebilde aus Moränenschutt »Demoiselles Coifées«, also versteinerte Feen, genannt.

Register

Impressum

Ein kostenloses Gesamtverzeichnis erhalten Sie beim
Bruckmann Verlag
D-81664 München
www.bruckmann.de

Lektorat: Dr. Harald Kämmerer
Layout: Regina Bocek, München
DTP: Werner Poll, Putzbrunn
Umschlag und Herstellung: Thomas Fischer
Kartografie: Achim Norweg, München
Repro: Longo, Italy

Bildnachweis: G. Amberg: 41, 50, 51, 62, 140, 152, 156; H. Arndt: 55, 57, 74, 78; W. Bahnmüller: 114, 131, 132; H. Bauregger: 21, 146; BMW AG: 8, 11, 49; U. Böhringer: 5 m., 9, 10, 37, 43, 53, 64, 69, 77, 89, 93, 94, 97, 103, 123, 150, 158, 164; D. Fuchs: 33, 128; S. Garnweidner: 5 r., 52, 135, 143, 144; E. Höhne: 4 l., 14, 15, 16, 20, 24, 26, 29, 30, 32, 46, 47, 56, 60, 65, 66, 68, 84, 86, 92, 104, 107, 108, 110, 112, 115, 116, 118, 120, 124, 142, 147; W. Rauschel: 138, 151; Th. Rettstatt: 111; D. Seibert: 48, 148; M. Waeber: 5 l., 7, 40, 42, 70, 72, 82, 88, 90, 96, 98, 102, 122. Alle übrigen Motive stammen vom Autor Rudolf Geser.

Dank gebührt der Motorradabteilung der BMW AG für die großzügige Überlassung von Fotomotiven.

Titelmotiv: Unterwegs im Val d'Herens im Wallis (Heinz E. Studt).
Umschlagrückseite: Das Massif des Ecrins von der Abfahrt vom Galibierpass gesehen (E. Höhne).

Für Hinweise und Anregungen sind wir jederzeit dankbar. Bitte richten Sie diese an:

Bruckmann Verlag
Lektorat
Innsbrucker Ring 15
D-81673 München
E-Mail: lektorat@bruckmann.de

Die Deutsche Bibliothek –
CIP-Einheitsaufnahme
Ein Titeldatensatz für diese
Publikation ist bei der
Deutschen Bibliothek erhältlich.

© 2005 Bruckmann Verlag GmbH, München
(entspricht 6. aktualisierter Auflage des Titels aus dem Freizeit-Programm des Südwest Verlags, München)

Printed in Italy by Printer Trento S.r.l.

ISBN 3-7654-4393-X